Rediscovering the Parables

イエスのたとえ話の再発見

ヨアヒム・エレミアス【著】
Joachim Jeremias

南條俊二【訳】

新教出版社

Rediscovering the Parables
by Joachim Jeremias
translated by S. H. Hooke

SCM Press Ltd, London
1966

A translation of the German abridged edition
Die Gleichnisse Jesu, 1965
adapted by Frank Clarke from the complete English edition
The Parables of Jesus, 1963
translated by S. H. Hooke

Translated into Japanese
by Shunji Nanjo

Shinkyo Shuppansha, Tokyo
2018

はじめに

拙著『イエスのたとえ話』を幅広い層の方々、特にギリシャ語をご存じない方に読んでいただけるようにしたいと、しばしば申し上げてきた。この新版は、その願いにかなうように企画され、原本（英語版、一九六三年）から純粋に専門的、言語学的な部分を省くことで、従来の版よりもコンパクトな内容になった。そのような手直しは、助手のベルント・シャラー博士が私と協力して行った。S・H・フック教授によるドイツ語原本から英語への翻訳と整合性を図る作業は、フランク・クラーク氏が担当した。クラーク氏がこの新版を読みやすくするために多くの示唆を与えてくれたことに感謝したい。

新版の狙いは、たとえ話をイエスが語ったいちばん元の形に立ち返らせ、「イエス自身がたとえ話で何を伝えたかったのか」を明らかにしようとすることだった。そうした観点から、イエスがたとえ話を語ったパレスチナ地方の環境の中で解釈することに特別の配慮をした。

その成果は、特に第Ⅲ章に現れている。本書の導入部分である第Ⅰ章をお読みになった後、第Ⅱ章を飛ばして第Ⅲ章に進むことを読者の皆さんに強くお勧めする。第Ⅲ章を読まれた後で、第Ⅱ章の批判的分析をお読みになれば、イエス自身が語った言葉にできる限り近づけるような道筋をたどろうとしていることに、その狙いがあることがお分かりになるだろう。人の子自身とその言葉だけが、私たちの福音宣教に権威を与えることができるのだ。

『イエスのたとえ話』のドイツ語改訂版は一九七二年に出版され、そこでの重要な文章の手直しは、この英語版にも取り入れられている。

ヨアヒム・エレミアス

訳者注

1. 旧・新約聖書の日本語訳は『聖書　新共同訳』（日本聖書協会）を、『トマスによる福音書』の日本語訳は『荒井献・トマスによる福音書』（講談社学術文庫）を使用した。また仮名遣いや漢字の用法は、可能な限り『聖書　新共同訳』に合わせるとともに、『読売新聞・用字用語の手引き』（中央公論新社）を基に、修正を加えてある。

2. 〔　〕は訳者による注である。

目次

装丁　渡辺美知子

イエスのたとえ話の再発見

I　解かねばならない難題

初めの三つの福音書〔マタイ、マルコ、ルカ〕が伝えるイエスのたとえ話を探究する者は、特別にしっかりとした歴史的な基礎の上に立っている。たとえ話は伝承という岩盤の一部なのだ。これは別に意外ではない——抽象的な叙述よりも生き生きとした描写の方が、人の心に深い印象を与えることは事実だからである。特にイエスのたとえ話に関してつけ加えるべきことは、イエスの良き知らせの特徴や、彼の説教の終末論的な性格、悔い改めを呼びかける熱心さ、ファリサイ主義者との論争がくまなく反映しているということである。ギリシャ語のテキストの至る所に、イエスの母語であったアラム語の影がちらついている。

加えて、たとえ話の比喩的な表現は、パレスチナの人々の日常生活が基になっている。たとえば、マルコ福音書4章3節～8節を見てみよう。私たちの基準から見ればおかしなことに、農夫がとても無駄な種のまき方をしている。種まきといえば、私たちは通常のやり方が記述されると考えるし、実際にそのようなまき方が私たちの周りでは行われている。ところが、パレスチナでは、畑を耕す前に種をまくのが慣習となっていた。そのことを知れば、このたとえ話がおかしなことを述べていないことが理解できる。

このたとえ話では、農夫が切り株の残ったままの耕す前の畑に入って種をまいている。それを念頭におけば、なぜ種の一部が道端に落ちたのかが分かるだろう。彼はそうと知っていて畑の道にも種をまいた。その道は、作物を刈り取った畑を村人たちが歩くことで自然にできたもので、畑の一部なのである。休耕地の立ち枯れた茨の間にも種をまくのは、後でそこを耕す予定だからだ。石だらけの土地に種が落ちるというのも取り立てて驚くことではない。石の上に土が薄くかぶっているので、鋤の刃が当たるまでは、そこが石灰岩の土地か区別がつかないのだ。このような西欧人にとってはいい加減と思われる種のまき方が、パレスチナでは一般的な習慣であった。

それに加えて、イエスが語るたとえ話は、当時全く新しいものであった。イエス以前のすべてのラビの文献には、一つのたとえ話も伝承されていない。強いて言えば、紀元前二〇年頃のユダヤ教の指導者ヒレルが冗談半分に語った「肉体を彫像に、魂を招待客になぞらえた話」が、二つあるだけである。

たとえ話と言えるものが初めて登場するのは、紀元後八〇年頃のラバン・ヨハナン・ベン・ザッカイの話の中（本書二二四頁参照）だ。イエスのたとえ話に発想が似ていることから、このラビが物語の形にたとえ話を創作した際、（動物が登場するギリシャの寓話などの要素と並んで）イエスのたとえ話が重要な影響を与えたのではないかと問うこともできるだろう。

パウロが使った比喩やラビのたとえ話など、同時代の文化的な文脈の中で生まれた話と比べると、イエスのたとえ話の独自性が際立ってくる。はっきりと一人ひとりに語りかけてくるようなスタイル、並外れた明快さと単純さ、構成の比類なき素晴らしさなど、比較することでその特徴が明らかになる。それゆえ、私たちがイエスのたとえ話を読む場合、特に忠実な伝承と関わりあっており、まさに彼の目の前に立っているのだと、結論せざるをえない。

イエスのたとえ話は、全体として極めて信頼の置ける伝承の典型であり、それに疑いをさしはさむ余地さえ全くないようだ。聴衆たちは馴れ親しんだ場面に居合わせるように感じる。話のすべてが明快で分かりやすく、子どもたちにも理解でき、「そうですね。おっしゃる通りですね」と繰り返さざるをえない内容なのだ。それにもかかわらず、これらのたとえ話は、イエスが伝えようとした本来の意味をいかにして取り戻すかという難題を私たちに突きつける。

イエスのたとえ話は、すでに最初期の時代、つまり彼の死後数十年の間においてさえも、再解釈が施されてきた。極めて早い段階で寓喩化——たとえ話の一つひとつの要素に特別の意味を結びつけるプロセス（その例を本書三三頁以降参照のこと）——が始まった。そして何世紀にもわたって、そのような寓喩的解釈が、イエスが伝えようとしたたとえ話の本来の意味を厚いベールのように覆ってしまったのである。

そこには多くの事情があった。当初は、イエスの素朴な言葉の中にもっと深い意味を見出したい、という無意識の願望があったのかもしれない。ヘレニズム世界では、神話を神秘的知識の媒体として解釈することが広く流布しており、ヘレニズムの影響を受けたユダヤ教では、寓喩的解釈が高く評価されていた。それゆえ人々は、キリスト教の教師たちにも同じようなやり方を期待したのである。

後の時代になって、こうした傾向は、詳しい寓喩的な解説のついたたとえ話が福音書に四つ存在するという事実（マルコ4章14節～20節と並行記事、マタイ13章37節～43節、49節～50節、ヨハネ10章7節～18節）によって一層拍車が加えられた。だが、何よりも寓喩的解釈方法を優勢にしたのは、「頑迷化」説（マルコ4章10節～12節と並行記事、34節）である。現在の聖書の文脈によれば、マルコ4章11節b～12節は「イエスは、神の国の秘密を〝外部の者〟から隠し、彼らを頑迷にするために、たとえ話で語った」ということになっている。つまり、イエスのたとえ話は寓喩的解釈によってのみ明らかにできる隠された意味を持っている、というのだ。だが、現在の聖書学者の間では、この箇所は本来独立した伝承であり、それを4章に挿入したのはマルコその人だったということが広く承認されている。

マルコがそのようなことをしたのは、ギリシャ語のたとえ話を意味するparabolēに相当するアラム語のmathlaが、後で述べるように様々な意味を持っており、「たとえ話」と「謎」の両方の意味に取れたからだ。この文脈では、この語は本来、「謎」を意味していた。そうだとすると、アラム語による解釈に基づけば、[1]マルコ4章11節b～12節は「神はあなた方に王国の秘密を与えた」という意味になり、「外部にいる人々にとってはすべてが謎であり、（聖書に書かれている通り）回心して神に赦[2]されない限り、彼らは見ても分からず、聞いても悟らない」ということになる。

このように理解すると、この言葉はイエスの説教すべてに当てはまり、「神の支配が今始まっているというイエスの宣言は、イエスを信じる者たちによってのみ理解できる」ということになる。この解釈が正しいのであれば、マルコ4章11節b～12節に述べられた言葉は、イエスがたとえ話について語ったものではないということになる。したがって、寓喩的解釈によってしか把握できない隠された秘密を、たとえ話の背後に読み取ろうとするのは正しいとは言えない。

そうした寓喩的解釈の手法が決定的に打ち壊されたのは、アドルフ・ユーリッヒャー〔ドイツの聖書学者、一八五七年〜一九三八年〕の功績による。彼の著書の中の「イエスのたとえ話の歴史」(3)という章を読むと、イエスのたとえ話が何世紀にもわたってこの寓喩的解釈により歪曲され、誤用されてきたことが分かり、痛恨に堪えない。

だが、そのことを背景にして初めて、ユーリッヒャーの本が寓喩的解釈からの解放に果たした役割を評価することができる。彼は何百という実例を挙げて、「寓喩的解釈が誤りへ導く」ことを議論の余地なく証明したばかりでなく、「寓喩的解釈は、イエスのたとえ話に込められた真意とは全く異質なものだ」という彼の基本的な立場を明確にしたのである。彼の力点の置き方は偏っていたかもしれないが、その業績の重要性は変わらない。最近の聖書学では寓喩的手法を再評価する動きがわずかながら見られるが、それも彼の判断を確証する役割を果たしているにすぎない。

だがユーリッヒャーの業績は不完全なものであった。それはチャールズ・ハロルド・ドッド〔イギリスの聖書学者でプロテスタント神学者、一八八九年〜一九七三年〕が最もよく指摘している通りである。たとえ話を個々の、細部に関する空想的で恣意的な解釈から解き放つための努力は、逆にユーリッヒャーを致命的な誤りに陥れた。ユーリッヒャーの見方によれば、イエスのたとえ話の恣意的な扱いを防ぐ最も確実な方法は、たとえ話を当時の実際の暮らしの一断片と捉え、それぞれのたとえ話から一つの思想を引き出すことにあるとされた。そしてその思想は、可能な限り普遍性を持たねばならないと考えられた（ここに誤りがある）。最も広範囲の適用が最も真理に近いからである。

ユーリッヒャーによると、たとえば「金持ちとラザロ」のたとえ話（ルカ16章19節〜31節）は、「悲惨な暮らしに喜びをもたらし、快楽をむさぼる暮らしに恐れをもたらすこと」を意図していた。また、「いちばんの金持ちでさえ、常に神の力と慈しみに全面依存している」というのが、「愚かな金持ち」のたとえ話（ルカ12章16節以下）で示そうとした教訓であり、「今を賢く過ごすことが、幸せな未来を手に入れる条件だ」というのが、「不正な管理人」のたとえ話（ルカ16章1節〜8節）の教訓であった。マタイ24章45節〜51節の原型は、「神に対して、心を尽くして任務を果たす」ように、弟子たちを奮い立たせることを狙いとしていた。「報いは、実績を挙げることによってのみ得られる」というのが、「タラントン」のたとえ話（マタイ25章14節以下）の基本的な着想であった。

こうしたユーリッヒャーの解釈から、イエスのたとえ話は、「本物の信仰を持った人間とはどういうものか」を示すもので、「終末論的な意味を全く含んでいない」ものだと教えられる。イエスはいつの間にか「進歩の使徒」（ユーリッヒャー）であり、道徳的教訓と単純化した神学を印象深い比喩《メタファー》と物語を使って繰り返し説き聞かせる「知恵の教師」に変容させられた。しかしこれほどイエスから遠く隔たったものはない。

不幸なことに、ユーリッヒャーの研究は道半ばで止まってしまった。彼はイエスのたとえ話から、寓喩的解釈によって作られた厚いほこりを取り払ったが、そこから先へ進まなかったのだ。本格的な作業はまだ私たちの前に残されている。イエスのたとえ話の本来の意味を取り戻す試みを続けねばならない。では、どうすれば取り戻せるのだろう。

ユーリッヒャーの研究業績があまりにも傑出していたために、彼の死後長らくイエスのたとえ話に関する価値のある優れた研究が現われることはなかった。ようやく〔第一次世界大戦の後になって〕、様式史学派の研究者たちが、たとえ話をいくつかの類型に分けることによって研究を前進させようとした。具体的には直喩（simile）、比喩（comparison）、たとえ話（parable）、譬話（similitude）、寓喩（allegory）、例話（illustration）などのカテゴリーに分けようとしたが、結局は徒労に終わった。それは、ヘブライ語のmashal（アラム語のmathla）が、これらすべての意味を区別することなく包含していたからである。

mashalは、旧約聖書完成後のユダヤ教の一般的な用法では、形式的な分類にとらわれず、あらゆる種類の比喩的な表現を意味していたようである。たとえ話（parable）、比較（comparison）、寓喩（allegory）、寓話（fable）、格言（proverb）、黙示的な啓示（apocalyptic revelation）、謎の言葉（riddle）、仮名（pseudonym）、象徴（symbol）、虚構の人物（fictitious person）、実例（example）、主題（theme）、論証（arugument）、弁明（apology）、抗議（refutation）、機知（jest）などである。

同じように、新約聖書で使われているギリシャ語parabolēには、「たとえ話（parable）」という意味のほかに、「比較（comparison）」（ルカ5章36節、マルコ3章23節）や「象徴（symbol）」（ヘブライ人への手紙9章9節、11章19節、マルコ13章28節）という意味があり、さらに、ルカ4章23節では「格言（proverb）」、マルコ7章17節では「謎の言葉（riddle）」、ルカ14章7節では「規則（rule）」という意味で使われている（本書ではparableをmashal——アラム語でmathla——のように幅広い意味で使っていることを特に強調しておきたい）。

イエスのたとえ話を無理にギリシャ的修辞法の範疇に押し込めることとは、異質の教えを押しつけることになる。実際、このやり方では何の進展もなかった。様式史学派には数々の重要で基本的な洞察を負っているが、たとえ話研究では、今のところ成果を生むような用いられ方はされてはいない。

研究の進展に決定的な道をひらいた視点は、私が間違っていなければ、アーサー・テンプル・キャドゥによって示された。[4] 彼は「イエスのたとえ話はイエスの実際の暮らしの中に置かれなければならない」と主張した。だが不幸なことに、彼が著作の中で示した通りの考えを展開しようとするやり方は、批判にさらされ、彼の業績の持つ価値は「細部についてのすぐれた意見」に限られてしまった。

B・T・D・スミスは、もう少し慎重にこの路線を進み、[5] 多くの箇所で、たとえ話の歴史的な背景を際立たせることに成功した。惜しまれるのは、彼が素材の研究に自らを限定し、神学的な解釈をしなかったことである。

キャドゥが最初に示した方向を飛躍的に進展させたのは、C・H・ドッドの著作『神の国のたとえ話』（*The Parables of the Kingdom*）[6] であった。この極めて重要な著作において、たとえ話をイエスの暮らしの中に置く試みが初めて成功した。これがたとえ話の解釈に新しい時代を開いたのである。しかしながら、彼の関心は神の国のたとえ話にしか向けられなかった。そして彼の神の国理解の一面性（神の国がイエスの働きの内に最終的に到来したことを全面的に強調する）が、全体の視野を狭める結果となり、それが他の点では卓越した彼の解釈に影響を与え続けている。

私たちが論じなければならないのは、本質的に単純だが広範な帰結を持つ概念である。イエスのたとえ話は、いかなる意味でも文学的な創作ではない。それはまた、一般的な処世訓を垂れることを目的としてもいない。むしろ、個々のたとえ話は、イエスの生活における具体的な状況下で、すなわち特定のしばしば予期されぬ場面で語られた。さらに、これから見ていくように、そのたとえ話のほとんどが対決――正しさの主張、弁護、非難あるいは挑戦など――と関わり、すべてではないけれども、論争の武器となっている。そしていずれもが即座の応答を求めている。

こうした事実を認めることが、私たちがなすべき仕事の出発点となる。イエスは血も肉もある人間に対して語った。その時々の状況に応じて語りかけた。個々のたとえ話には特定の歴史的な状況があり、その状況を明らかにすることが、私たちの仕事になる。[7] イエスはそれぞれの時に、何を言おうとしたのだろうか？　彼の言葉は聴衆にどのような影響を与えたのか？　イエスのたとえ話の本来の意味を可能な限り取り戻し、イエスの真の言葉を再び聴くようにするために、私たちはそのような問いかけをしなければならない。

注

（1）翻訳の言語学的な論証については、学術版 *The Parables of Jesus*, London and New York, 1963, 1972³, 14f 参照。

（2）イエスの多くの言葉が持つ重要性は、神の行為に言及する際、極めて頻繁に畏敬を込めた言い回しで受身形を使っていることを想起する時だけ、はっきりと理解できる。「そして赦される」という受身的な表現はその代表的な例である。

（3）A. Julicher, *Die Gleichnisreden Jesu I*, Tübingen, 1899（=1910, 1963）二〇三頁〜三二二頁。

（4）A. T. Cadoux, *The Parables of Jesus. Their Art and Use*, New York, 1931.

（5）B. T. D. Smith, *The Parables of the Synoptic Gospels*, Cambridge, 1937.

（6）London, 1935.

（7）マタイ福音書13章のたとえ話の集録に目を通すことで、この問題を次のように説明することができるだろう。すなわち、私たちの時代のある優れた説教者の説教で心に残るものはすべて、テーマを例証する話であり、そのような説話の持つ価値すべてを理解できるのは、説教者の意図が個々の実例をもって説明されようとする場合に限られる。同様に、マタイ福音書13章の個々のたとえ話は、イエスが語った当時の状況を再現しない限り、正しく理解することはできないだろう。

II　原始教会からイエスへの回帰

イエスのたとえ話は伝承されているうちに、二つの歴史的な状況を持つようになった。

（1）たとえ話の元々の歴史的状況は、イエスが語ったすべての場合と同じように、彼の活動中の特定の場面である。たとえ話の多くは、臨場感にあふれ、実際に起きた事実を基にしていると考えるのが自然である。(1)

（2）だがその後、たとえ話はイエスの語った言葉が文書化されるより前に、宣教活動、集会、信仰問答を行い、イエスの言葉を宣言し、説教し、教える原始教会の中で〝生きた〟のである。原始教会はイエスの言葉をいくつかの項目の下に集め、整理し、それに合った場面を作り、時には変形し、誇張し、寓喩的解釈を施した。これらは常にキリストの十字架〔上の死〕と再臨〔への期待〕の中間に置かれた原始教会の状況と関係している。

たとえ話を研究する上で重要なのは、「イエスが活動した当時の状況と、原始教会の置かれていた状況が異なっていた」ということを念頭に置くことである。たとえ話をイエスの実際の話し方で聴き、歴史的な出来事の中で示されたイエスの力強さ、批判者を論破する力、権威を、生き生きと体験したいのであれば、多くの場合、イエスの語った言葉とたとえ話を原始教会の生活の状況と考え方から切り離し、イエスの生活の中に本来の状況を取り戻す努力が必要になってくるだろう。たとえ話が語られた本来の歴史的状況を確かめようとする時、まず、たとえ話を変形させた、間違いなく明確な法則に出会うことになる。

その際、大きな助けになるのは、トマスによる福音書が共観福音書の次の十一のたとえ話について、独立した伝承を提供してくれていることだ。(2)

9（8）項「種をまく人」（本書二六頁以降参照）
20（20）項「からし種」（本書一七二頁以降参照）
21b、103（22、100）項「盗賊」（本書九六、一〇七頁参照）
57（58）項「麦の中の毒麦」（本書二六七頁以降参照）
63（64）項「愚かな金持ち」（本書二〇〇頁注四参照）
64（65）項「婚宴」（本書二〇四頁以降参照）
65（66）項「邪悪な農夫」（本書八〇頁以降参照）
76（76）項「真珠」（本書二三六頁以降参照）
96（93）項「パン種」（本書一七二頁以降参照）
107（104）項「迷い出た羊」（本書一五二頁以降参照）
109（106）項「宝」（本書三一頁以降参照）

各共観福音書とトマスによる福音書に共通するたとえ話の数は以下の通りである。

マルコ福音書の六個のうち(3)　三個

マタイ、ルカ福音書に共通する九個のうち　四個

マタイ福音書の特殊資料十個のうち　三個

ルカ福音書の特殊資料十四個のうち　一個

注

(1)「『不正な管理人』のたとえ」(ルカ16章1節以下。本書四八、一一八頁以降参照)、「『毒麦』のたとえ」(マタイ13章24節以下。本書二六七頁以降参照)、「盗賊」(マタイ24章43節以下。本書九六頁以降参照)、そして恐らくは、「愚かな金持ち」(ルカ12章16節以下)と「善いサマリア人」(ルカ10章30節以下)も。

(2) 語録の項番号は A. Guillaumont, H.-CH. Puech, G. Quispel, W. Till, + Yassah Abd al Masih の編集・翻訳による *The Gospel according Thomas*, Coptic Text, Leiden, 1959 を基にした。カッコ内の項番号は、R. M. Grant and D. N. Freedman, *The Secret Sayings of Jesus according to the Gospel of Thomas*, London, 1960 で使われた J. Leipoldt によった。

(3) 一部はマタイ福音書とルカ福音書に採られている。本書の最後にある「共観福音書のたとえ話一覧」を参照。

1　たとえ話はギリシャ語に翻訳された

イエスはガリラヤ地方のなまりのあるアラム語で話した。彼の言葉をギリシャ語に翻訳する作業は、早い時期から始められたが、その過程で必然的に、彼の言葉の意味におびただしい数の――通常はわずかな程度だが時として相当程度の――変更が加えられた。だからこそ、ギリシャ語のたとえ話をイエスの話した言葉に訳し直すことが、たとえ話の本来の意味を回復するための重要な――おそらく最も重要な――助けとなる。

聡明な人なら誰でも、この再翻訳が暫定的なものにすぎないと考えるだろうが、そうした試みがしっかりした基礎を持っていることは否定できまい。特に、福音書の伝承の中に並行する異なった翻訳は、その根底にあるアラム語の言い回しについて信頼できる情報を提供してくれる。残念なことに、この重要な助けとなる手法は、まだ十分にその価値が評価されず、組織立って活用されてはいない。[1]

注

（1）この普及版では、言語学的な資料は時たましか引用していないが、学術版では詳しく扱っている。

2　翻訳過程で表現が変えられた

たとえ話をギリシャ語に翻訳する過程で、イエスが使用した語彙だけでなく、たとえ話で具体的に述べられているパレスチナ的背景も、ヘレニズム世界の環境の中で使われていた用語に〝翻訳〟されることが避けられなかった。

それは、ルカ福音書のたとえ話の次のような箇所――ギリシャの建築技術(1)、ローマ式の裁判手続き(2)、非パレスチナ的な園芸(3)や風景(4)――などに見ることができる。

マルコ福音書は、13章35節以下で夜間警護の時間帯を、ローマ軍の決まり〔使徒言行録12章4節を参照〕に従って四つ〔夕方、夜中、鶏の鳴く頃、明け方〕に分けて書いているが、パレスチナの人々は、これを三つ〔ルカ12章38節＝夕方、夜中、夜明け頃〕に分けている。(5) これは第二福音書〔マルコ福音書〕がパレスチナで書かれなかったことを示す数多くの証拠の中の一つである。本来であれば、舞台設定としてパレスチナ的な表現を取るのが妥当だろう。

ただ、その場合にも慎重に研究を進める必要がある。たとえば、イエスは繰り返し、意図的に、ユダヤ人が特に残酷と考えるレバント式の処罰の仕方を実例として取り上げている。つまり、非パレスチナ的な状況説明が必ずしも常に編集過程で書き換えられたもの、信憑性に欠けるもの、ということにはならない。伝承が複数に分かれている場合においてのみ、いくらか信頼の置ける判断が可能なのである。

注
（1）6章48節以下と11章33節＝地下倉庫のある家（パレスチナでは見られない）、8章16節と11章33節＝入って来る人に光が見えるような入口のある家。
（2）12章58節の「看守」、これはマタイ5章25節の「下役」＝シナゴーグの下役とは異なる。
（3）ルカ13章19節では、からし種を「庭」にまいている。これは、ギリシャ世界で、からしが園芸植物として扱われていることを受けたものである。パレスチナでは、からしを庭で栽培することは禁じられていた。また14章35節のように、塩を肥料として使うことは、パレスチナでは確認されていない。
（4）6章48節にある「洪水になって川の水が家に押し寄せる」、あるいはマタイ7章25節にある「雨が降り、川があふれ、風が吹いて家を襲う」。
（5）士師記7章19節、外典ヨベル書49章10節、12節。

3　粉飾がなされた

旅に出る主人から財産を預けられた使用人についてのたとえ話で、マタイ福音書では、三人がそれぞれ五タラントン、二タラントン、一タラントンを託されたことになっている（25章15節以下）。デナリオンに換算して五万、二万、一万になる金額だ。ルカ福音書の同じたとえ話では、十人の使用人がそれぞれ百デナリオン〔新共同訳では、「一ムナ」＝タラントの六十分の一となっている〕しか受け取っていない（19章13節）。

ルカ福音書のこの話の続き（19章16節〜21節）を読めば、「三人」というマタイ福音書にある使用人の人数が、たとえ話の元々の人数であることが分かる。託された金額については、額の小さいルカ福音書の表記が元々のものであるに違いない。なぜなら、いずれの福音書を見ても、〔主人は使用人が稼いだ額を〕「少しのもの」（マタイ25章21節、ルカ19章17節）と評しているからだ。一万デナリオン、五万デナリオンという額は大きすぎて認めがたい。ルカ福音書では、使用人の数が増えており、マタイ福音書では、託された金額があまりにも膨らんでいる。大きな数字を好む東方の語り部の性向が、二つの福音書の話に反映されていると考えられる。

粉飾を好む性向は、マタイ福音書の盛大な宴会のたとえ話にも見られる。ルカ福音書（14章16節）とトマスによる福音書（64項）では宴会の主宰者は一般人だが、マタイ22章2節では「王」になっている。「家長」から「王」への置き換えは、「日常的な生活に関するたとえ話」を「王が登場するたとえ話」に置き換えるラビ文学に見られる伝承の手法と同様のものと考えるべきである。これは東方の手法そのものである。

決定的なのは、トマスによる福音書の「婚宴」のたとえ話で、マタイ福音書やルカ福音書よりも、はるかに明瞭に〔招待を受けながら断った人々の〕言い訳が述べられていることだ。婚宴会場の設定も「郊外」から「町中」になっている。

粉飾の例は、トマスによる福音書9項で語られた「種をまく人」のたとえ話にも見ることができる。

イエスが言った。「見よ、種まきが出て行った。彼はその手に（種を）満たしてまいた。いくつかは道に落ちた。鳥が来て、それらを食べてしまった。他の種は岩地に落ちた。そして、根を地下に張らず、穂を天上に出さなかった。そして他の種は茨に落ちた。それが種をふさぎ、虫がそれらを食べてしまった。そして、他の種はよい地に落ちた。そして、それは良い実を天に向かって出した。それは六十倍、百倍になった。」（日本語訳は荒井献『トマスによる福音書』講談社学術文庫による）

このように、共観福音書の同じたとえ話の内容に加えて、「根を地下に張らず、穂を天上に出さなかった」という対句や「虫」、「六十倍、百倍」という表現が見られる。追加的表現は時として、当時のありふれたものの場合もある。たとえば、「神と富の二つに仕えることができない」ことの比喩的な表現（マタイ6章24節、ルカ16章13節）が、トマスによる福音書の47項aでは「一人の人が二頭の馬に乗り、二つの弓を引くことはできない。一人の奴隷が二人の主人に兼ね仕えることはできない……」（荒井献『トマスによる福音書』）となっているように。

粉飾的な表現の例として、話に活気を与えるような文章の構成が挙げられるだろう。マタイ福音書21章41節に、マルコ12章9節やルカ20章16節にはない「彼らは言った。『その悪人ども……ちがいない』」という文章が挿入されている。この聴衆とのやりとりでは、（「ぶどう園の主人が帰って来たら、この農夫たちをどうするだろうか」との）イエスの問いかけに対する（「その悪人どもをひどい目に遭わせて殺し……」という）答えを通して、聴衆は知らないうちに自分が裁かれることになる。これは旧約聖書（「ナタンの叱責」＝サムエル下12章5節以下、「テコアの女の訴え」＝同14章8節、「預言者の息子たちの一人のたとえ話」＝列王記上20章40節）やイエスの他のたとえ話（マタイ21章31節、ルカ7章43節）に見られる特徴的な文章構成である。

同時に、私たちは大きな注意を払わなければならない。日常の暮らしから題材を採ってはいるものの、聴衆の注意をひきつけるために、登場人物の数多くの尋常ではない振る舞いを、特別に力点を置く形でやって見せるのがイエスのたとえ話の際立った特徴だということである。

宴会に招待された人々全員がそっけなく出席を断ったり、家の主人（あるいは王）が、通りにたまたまいた人を誰でもいいから食卓に呼び入れたり（マタイ22章9節、ルカ14章21節～23節）、おとめたちが、花婿を待っている間に一人あるいは全員、眠り込んでしまったり（マタイ25章5節）、花婿が結婚式に遅れた人の出席を拒んだり、というようなことは、日常のありふれた出来事ではない。王の息子の結婚式に招待客が汚れた着物で出てきたり（マタイ22章11節以下）、一粒のトウモロコシの種が百倍もの実を結んだり（マルコ4章8節、創世記26章12節も参照）することも同様である。

このようなはなはだしく誇張された表現は、東方の物語の特徴であり、それがたとえ話で頻繁に出てくるのは、イエスが意図的にこうした手法を使ったからである。日常では考えられない内容をたとえ話に盛り込むことで、話の主旨がどこにあるかを示そうとしたのである。

この特徴が最も色濃く出ているのは、「仲間を許さない家来」のたとえ話（マタイ18章23節以下）である。家来には一万タラントン（約一億デナリオン）の負債がある、という。この桁外れの金額が途方もないものであることは、紀元前四世紀のガリラヤとペラエアで一年間に徴集された税金が二百タラントン――家来の負債額の五十分の一――を超えることがなかったことからも分かる。この額の大きさは意図的なものであり、聴衆に対して、「人間は神に負債を返すことができない」ということを

〝ショック療法〟で強く印象づけるとともに、同僚の家来が抱えた百デナリオンという少額の負債との対照を強く際立たせることを意図している。

このように、たとえ話の尋常でない内容はすべてイエスが語ったものではない、ということにはならない。それどころか、むしろこうした解釈の手がかりとなるものが〔イエスの〕本来の言葉だとするのは当然である。だが、たとえ話の並行伝承を比較することで明らかになるのは、多くの場合、それらの伝承は綿密に仕上げられていて、〔そうでない〕簡潔な方が恐らく本来の伝承だということである。

4　旧約聖書と民間伝承の主題が影響した

いくつかのたとえ話に、旧約聖書からの引用がある。マルコ4章29節、32節、同12章1節、9節a、10節以下、マタイ25章31節、46節である（ルカ13章27節、29節も参照）。このように旧約聖書から引用されたたとえ話は極めてわずかだが、マタイ、ルカ両福音書にある四つのたとえ話のうち、少なくとも三つが二次的な引用であることから、実際の引用数はさらに少ない。

また、トマスによる福音書では事情が異なっているため、〔共観福音書の〕他の箇所も慎重な検討が必要となる。トマスによる福音書の「ぶどう園と農夫」のたとえ話（65項）には、ルカ（20章9節）と同様、旧約聖書のイザヤ書5章1節以下から採られたマルコ（12章1節、並行記事マタイ21章33節）に書かれているぶどう園の詳しい構造の説明がなく、またイザヤ書5章5節を基にマルコ（12章9節と並行記事）に書かれているたとえ話を締めくくる問い（「ぶどう園の主人はどうするであろうか」）の記述も存在しない。

また65項に続く66項（「イエスが言った、『家作りらの捨てた石を私に示しなさい。それは隅の頭石である』」）の詩編118編22節（「家を建てる者らの捨てた石が、隅の親石となった」）からの引用は、独立した言葉のように思われる。66項が示すように、トマスによる福音書は旧約聖書の引用を原則として拒んでいない。特に共観福音書ではイザヤ書5章1節以下、5節、詩編118編22節以下がヘブライ語テキストでなくギリシャ語テキストから引用されており、これらも伝承の元からあった引用とは考えられない。

トマスによる福音書20項、「からし種」のたとえ話では、結びの言葉が「……地は大きな枝をつくり、空の鳥の隠れ場となる」（荒井献「トマスによる福音書」）となっている。これは恐らく、ダニエル書4章9節、18節、エゼキエル書17章23節、31章6節から、若干の発想を借りてきたものと思われる。マルコ4章32節では、ダニエル書17章23節やエゼキエル書4章9節、18節からの借用がもっとはっきりしており、マタイ13章32節、ルカ13章19節に至っては、ダニエル書4章18節を自由に書き換えて引用している。からし種の草を「木」とする非現実的な表現（マタイ、ルカの両福音書に出てくるが、マルコとトマスによる福音書には出てこない）も、ダニエル書4章17節から採られたものである。

そして「パン種」のたとえ話に出てくる小麦粉について、マタイ13章33節、ルカ13章21節では三サトン（一サトンは約十三リットル）という膨大な量の言及があるが、トマスによる福音書96項にはない。また、（三という数字は）創世記18章6節（「アブラハムは急いで天幕に戻り、サラの所に行ってこう言った。『すぐに上等の小麦粉を三セア（約二十三リットル）こねて……』」）から採られたようである。

このように、福音書には、旧約聖書から引用し、あるいは引用をつけ加えることで説明しようとする傾向が見て取れるが、このことは、イエス自身がたとえ話の中で時おり旧約聖書の言葉を引用している可能性を排除するものではない。その可能性の高いケースは少なくとも二つある。「からし種」のたとえ話の最後の部分（前述）と、「種の成長」のたとえ話の最後の部分（マルコ4章29節＝ユダヤ教のヘブライ語旧約聖書ヨエル書3章13節からの引用）である。

また、このような旧約聖書の引用とともに、時として民間伝承のテーマをたとえ話の中に採り入れる例もあり、イエス自身によるそのようなテーマの活用もたびたび見られる。ただし、そのうち少なくとも二つは、（イエス自身によらない）二次的な話の可能性がある。その一つ、トマスによる福音書109項にある「隠された宝」のたとえ話は、（イエスの本来語ったと思われる内容から）完全に変質させられている。そこでは、畑を買い取った人がたまたま宝を発見し、金持ちになったと述べられており、確実にイエスのものであるマタイ福音書の同テーマのたとえ話（13章44節）と共通する内容はほとんど存在しない。だがその一方で、この新しい本文は旧約聖書ソロモンの歌（雅歌）に関するラビの註解に出てくる物語と内容が共通している。

トマスによる福音書109項のたとえ話は次のようになっている。

　イエスが言った、「御国はその畑に宝を持っている人のようなものである。それ（宝）は（隠されており）、それについて（彼は）何も知らない。そして、彼が死んだ（時に）、彼はそれを自分の（息子に）残した。（彼の）息子（もまた）何も知らなかった。彼はその畑を受け取り、それを売った。そして、買い取った人が来て、耕作している時に、宝を〔発見した〕。彼はお金を、彼が欲した人々に、利子つきで貸し始めた。」

これに対して、雅歌4章12節のラビによる註解にはこうある。

それ〔雅歌4章12節で語られている状態〕は、ごみで一杯の場所を相続した男のようだ。男は怠け者で、ひどい安値でそれを売った。買主はそこを一所懸命に掘り起こし、宝を見つけた。その宝で、大きな屋敷を建て、手に入れた奴隷の一団とともに、市場を通り抜けた。売った男は、それを見て、〔怒って〕首をつったかもしれない。

マタイ福音書の「隠された宝」のたとえ話では「畑の所有者の男は〔畑に埋まっていた宝を見つけて〕大喜びしている」のに対して、トマスによる福音書では、ラビの物語の影響を受けて、肝心の点が完全に失われ、「せっかくの好機をつかみそこねた男の怒り」が主題になっている。

二つ目は、民間伝承を二次的な要素として導入したマタイ福音書の例である。王子の婚宴のたとえ話〔22章1節以下〕に、王は、招待した者たちが自分の家来たちをひどい目に遭わせて殺害したことに激怒し、軍隊を送ってこの人殺しどもを滅ぼし、その町を焼き払った〔22章7節〕と、王の素早い懲罰行為を挿入している。この挿話は、たとえ話全体の流れに馴染んでいないし、ルカ福音書とトマスによる福音書の並行記事には存在しない。これは、古代東方に由来し、古代ユダヤ教で流布していた話から来ており、〔マタイ福音書が書かれる前の紀元七〇年のローマ軍による〕エルサレム壊滅の状況を反映している。

5　聴衆が変えられた

イエスのたとえ話を聴いた本来の聴衆が、しばしば変えられている。その良い例が〔「天の国は次のようにたとえられる」に始まる〕「ぶどう園の労働者」のたとえ話（マタイ20章1節～16節）である。以下で、これまで実際に行われてきた様々な解釈を明確にするために、順番に時を遡っていこう。

(a) ローマ教会、ルーテル教会、そして英国国教会では、このたとえ話が、七旬節の日曜日、つまりイエス・キリストの受難日を前にした回心と償いの時の始まりに当たって朗読される。その日に読まれる書簡は、キリスト教徒に競技場での競争を促す新約聖書のコリントの信徒への手紙一9章24節～27節である。では、回心と償いの時の始まりに当たって教会はどのような説教をするのか。それは「神のぶどう園（『天の国』を意味する）への招き」である。

キリストの死後の早い時期から、このたとえ話の寓喩的解釈が極めて頻繁になされてきた。五回にわたる労働者の招集は、はるかイレナエウス（紀元一五〇年頃）の時代から、アダムの誕生に始まる人類の救済史における各時期を象徴するものと解釈され、オリゲネス（一八五年～二五四年）の時代からは、人がキリスト教徒となる人生の諸段階を象徴するものと解釈された。これら「人類史」と「人の一生」に関連づける二つの解釈は、しばしば融合することもあった。

だが、それらの寓喩的な解釈は言うに及ばず、このたとえ話の真意は、神のぶどう園への招集という点にはない。そのような解釈は、結びで言おうとしていること〔20章16節の「このように、後にいる者が先になり、先にいる者が後になる」〕から外れている。すなわち、本来のイエスのたとえ話で力点が置かれているのは、「神のぶどう園への招き」ではなく、「その日の終わりに行われる賃金の分配〔のあり方〕」なのである。

(b) さらに時を遡ると、初期のエジプト写本とその翻訳版を除くすべての新約聖書の写本は、マタイ20章16節b「招かれる人は多いが、選ばれる人は少ない」〔多くのギリシア語写本やウルガタ訳で前出の「……後になる」の後に加えられている。新共同訳にはない〕を、たとえ話の結びの言葉と解釈している。このたとえ話は、「多くの人が招かれるが、わずかな人しか選ばれない」、つまり「わずかな人だけが救済される」という真理をどのように説明しているのだろうか。

早朝に雇われた最初の人たちは、警告の対象だ。彼らは雇ってもらえたのに、〔後から働き始めた人たちと同じ賃金しか与えられないことに〕不平をこぼし、〔彼らよりも多くの〕賃金を要求し、〔全員に同額の賃金を与えるという〕神の決定に反抗する。神の贈り物を拒否し、しばしば言われるように、救いの恵みを拒む。そして、「自分の分を受け取って帰りなさい」〔20章14節〕と言われる。つまり、このたとえ話が「不平、独善、あるいは反抗によって、救い〔の恵み〕を失ってはならない」という、戒めの一つと理解されている。

だが、このような解釈もポイントを外している。最初に雇われた労働者が受けたのは、断罪ではなく、同意した通りの賃金だからである。マタイ20章16節b（「招かれる人は多いが、選ばれる人は少ない」）が、初期のエジプト写本とその翻訳版――概して私たちに最良の教材を提供してくれる――に載っていないのは偶然ではない。ここで私たちが手にしているのは、多くのたとえ話に共通する一般化された結論の一つである。このたとえ話の場合、マタイ22章14節（「招かれる人は多いが、選ばれる人は少ない」）から取られたもので、遅くとも二世紀につけ加えられたと考えられる。

（c）もう一つ時を遡ると、福音書の著者マタイその人に行き着く。彼はマルコ福音書の文脈に、「最初に来た者」（マタイ20章8節、10節）と「最後に来た者」（同20章8節、12節、14節）のたとえを挿入することによって、ペトロに対するイエスの答えの結びの言葉としたマルコ10章31節（並行記事マタイ19章30節）「先にいる多くの者が後になり、後にいる多くの者が先になる」を説明しようとした。マタイは、これと同じ言葉を、「最初の者」と「最後の者」の順序を逆転させる形で20章16節のたとえ話の締めくくりに使い、さらに「なぜなら」（20章1節）と「このように」（20章16節）という表現を使うことで、19章30節（先にいる多くの……）と明確な関係づけをしている。

マルコ福音書の文脈では、この文章は「来るべき神の国ではこの世の地位・階級すべてが逆転する」ことを意味しているが、その狙いは、イエスが弟子たちにした約束を確認することなのか、それとも彼らの傲慢さを戒めることなのかは定かでない。

いずれにしても、このたとえ話はマタイにとって、「最後の審判の日における地位の逆転」を明確に示していた。このことをマタイは、20章8節bにあるぶどう園の主人の管理人に対する指示（「労働者たちを呼んで、最後に来た者から始めて、最初に来た者まで順に賃金を払ってやりなさい」〕から推察したことだろう。

最後の者が最初になり、この最後の者から賃金の支払いが始まる――このたとえ話は、最後の審判の日に最初の者が最後になり、最後の者が最初になることを説明している、という見方に対して、二つの者たちではなく、五つの者たちが関わっているのだ〔マタイ20章1節に始まるたとえ話では、ぶどう園の主人は早朝に始まって、午前九時頃、正午頃、午後三時頃、午後五時頃の五回労働者を集めに出かけ、五つの組を雇っている〕、という反論があるが、これは正しくない。20章8節から始まる文章では最初の者たちと最後の者たちしか語られておらず、残りの三つの者たちは無視されている。五つの者たちを雇ったのは、労働者を緊急に必要としていたという差し迫った事情を述べるためにすぎない。

ただし、このたとえ話が「最後の審判の日に地位・階級が逆転することを述べようとしている」という理解に対しては、別の反論が提起されねばならないだろう。この理解は、すでに述べた通り、20章8節bの「労働者たちを呼んで、最後に来た者から始めて、最初に来た者まで順に賃金を払ってやりなさい」を根拠にしている。だがこれは、このたとえ話の構成要素としては明確に取るに足らない。賃金を支払う順番自体に大きな意味はなく、〔支払いを受けるのが〕数分早かろうが遅かろうが損失はない。実際、賃金が支払われる順番については誰も後から不満を述べていない。順番は単に「最後の人と最初の人が平等だ」ということを強調したにすぎないのである。あるいは、おそらく最初の者たちが、同僚たちが支払いを受けたことの証人となった(ユーリッヒャー)ことを単に示そうとしただけである。いずれにしても、このたとえ話では、ぶどう園で働いたすべての人が全く同じ額の賃金を手にしており、「最後の審判の日に地位・階級が逆転する」という教訓を伝えるものにはなっていない。

(d) マルコ福音書が示しているように、現在のマタイ福音書の文脈は本来の形ではないから、マタイ福音書よりも前に遡って、このマタイの文脈にとらわれることなく、たとえ話を考察する必要がある。それにより、このたとえ話の結びである20章16節〔「このように、後にいる者が先になり、先にいる者が後になる」〕には、現在のマタイ福音書の文脈で強く示そうとしている意味とは極めて異なる意味があったと判断することが可能になる。

第四エズラ記〔新共同訳では「エズラ記（ラテン語）」〕の予見者は、終わりの日まで生き延びる人々と比べるとその前の世代の人々は不利ではないかという問題に悩み、〔神なる主の言葉を告げる天使から〕このような答えを受ける。「私の裁きを輪のようにしよう。最後の者たちが遅れるわけでもなく、先頭の者たちが早くなるわけでもない」（エズラ記（ラテン語）5章42節）。先頭の者と最後の者、最後の者と先頭の者、そこには差別はなく全員が平等である。たとえ話についてのこのような解釈が、今日では一般的に受け入れられている。

つまり、このたとえ話は、神の国では、報いは平等になされることを示そうとしているわけである。ただし、この説明にさらに、すべての報酬は恵みだと教えているとつけ加えようとする者がいるかもしれないが、それは間違いである。なぜなら、パウロが言うように、最初の者たちは「恵みではなく、当然支払われるべきもの」（ローマの信徒への手紙4章4節）として報酬を受け取ったからだ。だが、それはともかくとして、聴衆たちが驚きをもって受け止めたのは「すべての者に平等に」ということではなく、「最後の者にかくも多額の報酬が！」ということであった。

(e) マタイ20章16節〔「後にいる者が先になり、先にいる者が後になる」〕を無視すれば、事は明白になる。マルコ10章31節〔「しかし、先にいる多くの者が後になり、後にいる多くの者が先になる」〕やルカ13章30節〔「後の人で先になる者があり、先の人で後になる者もある」〕〔マルコ9章35節「いちばん先になりたい者は、すべての人の後になり、すべての人に仕える者になりなさい」も参照〕で示されているように、この言葉は本来は独立して語られていたものであり、おそらく、「運命は一晩でなんとたやすく変わるものか」(J. Schniewind, *Das Neue Testament Deutsch I*) といった格言以上のものではないだろう。たとえ話の結論を一般化するものとしてつけ加えられたが、たとえ話の本来意図するところと符合してはいない。

しかし、このマタイ福音書のたとえ話が、本来〔20章16節でなく〕15節〔「自分のものを自分のしたいようにしては、いけないか。それとも、私の気前のよさをねたむのか」〕で締めくくられ、何の説明もなかったとしたら、ひどい人物と直面しているということになる。あからさまな不正義が語られているからである。マタイ20章12節で労働者が雇い主にもらした二重の不平〔「最後に来たこの連中は一時間しか働きませんでした。まる一日、暑い中を辛抱して働いた私たちとこの連中を同じ扱いにするとは」〕は、もっともすぎるほどもっともである。

聴衆の全員がこんな疑問を感じたに違いない。「この家の主人はなぜ、労働者全員に〔働いた時間に関係なく〉同じ賃金を払うという常識では考えられないことを命じたのか。しかも、たった一時間の労働にまる一日分の賃金を払ったのはなぜか。この不当な行為は単なる気まぐれなのか。衝動なのか。思いつきの気前のよさなのか」。

どれも見当違いである。ここでは無限の寛大さなど問題になってはいない。労働者たちは全員、生活に必要な額しか受け取っていない。それは生きていくための最低賃金である。それ以上の賃金を手にした者は誰もいない。たとえ最後に雇われた労働者が――ぶどうの収穫期なのに――午後になるまで市場に座り込んで世間話をしていた責任があったとしても、たとえ誰も自分を雇ってくれなかったという申し立て（20章7節）が怠惰の言い訳（マタイ25章24節の僕のように）にすぎず、また典型的なオリエント的投げやりさの偽装であったとしても、それでも主人は彼らを気の毒に思っている。〈夕方まで待って雇ってもらえなかったら〉彼らは無一物で家に帰ることになっただろうし、〈雇ってもらったとしても〉一時間分の賃金では、家族を食べさせることはできない。父親が手ぶらで帰ったら、子どもたちは飢えるだろう。要するに、ぶどう園の主人が労働者全員に一日分の賃金の満額支払いを認めたのは、彼らの貧しさに対する哀れみからだったのである。つまりそれは、このたとえ話が「主人の気まぐれな行い」ではなく、「貧しい者たちに寛大で満腔の同情を持つ親切な人物の行い」について述べていることを示している。

「これが」とイエスは語る、「人に対する神のなさり方なのだ」と。――これが神の姿、慈しみなのである。徴税人や罪人に対してさえも、神の国において、彼らにはふさわしくないと思えるような席をお与えになる。神の寛大さは、それほどまでに大きいのだ――。それゆえ、このたとえ話の力点のすべては20章15節の最後の言葉「私の気前のよさ」に置かれていると言っていいだろう。

では、なぜイエスはこのたとえ話を語ったのか。貧しい人々に対する神の哀れみを讃えるのが狙いだったのか。そうであれば、後半部分（20章8節以下）をイエスは省いていたかもしれない。しかし、実は後半部にこそ、このたとえ話の力点がある。というのは、このたとえ話は諸刃の剣のように二つのエピソードを述べているからである。一つは「労働者の雇用と賃金についての寛大な指示」（20章1節〜8節）、もう一つは「賃金を受けた者の不満と憤り」（同9節〜15節）である。両方を併せ持つこのたとえ話において、力点は後半部分に置かれている（本書一四六頁以下ルカ15章11節以下について、二一八頁以下ルカ16章19節以下について、七〇頁以下マタイ22章1節〜14節についてを参照）。では、なぜ後半部があるのか。先に雇われた労働者たちが腹を立てて抗議に立ち上がってはみたものの、雇い主から「私の気前のよさをねたむのか」（20章15節）と屈辱的な回答を得るという話がなぜ置かれているのか。

いつも良き知らせを批判し攻撃する不平家たちに似た人々――たとえばファリサイ派――に向けてこのたとえ話が語られたことは明白である。そのような人々に対してこそ、そうした批判がいかに正義に反し、不快で愛情を欠き、無慈悲なものであるかを示したいとイエスは望んだのだろう。そして、「神はどのような方と思うか。思いやりにあふれた方だ」と彼らに語り、「神が思いやりにあふれた方だから、私（イエス）もそうなのだ」と語ったのである。イエスは批判者に対して〔自分が伝えようとしている〕福音の正しさを言明する。

こうして私たちは、〔イエスがたとえ話を語った〕当時の歴史的な舞台設定をはっきり復元したことになる。福音書が頻繁に述べているイエスの暮らしの具体的な状況に、私たちは突然置かれる。そこでは、イエスが「蔑まれ、のけ者にされた人々の仲間になった」と非難されたこと、福音を耳障りなものとした人々のことが、何度も何度も述べられる。イエスは自分の行為の正しさを繰り返し主張し、良き知らせを正当化する必要があった。このたとえ話の場面でも同様である。イエスは言う。「神は私が話すような方だ。思いやり深く、貧しい人々に心からの同情を示される。そのような方をあなた方は非難するのか」と。

マタイ福音書19章27節のペトロの問い（「この通り、私たちは何もかも捨ててあなたに従って参りました。では、私たちは何をいただけるのでしょうか」）の文脈が示しているように、原始教会はこのたとえ話をイエスの弟子たちと結びつけ、キリスト教徒の共同体に対して利用した。なぜそうしたのかはよく理解できる。ファリサイ派が登場する福音書の記事について説教する時、当時の教会も現在の教会と同じ状況に置かれていた。つまり敵対者に向けて語られた言葉を教会共同体に向けて使わなければならない状況に置かれていたのである。

以上のようにして私たちは、イエスのたとえ話に取り組むための一つの方法を手にした。それは、たとえ話の変形に関する極めて重要な、「追加の原理」である。すなわち、たとえ話の伝承は聴衆の変化もしくは制限を被った、ということである。本来は別な聴衆――ファリサイ派、律法学者、群衆――に語られた多くのたとえ話は、原始教会によって、次第にイエスの弟子たちに結びつけられるようになっていったのである。

数多くの同じような事例からもう一つの例を挙げてみよう。ルカ15章3節～7節（マタイの並行記事18章12節～14節）の「迷い出た羊」のたとえ話は、15章2節の「この人（イエス）は罪人たちを迎えて、食事まで一緒にしている」と怒って抗議したファリサイ派の人々に対して語られたものである。イエスは「言っておくが、このように、悔い改める一人の罪人は、悔い改める必要のない九十九人の正しい人よりも大きな喜びが天にある」（同章7節）という言葉で締めくくっている。

イエスは、自分が伝える福音を批判する者たちに反論するため、たとえ話を通して、「羊の群れを囲いの中に集めようとしている羊飼いが、仲間から外れた一匹の羊を見つけて大喜びするように、神も回心した罪人をお喜びになる」と断言する。神は赦すことがおできになるからお喜びになる。「それが私も罪人を受け入れる理由なのだ」とイエスは言う。

マタイ福音書では、このたとえ話が全く異なる聴衆に向けて語られている。18章1節では、イエスが語りかけている相手はルカ福音書のような敵対者ではなく、弟子たちである。したがって、マタイ福音書の最後のくだりは異なった強調がなされる。「そのように、これらの小さな者が一人でも滅びることは、あなた方の天の父の御心ではない」（18章14節）。「小さな者を一人でも軽んじないように気をつけなさい」（同章10節）という説諭と、罪を犯した兄弟に対する忠告のあり方に関する指示（同15節～17節）との間に挿入された文脈の中で、この締めくくりの言葉の意味ははっきりしている。つまり、「あなた方は、たとえ話に登場する羊飼いが迷った羊を必死に探したように、教えに背いた兄弟、特に『小さな者』――弱い者、無力な者――を必死になって探し求めねばならない、それが神の意思だ」というメッセージが込められている。

このようにマタイ福音書では、たとえ話は弟子たちに向けられており、指導者である彼らに、「共同体から離れて行こうとする人々に対し、教えに忠実な羊飼いのように振る舞う」よう求めている。力点は、ルカ福音書のように「〔迷える羊を見つけた〕羊飼いの喜び」ではなく、「〔迷える羊を〕粘り強く探し求める羊飼いの姿勢」に置かれている。

しかしながら、マタイ福音書18章で諸教会の指導者たちに出された重要な指示（この章の意図はこれであり、「共同体への指示」という解釈は誤り）は、マタイ福音書のたとえ話の文脈における二次的な創作であり、マルコ9章33節～50節にある語録集を発展させたものである（それらは標語の連想で結びつけられている）。したがって、マタイ福音書の文脈は、イエスが迷い出た羊のたとえ話を語った当時の状況を明らかにする助けにはならない。これに対して、ルカ福音書が当時の状況をそのまま伝えていることは疑いないだろう。他の多くの例にも見られるように、イエスは批判者に対して、福音の正当性を証しし、自分が罪人たちを受け入れたのは神の意思であり、赦しの中にある神の喜びによると明言している。

マタイ20章1節～16節と同様に、本来はルカ福音書に見られるようにイエスが敵対者に向けて語ったたとえ話が、マタイ福音書では弟子たちに対して語ったたとえ話になっている。たとえ話の聴衆の変更は、たとえ話の力点の変更を意味し、〔反対者や敵対者に対する〕弁明は〔共同体やその指導者に対する〕勧告に変更されたのである。

聴衆についての言及は、たとえ話の状況設定に依存するため、たとえ話そのものを変えるよりもずっと変更がしやすい。それゆえ、たとえ話がどのような聴衆に向けられたのかについて慎重に検討する必要があるという判断は、聴衆の設定が福音書によって時として異なることを知ることによって確認しうる。

例を挙げておこう。マタイ福音書の「迷い出た羊」のたとえ話（18章12節～14節）、マルコ福音書の「塩」に関するたとえ話（9章50節）は弟子たちに対して語られているが、ルカ福音書によれば、前者はイエスの敵対者に対して（15章2節）、後者は群衆に対して（14章25節）語られたことになっている。（これまでに二つの例を示したが）たとえ話の聴衆の設定について詳しく分析することによって、福音書の原資料が時代を超えて伝えられる過程で、「イエスが群衆、あるいは敵対者に語ったたとえ話」が「弟子たちに語られたもの」に変っていく傾向が強いことが明らかになった。その傾向は、マタイ、マルコ、ルカの三つの共観福音書の著者すべてに共通している。一方で、逆の形、つまり弟子たちに対して語ったたとえ話が、群衆に語ったように改められた例を私は知らない。

たとえ話の本来の聴衆は誰なのか。敵対者に対して語られた場合、あるいは群衆に対して語られた場合、そのたとえ話は何を意味するのか。福音書を読む時、私たちは常に問い直す必要がある。

6　原始教会は信徒に勧告するために使った

「迷い出た羊」のたとえ話を考察した結果、イエスは元々敵対者に対して福音を擁護するためにこの話を使ったが、マタイはこれを教会共同体の規律を設ける文脈に組み込み、「司牧の義務に忠実であれ」という指導者たちへの勧告としたことが分かった。言い換えれば、このたとえ話は当初の歴史的な状況設定を失い、しばしば見られるように、共同体の人々を勧告する材料として使われるようになった。

「裁判官のもとへ行く人」の短いたとえ話は、マタイ福音書（5章25節以下）とルカ福音書（12章58節以下）に出てくるが、表現に些細な違いはあるものの、話の中核に関しては一致している。だが、二つの福音書の著者たちはそれぞれこのたとえ話を全く異なる状況設定の中に置いている。

マタイ福音書では、このたとえ話は「山上の説教」の最初のアンチテーゼである憎悪の禁止（5章21節以下）と結びつけられている。「兄弟が自分に反感を持っているのをそこで思い出したなら、……まず行って兄弟と仲直りするように」と23節以下で助言し、「さもないとあなたの信仰は偽りとなる……和解するまで、あなたの赦しの願いと祈りを、神は受け入れない」と示唆する。だが仮に、その争いが債権者に支払うべき金額をめぐる訴訟に発展したらどうだろう？　その場合、マタイのたとえ話の表現の仕方では「あなたは、相手と和解することに全力を尽くすべきです。譲りなさい！　最初の一歩を踏み出しなさい！　合意しなさい！　そうしないと、危険を招くことになる。自分の権利に固執する人は、法律に基づいてひどい目に遭いますよ」となる。このようなわけで、マタイ福音書では、このたとえ話が「人生における行動指針」と見なされており、その指針の背後にある動機が危険なほど平凡に聞こえてしまう嫌いがある。

それに対し、ルカ福音書はこのたとえ話を全く異なる文脈に置いている。「差し迫った危険と時のしるし」についての言葉（12章35節以下）の後に置き、イエスが「どうして今の時を見分けることを知らないのか」と人々を厳しく叱責する〔12章56節以下〕。この文脈に置かれた債務者のたとえ話は、マタイ福音書とは異なった力点を持っている。すなわち、ルカ福音書は「被告に向けられた切迫した危機」にすべての力点を置いている。被告は次のように告げられる。「あなたは、裁判官の前に立とうとしており、有罪判決を受け投獄の危機にさらされている。いつ逮捕されてもおかしくない。だから、自由の身であるうちに急いで行動し、まだ可能性が残っているうちに問題を解決しなさい！」。

ルカ福音書が正しいということは疑問の余地がない。なぜなら、このたとえ話は「終末の重大な危機」についてのたとえ話だからである。「危機は玄関の扉のところまで来ている。それは歴史の転換点だ。手遅れになる前に最後の機会をつかまねばならない」と。マタイとルカの間にある違いは、〔福音書間に見られる〕典型的な力点の置き方の変更を明らかにしている。ルカは「神の終末における行為」を強調し、マタイは「弟子たちの行為」に重きを置いているのである。

イエスは、「大破局」、「最後の誘惑」〔マルコ14章38節〕、「自らの死が始まりを告げるであろうこの世の最終的な危機」が予想される中に生きていた。それが時が経つにつれて、原始教会は、自分たちが二つの危機、つまり過去の危機と将来の危機の間にいるという見方を強くしていった。原始教会は、キリストの「十字架上の死」と「再臨」の間に立ってイエスの「指導」に目を向け、共同体を取り巻く環境が変わる中で、「時の重大さに人々を目覚めさせる」ことを狙ったイエスのたとえ話を、「キリスト教徒の共同体の行動指針」として解釈する必要が強まっていることに気づいた。神学用語で言えば、力点が「終末論的」なものから「勧告的」なものへと移ったのである。同時に、このことは、イエスの言葉の持つ「終末論的内容」を取り除いているわけではなく、「和解の必要性」を強調することによって、彼の言葉を「現実のものとした（actualize）」（A. Vögtle）のである。

トマスによる福音書64項にある「晩餐」のたとえ話は、次のような文章で終わっている。「買主や商人は私の父の場所に入らない（だろう）」。この言葉が元々は、招待を断った裕福な人々に向けられていたとしても、その一般化した言い方は、金持ち一般に対する激しい攻撃の意図を含んでいる。このような階級意識は、ある程度ルカ福音書にも見られるものだ。彼は、「大宴会」のたとえ話（14章16節～24節）を、「裕福で身分の高い人々でなく、貧しい人、不具の人、足の不自由な人、目の見えない人を招くようにせよ」というイエスの勧め（14章12節～14節）の次に来るようにした。ルカは、14章21節で右のような弱い人々を繰り返し列挙することで、このたとえ話を14章12節～14節を受けた〔具体的行為の〕見本にしようとしている。人は、このたとえ話に出てくる「貧しい人、体の不自由な人、足の不自由な人、目の見えない人を招く」という象徴的な行為をした主人のように振る舞うべきだというのである。

だがこのような解釈は、はっきり言って、たとえ話が本来意図したものではない。後で見るように、イエスはこのたとえ話によって、批判者たちに貧しい人々に良き知らせを語ることを正当化しようとしたのである。イエスは実際は次のように言っている。「あなた方が救いを拒んでいる間に、軽蔑された人々が神の民の救いにあずかれるように、神は呼びかけている」と。ルカ福音書で、この物語は正当化の言明から、「〔たとえ話と〕同じ振る舞いをすべきだ」という勧告に変えられた。話の力点が再び、「終末論的」なものから「勧告的」なものに移ったのである。

このように力点が移された例は他にも多数確認されるが、典型的な例は「不正な管理人」のたとえ話（ルカ16章1節以下）である。

このたとえ話は、分かりやすいいくつかの理由で、これまで何度も解釈が広げられてきた。8節に「主人は、この不正な管理人の抜け目ないやり方をほめた」とあるが、この「主人（ギリシャ語でkyrios）」が誰を指しているのかについては議論がある。9節の初めで「そこで、私は言っておくが」と主語が変化することは、一見すると「主人」が3節や5節にある「主人」を意味するという結論を明確に示しているように思われる。この見方によれば、たとえ話の力点は9節にある。すなわち不正な管理人が債務を棒引きしたのは、債務者たちが「自分を家に迎え入れてくれるように」（4節）するためだが、同じようにイエスの弟子たちも、天使たちによって「永遠の住まいに迎え入れてもらえる」（9節）ように、不正にまみれた富を利用しなければならない、ということになる。

だが、これがこのたとえ話の本来の意味かどうかは疑わしい。8節の「主人」がどうしてたとえ話の主を意味しうるのかが理解しがたいからである。主はどうしてこの不正な管理人をほめることなどできるだろう？　何よりも、ルカ福音書18章6節〔それから、主は言われた。「この不正な裁判官の言いぐさを聞きなさい……」〕と類比すれば、「主人」はイエスであることが示されている。なぜなら、「それから、主（kyrios）は言われた」という言葉でイエスの判断がたとえ話に挿入されていることは明白だからだ。しかも18章8節にイエスの「あなた方に言っておく」という言葉がある。しかし、もし8節の「主人」が本来イエスを指していたとしたら、8節と9節の間には接合があったと推定してよいかもしれない。その接合は、「不正にまみれた富」（9節、11節、13節にある）という語を持つ語録（9節～13節）がこのたとえ話につけ加えられているという事実によって説明される。

このような事実を認識することで、ルカ福音書16章1節〜13節を、次のように分析することが可能になる。

（1）不正な管理人のたとえ話は1節〜7節で、「不正が暴露されることを恐れ、自分の将来の生活を確保するために破廉恥だが確かな手段を取る犯罪者」について述べている。8節aで、イエスがこのたとえ話をどのように使ったかが分かる——主人は、この不正な管理人の賢いやり方をはめた。絶体絶命の危機にさらされた時のこの男の賢明で確固とした行動は、イエスの聴衆にとって模範となるべきものである。（8節bで、この意表をつく賞賛について説明される。それはこの世の子らの間だけに限られており、神に対する賢さではないと正しく理解される。）

（2）9節では、たとえ話について、8節aでされたのとは全く違った説明がされている。つまり、「不正にまみれた富で友達[1]をつくりなさい。そうすれば、富がなくなった時、あなた方を永遠の住まい[2]に迎え入れてくれるだろう」と。（言葉の連想でたとえ話とつなげられたこの勧めは、本来は徴税人や不正直とされていたその他の人々に対して、イエスが語ったものに違いない。）この解釈においてさえも、管理人は破滅の危機に直面して、自分自身の再出発のために分別ある決断をしたためではなく、不正に得た金を賢明に使ったために模範として引き合いに出されている——彼は金を他の人々を助けるために使った。（だが実際のところ、たとえ話の中にそのように書かれているかどうかは大いに疑問である。）

（3）だが、この不正な管理人は、本当に見習うべき模範なのだろうか。「不忠実な者」（10節）と「不正な富」（11節）という語で9節とつなげられた10節〜12節で、私たちはこのたとえ話について第三の解釈を手にする。すなわち、10節で小事への「忠実」と「不忠実」という二つの正反対の用語からなる格言を示し、それを11節～12節で「不正な富」と「永遠の富」に当てはめている。この第三の解釈では、管理人は「見習うべき模範」ではなく「恐ろしい見せしめ」であり、このたとえ話は予想に反してそのように理解される。

（4）本来は独立していた言葉（13節「どんな召し使いも二人の主人に仕えることはできない。……あなた方は、神と富とに仕えることはできない」）が、マタイ6章24節（「だれも、二人の主人に仕えることはできない。……あなた方は、神と富とに仕えることはできない」）が示すように、「不正な富」という言葉と結びつけられて、「神に仕える」と「富に仕える」との際立った対比で物語を締めくくり、二つのうちのどちらを選ぶか決断を求めている。

したがって、このたとえ話の解釈は、素直に8節aから出発しなければならない。8節aが示しているように、このたとえ話が「危機において断固として行動せよ」という勧告だとすれば、それは弟子たちに対してではなく、まだ回心しない者、ためらっている者、迷っている者など一般の民衆に対して語られたと判断できるだろう。彼らこそ、「決定的な転換点が目前に迫っている」という叫びを聞くべき人々であり、勇敢に、賢く、断固として行動し、すべてを未来に賭けることを強く求められている。

それに対し原始教会は、このたとえ話を（ルカ16章1節「弟子たちにも……」、9節「あなた方に……」〔ただし新共同訳では「あなた方に」は訳出されていない〕のように）キリスト教徒の共同体に対して用い、富の正しい使い方の指針、不誠実に対する警告とした。言い換えれば、ここでも力点を「終末論的」

なものから「勧告的」なものに移したのである。

だが、この変更によって原始教会がたとえ話に全く異質な要素を導入した、と推論するのは誤りだろう。このたとえ話の原形にも、暗黙の勧告が含まれていると考えられる。イエスは、断固とした態度をもって、9節で示された「寛大さ」、10節～12節で示された「忠実さ」、そして13節で示された「不正な富の拒否」を包含した新たなスタートを切るように、と勧めているである。このようにして、たとえ話は〝現実化〟されたにすぎない。

それゆえ、原始教会がたとえ話から終末論的な意味を完全に消し去ったと推論するのも誤りだろう。なぜならこのような勧告に真実味を与えたのは、原始教会が置かれていた終末論的状況だったからである。何かをつけ加えたのでも消し去ったのでもなく、聴衆の変化によって力点の移動が結果として生じたのである。

注

（1）ここで語られている「友人たち」は「天使」たち、言い換えれば「神」を指していると思われる。（9節bの三人称複数の人物は、「天使たち」を指すことで、「神」を遠まわしに表現している。）

（2）「天幕」あるいは「仮小屋」に住む、という表現は、終末論的な完成を象徴している。マルコ福音書9章5節、使徒言行録15章16節、黙示録7章15節、21章3節を参照。

7　原始教会の置かれた状況の影響

a　キリスト再臨の遅延

C・H・ドッドが指摘したように、原始教会が自分たちの置かれた状況に関係させてたとえ話の力点を移したという事実の認識は、キリストの再臨に関する五つのたとえ話を理解するうえで根本的に重要である。まず初めに、夜半の盗賊のたとえ話（マタイ24章43節以下、ルカ12章39節以下）を見ていこう。

このことをわきまえていなさい。家の主人は、盗賊が夜中のいつごろ（ルカ福音書では「何時に」）やって来るかを知っていたら、目を覚ましていて（ルカ福音書のギリシャ語テキストにはこの表現はない）、みすみす自分の家に押し入らせはしないだろう。だから、あなた方も用意していなさい。人の子は思いがけない時に来るからである。

このたとえ話で語られている状況ははっきりしている。イエスは、実際に起きた出来事、すなわち村中で話題になっている最近起こった強盗事件を基に話している。その人騒がせな事件を、自身が予知する差し迫った大惨事の警告に利用したのである。「あなた方は、最近強盗に入られたあの家の主人のように、驚かされないように注意しなさい！」と。だが、このたとえ話を人の子の再臨に適用したのは奇妙なことに思われる。というのも、夜の強盗侵入について語られている以上、このたとえ話は不幸な恐ろしい事件が主題となっているのに、それに対してキリストの再臨は、少なくともイエスの弟子たちにとっては「大いなる喜びの日」であるはずだからだ。

このことを念頭に置けば、トマスによる福音書にこのような再臨の解釈の適用がないことを知っても、驚くには値しないだろう。トマスによる福音書には二種類の盗賊のたとえ話が存在する。そのうち21項b（それゆえに私は言う。この家の主人は、盗賊が来ることを分かっているなら、彼は、彼（盗賊）が来る前に、目を覚ましているであろう。だから、あなた方は、この世を前にして目を覚ましていなさい……なぜなら、あなた方が予想している困窮が起きるであろうから……）は、マタイ福音書のテキストに類似している。もう一方の103項（イエスが言った。「盗賊がどこに入ってくるか分かっている人は幸いである。彼は、彼らが入ってくる前に、起き上がり、自分の［支配下にあるもの］を集め、腰に帯をしめているう」）は、祝福の教えの形をとった自由な模写であり、部分的にはルカ12章35節以下と類似点がある。

この二種類のたとえ話は、ともに盗賊を「再臨する人の子」として見てはいないという点で共通している。人の子との関連を除けば、このたとえ話にいちばん似ているのは、「ノアの洪水」（マタイ24章37節～39節、ルカ17章26節以下）と「火の雨」（ルカ17章28節～32節）のたとえ話である。ここでもイエスは、遠い昔に遡るが、不意に人々を襲った出来事に言及することで、差し迫った恐怖を警告している。

イエスは、災いが迫り、破局が目前にあることを知っている。それどころか、イエスの到来とともに、すでにそれは始まっている。にもかかわらず、彼の周囲の人々は家の主人のように、そのことに注意を払わない。ノアの洪水や火の雨に直面した人々のように、危険などないかのように日々を過ごしている。イエスは、人々を目覚めさせ、その危機的状況に目を開かせようとする。「盗賊のように予期せぬ、洪水のように過酷な恐ろしい事態が起ころうとしている。備えよ！　じきに手遅れになる」。このようにイエスの聴衆たちはこの「盗賊のたとえ話」を、切迫した終末論的な破局に直面する群衆への警告として受け止めたのであろう。

原始教会は、このたとえ話を共同体のメンバーに対して適用する（ルカ12章22節「弟子たちに」、マタイ24章3節「弟子たちは」）。実際、ルカ福音書は、この話が使徒たち、すなわち共同体の責任ある指導者たちにだけ向けられたものだ、と特に強調している。なぜなら、「主よ、このたとえは、私たちだけのために話しておられるのですか、それともみんなのためにも話されるのですか」（12章41節）というペトロの問いに対し、イエスは「主人が遅れて戻ってくることで試された管理人のたとえ話」（12章42節～48節）を用いて、あなた方には（教会共同体の指導者としての）特別の責任があるから、あなた方に対して語ったのだと答えている。こうしてこのたとえ話は、キリストの再臨が遅れているからといって眠り込むなという、教会の指導者たちに対しての奮起を促す言葉となる。また、盗賊は、キリスト論的な寓喩的解釈によって「人の子」の比喩となる。

まとめると次のように言うことができるだろう。盗賊のたとえ話は、原始教会によって、キリスト再臨の遅れを特徴とする自らの変化した状況に関係づけられ、その結果、多少異なった強調点を持つようになったのである。たしかに終末論的な性格は残されたものの、群衆に対する警告は、教会とその指導者たちに対する勧告となり、迫り来る破局の告知は、再臨の遅延を考慮した生活態度への指示となっている。寓喩的解釈という手法によって、このたとえ話はキリスト論的な意味あいを帯びたのである。

ここで誤解を入念に防がなければなるまい。イエスが盗賊のたとえ話を差し迫った破局と関係づけたにしても、それはイエスの再臨がその視野の外にあったことを意味するものではない。また他方で、原始教会がこのたとえ話を彼の再臨と関係づけたにしても、彼らが差し迫った破局について何も知らなかったことを意味するわけでもない。むしろそれどころか、終末論的な期待に関しては、イエスと原始教会との間に違いはない。いずれもが「苦難の突然の訪れ」と「地上すべてを覆うサタンの力の啓示」によって終末時の転換が始まると期待している。そして、イエスも原始教会も、この最後の危機は神の勝利によって終わりを告げるであろうと確信している。

両者の違いはただ次の点にある。イエスが群衆に語りかける時、「苦難の突然の訪れ」を強調する（「準備しておきなさい。盗賊が家に忍び込むように、苦難は突然ふりかかるであろう」）のに対して、原始教会の眼差しは「苦難の終結」に注がれている（目覚めていることを怠ってはならない。主の再臨は、盗賊が侵入するように突然起こるのだから）ところに違いがある。

マタイの特殊資料に属する十人のおとめのたとえ話（マタイ25章1節〜13節）に対するマタイの理解は、その文脈（24章32節「いちじくの木……」から25章46節「こうして、この者どもは……」までは明確に「キリスト再臨」のたとえ話になっている）と、25章1節「そこで、天の国は……」、13節「だから、目を覚ましていなさい……」によって示されている。1節の「その時」（新共同訳には「その時」が訳出されていないがフランシスコ会聖書研究所訳では「その時の天の国は」〕という言葉は、その前の24章44節と50節に述べられた再臨を指しており、13節の「だから、目を覚ましていなさい。あなた方はその日、その時を知らないからである」も同じく再臨について語っている。

このようにマタイは、このたとえ話の中に「天の花婿であるキリストの再臨」の寓喩を見ている。すなわち、「十人のおとめたち」は「再臨を待ち望むキリスト教徒の共同体（教会）」であり、「花婿の到着の遅れ」（5節）は「再臨の遅延」であり、「花婿の突然の到着」（6節）は「キリスト自身の予期しない再臨」であり、そして、「愚かなおとめたちが受けた〔婚礼の祝宴場に入ることへの〕厳しい拒絶」（11節）は「最後の審判」である。

さらに加えて、極めて初期の段階では、「愚かなおとめたち」は「イスラエル」を、「賢いおとめたち」は「異邦人」を、それぞれ表すと考えられていたようである。ともかく、ルカの伝承は、「あまりにも遅くなって扉をたたいた人々（ルカ13章25節）が家の中に入るのを拒まれたこと」の中に、「最後の審判でイスラエルが拒絶されること」を見ている。

だが、これらすべてがこのたとえ話の本来伝えたかったことなのだろうか。この問いに答えるに当たって、マタイの文脈と、マタイが好んで使う特徴的なつなぎの言葉「その時」（25章1節）とを、無視する必要があるだろう。また、13節も無視しなければならない。なぜなら「目を覚ましていなさい」という結びの勧告は、このたとえ話の真意を誤って理解させるからである。賢いおとめたちも愚かなおとめたちも皆、眠っている（5節）。咎められるのは、「眠り込んでいた」ことではなく、愚かなおとめたちが器にランプ用の油を用意していなかったことである。

したがって13節の「目を覚ましていなさい」は、たとえ話によく付加される勧告的な言葉の一つでしかない。この言葉は、マタイ24章42節（「だから、目を覚ましていなさい」）でも使われており、元々はマルコ13章35節の「門番」のたとえ話（「だから……目を覚ましていなさい」）に属しているものである。したがって、キリストの再臨を指すこの言葉は、このたとえ話の原形には属していない。

さらに、この点からマタイ25章1節～12節が本来、寓喩だったのかどうかについても疑問の余地がある。なぜなら、メシアを花婿として寓喩的に描くことは、旧約聖書と後期ユダヤ教には全く無縁だからである。この寓喩が初めて登場するのは、パウロ書簡（コリント人への第二の手紙11章2節「あなた方に対して……あなた方を純潔な処女として一人の夫と婚約させた、つまりキリストに献げたからです」）からである。イエスの聴衆たちは、マタイ25章1節以外で花婿がメシアを指すとは考えもしなかったに違いない。

このような寓喩はその他のイエスの説教にも見られないから、[1]マタイ25章1節以下の箇所は「天の花婿としてのキリストの寓喩」ではなく、「イエスは実際の婚礼について語っていたのだ」と結論せねばならない。せいぜい言えるとしても、このたとえ話はイエスの弟子たちしか理解できない救い主としての自己証言を秘めているといったこと程度であろう。

では、ルカ福音書の「狭い戸口」のたとえ話（13章22節～30節）が示唆するように、群衆が聴衆であったことを思い浮かべるならば、彼らはこのたとえ話をどのように理解しなければならなかったであろうか。「花婿の突然の到来」（マタイ25章6節）は、「洪水の突然の来襲」「盗賊の不意の侵入」「宴会か旅に出ていた主人の思いがけない帰宅」に類似している。これらすべてが、想定外の災難を特徴づける「突然」の出来事である。

危機が戸口まで迫っている。それは、たとえ話の中の「見よ、花婿だ！」という真夜中の叫び声（6節）のように、不意にやってくるだろう。そして、人間の目には違いが見えない場合でも、容赦なく裁定が下される（マタイ24章40節以下「一人は連れて行かれ、もう一人は残される」、ルカ17章34節以下「一人は連れて行かれ、他の一人は残される」、トマスによる福音書61項前半「一人が死に、一人が生きるであろう」）。その時を準備せずに迎える人は災いだ――このように差し迫った終末的転機（危機）に直面した警告の叫びとして、イエスはこのたとえ話を語ったのであり、また群衆もそのように理解したのであろう。

原始教会は「花婿」が「キリスト」を指し、花婿の真夜中の到来がキリストの再臨（Parousia）を指すものと解釈した。この解釈は、たとえ話の本来の意味から逸脱していたわけではなかった。というのも、終末論的な破局とキリストの再臨は、結局のところ同じ出来事の二つの側面にほかならないからである。花婿のキリスト論的解釈にもかかわらず、賢いおとめたちと愚かなおとめたちの来たるべき選別はこの文書の狙いであり、最も重要な点であった。それでもなお、強調点は本質的に変化した。すなわち、群衆を眠りから覚まそうとする警告の叫びは、弟子たちへの熱心な勧告となり、たとえ話は天の花婿であるキリストと、それを待望する教会の寓話となったのである。

再臨に関わる三つ目のたとえ話として、「門番」のたとえ話（マルコ13章33節、ルカ12章35節～38節、マタイ24章42節参照）も検討に値する。このたとえ話において、マルコ、ルカ、マタイの三つの共観福音書には際立った大きな違いがある。このたとえ話は数多く使われており、再臨の動機に影響されて作り直され、拡大解釈されてきた。そのことは原始教会にとって「目覚めているように強く促す」ことがどれほど重要だったのかを示している。ルカ12章35節～38節から着手すると、まず最初に、目覚めていた僕たちへの報いが注意を引く。「はっきり言っておくが、主人は帯を締めて、この僕たちを食事の席に着かせ、そばに来て給仕してくれる」（12章37節b）。そのようなことをする主人は世間にはいない（ルカ17章7節参照「『すぐに来て食事の席に着きなさい』と言う者がいるだろうか」）が、しかしイエスはそうしたのである（ルカ22章27節、ヨハネ13章4節～5節）。そしてイエスは再臨の時にもまた同じことをするであろう。それゆえ、ルカの12章37節bは、寓喩的解釈の傾向を示しており、たとえ話の本来の枠を逸脱すると同時に、37節aと38節のつながりを壊して、再臨の際のメシア的な祝宴に目を向けている。また、ルカ福音書の別の記述にも注目したい。マルコ福音書では「目を覚ましている」という仕事を割り当てられ、責任を持たされたのは、ただ一人の門番（13章34節）であったが、ルカ福音書では何人もいる僕たち全員が見張りをしなければならないことになっている。間違いなくここでもまた、キリスト教徒の共同体（教会）全体に向けた解釈が、たとえ話の中に織り込まれているのである。

マルコ福音書にあるこのたとえ話（13章33節～37節）は、見張りの命令が門番（34節b）にだけ出されている点で、イエスが本来話したものと考えられる。だが、類似のたとえ話から影響を受けて、二箇所で二次的な特徴が見られる。「旅に出た人のような」（34節）は、タラントンのたとえ話（マタイ25章14節）から由来しているに違いない。なぜなら、「一晩中見張りを続けるように」との門番に対する命令は、夜中まで続くかもしれない婚宴に主人が招待を受けたことと対応するが（ルカ12章36節）、いつ帰るか決まっていない長旅にはふさわしくないからである。加えて、夜の旅を嫌う東洋人の気風を考慮すれば、夜の帰還はありそうもない。

次に「旅に出た人」と同様に、「僕たちに権限を委ねること」（マルコ13章34節）も、門番のたとえ話にはそぐわない。このたとえ話は、「監督をまかされた僕」のたとえ話（マタイ24章45節、ルカ12章42節）から引き出されたものであろう。そこでは主人の長い不在中を任された者の、良心的管理が問題になっている。というのも、単に招待を受けただけの主人は、僕たちに特別の権限を与える必要は全くないからである。マタイ福音書では最終的に、このたとえ話が姿を消し、この話を受けた箇所、「だから、目を覚ましていなさい。いつの日、自分の主が帰って来られるのか、あなた方には分からないからである」（24章42節、25章13節参照）だけが残っている。これをマルコ福音書13章35節の「だから、目を覚ましていなさい。いつ家の主人が帰って来るのか、夕方か、夜中か、鶏の鳴くころか、明け方か、あなた方には分からないからである」と比べると、「家の主人」が、ルカ福音書では「あなた方の主」となり、「夜警の時間」は「日中」になっているのが分かる。これがキリスト論的な解釈であることは明らかである。この説明は、マタイ24章42節やルカ12章37節bだけでなく、黙示録3章20節にも見られ、すべての教会共同体に急激な勢いで浸透していった。

こうして、門番のたとえ話の核心が残される。その門番は「目を覚ましているように」（マルコ13章34節b）と言われ、「主人が婚宴から帰って来て戸をたたく時、すぐに開けられるように」（ルカ12章36節）と言われた。夜の何時であろうと、「主人が帰ってきた時、目を覚ましているのを見られる僕たちは幸い」（ルカ12章37節a、38節、マルコ13章35節以下）である。

では、イエスは何を意図し、どのような聴衆に向けて用心するように呼びかけたのだろうか。仮にイエスがこのたとえ話を弟子たちに語ったとするなら、ゲッセマネの園での目を覚ましているようにとの忠告、「誘惑に陥らぬよう、目を覚まして祈っていなさい」（マルコ14章38節）と比較することができる。その時イエスは最後の誘惑、終末論的な試練の始まり、神の聖者たちに対するサタンの攻撃に思いを巡らしており、それらを自らの受難が告げ知らせる、と期待していた。

だがもし、イエスが群衆に向って語りかけていたとするならば、洪水のたとえ話と比較することができよう。「家の主人がいつ帰ってくるか前もって知ることができないように、災害は突然やってくる！　用心しなさい！（目を覚ましていなさい）」。最もありうると思われるのは、この門番のたとえ話は「天の王国の鍵を持っている」と主張する人々に対して語られたというものである（マタイ23章13節、ルカ11章52節）。つまり、律法学者たちに対して、最後の決定的な瞬間を迎えた時、眠っているのを見られないように注意しなさい！　と。本来の聴衆が誰であっても、明らかなことは、これが「危機についてのたとえ話」ということであり、仮にイエス自身についてのメシア的言明が含まれているとしても、せいぜい隠蔽された形である。

このたとえ話を原始教会は、自分たちの状況、すなわち二つの危機の間に置かれ、遅れているキリストの再臨を待ち受けているという状況に当てはめた。したがって原始教会は、一連の新たな寓話的解釈をつけ加えることで、このたとえ話を拡大したのである。家の主人は長い旅に出ている（マルコ）、彼は僕たち全員に目を覚ましているように命じている（ルカ）、彼は家を出る前に、彼らに権限を与えている（マルコ）、彼が帰宅する日（夜警の時間ではない）がいつかはっきりしない（マタイ）、彼が与える報いは、メシアが設ける祝宴での自らの手による無私のもてなしである（ルカ）。

これと非常によく似た「財産の管理を任された僕」のたとえ話も、全く同じ運命をたどっている。ここでは二人の僕ではなく、一人の僕について語るように書き換えられている（マタイ24章45節～51節、ルカ12章41節～46節）。この僕は信頼される地位を与えられており、彼の主人の思いがけない帰宅の際、信頼に値する者であったかどうか、あるいは、主人の帰宅が遅いのをいいことに、仲間の僕たちを怯えさせ、好き放題に振る舞い、権限を悪用する誘惑に乗ったかどうかが明らかにされている。

マタイとルカで、テキストの文脈（マタイ24章44節、ルカ12章40節）と、「地獄の罰」への言及（マタイ24章51節中bc、ルカ12章46節b）が示すように、このたとえ話に出てくる「主人」は、この世の審判のために戻ってくる「人の子」と解釈された。またこのたとえ話は、キリストの再臨が遅延しても信頼を弱めることがないようにするための「弟子たちへの訓戒」として理解されていた。

ルカ福音書の基礎をなす伝承は、さらに一歩を踏み出している。すなわち、この僕の仲間の上に立つ権限を付与したことに影響され、この僕を「使徒」と見なし（ルカ12章41節）、このたとえ話を使徒たちだけに適用している。またルカ福音書特有の12章47節以下はそれにつけ加える形で、大きな責任を委ねられた弟子たちは、主の思いを他の者たちよりもよく知っているがゆえに、キリスト再臨の遅延を職務乱用の口実とするなら、〔主の思いを知らない人々に比べて〕より厳しい報いを受けることになるだろう、と警告している。

だが、マタイとルカによるこのような適用の中に、たとえ話が本来意図していたことを見分けることはほとんど不可能に近い。この物語では主人の帰宅の遅れには重点が置かれておらず、「主人（の帰宅）は遅い」（マタイ24章48節、ルカ12章45節）という言葉は、元々は単にこの僕が自分の置かれた誘惑に満ちた状況を説明しようとしただけのものである。むしろこのたとえの狙いは、僕の振る舞いが「突然」試されたことを強調することにある。

このたとえ話の元々の意味を探り出そうとするならば、特別な信頼と責任を受け、主人の不意の帰宅によって突如として試されることとなった僕の姿が、イエスの聴衆たちにどのような影響を与えたのかを改めて問わねばならない。

旧約聖書の時代から聴衆たちには、指導者・支配者・預言者、そして聖なる人々のことを「神の僕」と呼ぶことはよく知られていた。聴衆にとって、律法学者たちは神が任命し、神の国の鍵を託された監督者であった（マタイ23章13節、ルカ11章52節）。それゆえ聴衆たちは、このたとえ話の責任ある僕を、当時の宗教指導者たちと考えたに違いない。それが分かれば、このたとえ話はイエスの生活状況と密接な関係を持つようになってくる。それは人々の指導者、とりわけ律法学者に対してのイエスの数多くある警告の一つであった。自らに与えられた信頼に忠実であったのか、それとも乱用したのかを、神が明らかにする、その報いの時は間近まで迫っている、と。

原始教会が、家の主人の帰宅の遅れをキリストの再臨の遅延と解釈したのはもっともなことである。家の主人は、今は天の国に旅立っているが、突如として世に審判を下すために帰還する「人の子」であると解釈された。また、この僕は、キリストの再臨を待っている最中、誘惑に陥らないようにと勧められている教会のメンバーや指導者（ルカ福音書）を指すと解釈されている。

この僕のたとえ話と対をなし、より詳しく語られているのは、「タラントン」のたとえ話である。

それはマタイ25章14節～30節、ルカ19章12節～27節、そしてナザレ人の福音書の三種類の形で伝承されている。私たちは成立順とは逆の方向をとって、原初のものと最も離れている文書から検討を始めよう。ナザレ人の福音書[2]には、彼に託されたお金を何倍にも増やした僕と、お金を隠した僕だけのほかに、遊女とフルート吹きに金を浪費した第三の僕が登場する。最初の僕は賞賛され、二人目は叱責されただけだが、三人目の僕は投獄された。不忠実さを放蕩に置き換えたこのバージョン（ルカ15章30節、12章45節参照）は、ユダヤ人キリスト者の教会で、道徳的な単純化を被った結果である。

ルカ福音書では、このたとえ話がマタイ福音書と比べて大きく異なった側面を有している。マタイ福音書に登場する「大商人」は、ルカ福音書において王位を受けようとして旅立つ「高貴な人」（19章12節）となっている。そして彼が王位に就くことに反対する市民は使者を送り、彼の計画を阻もうとする（14節）。だが彼は王として帰還し（15節a、なお17節と19節の「町々」も参照）、敵たちを自分の面前で殺させる（27節）。

おそらく私たちはこれらの特徴の中に、紀元前四年の歴史的状況を反映した「王位継承を求める人」についての独立した第二のたとえ話を見出すことができるかもしれない。当時、アルケラオス〔ヘロデ・アルケラオスのこと。ローマ皇帝アウグストゥスによってユダヤ、サマリア、エドムの王とされた。王位の期間は紀元前四年～紀元後六年とされる〕は、彼のユダヤ統治を裁可してもらうためにローマに旅だった。時を同じくして、ユダヤの使者五十人が、彼を王に任命させまいとローマへ赴いた。アルケラオスが帰還後に行った凄惨な復讐は決して忘れられることがなかったので、イエスはそれを用いて、誤った安全意識に対する警告を聴衆に語ったのであろう。全く思いがけなくアルケラオスの「帰還」と「復讐」が政敵に降りかかったように、破滅があなた方を突如として襲ってくるだろう、と。

ルカ以前の伝承において、すでにこのたとえ話は私たちの知るたとえ話と混合してしまっていた。その継ぎ目は、ルカ19章24節以下で特に明白である。一番目の僕に一ムナ（百デナリオン）の追加報奨をし、そばにいた人々が「その人はすでに十ムナ（千デナリオン）の報酬を受けたではないか」と抗議することは、この僕が十以上の町の支配者に任命された後では意味がない。この合成されたたとえ話の状況設定のために、導入句（ルカ19章11節）がたとえ話の前につけられている。つまり、神の国がすぐに現われるといった誤った期待をしりぞけるために、このたとえ話が語られた、と述べられている。ここから私たちは、ルカがどのようにこのたとえ話を解釈していたのかを知ることができる。すなわち、再臨が熱望されていることに対して、イエスは再臨が遅れることを告げ、その理由として、この中間期が弟子たちにとっての試練の時であると教えられた、と解釈している。それゆえルカは、王位を受けに行き、帰還して僕たちに弁明を求めた高貴な人を、天に昇り、審判を行うために帰ってくる「人の子」として理解しようとした。だが、ルカは明らかに間違っている。なぜなら、イエスは自分自身を、「預けていないものも取り立て、まかないものも刈り取る」（ルカ19章21節）人、つまり、自らの利益のみを情け容赦なく追求する人とは比べなかったし、また、「目の前で敵が打ち殺されるのを満足げに眺めるような残虐な東方《オリエント》の暴君」（27節）とも自らを比べるようなことは決してなかったからである。細部を比べると、マタイが最も古いバージョンを保存していることが分かる。しかし、マタイの場合にも、いくつかの二次的な特徴が確認される。[3] マタイもまた、このたとえ話を「キリストの再臨のたとえ話」として解釈している（ルカが間違ったように！）。なぜなら彼は、この話を「再臨のたとえ話」の間、すなわち、24章32節～25章13節と25章31節～46節の中に置いているからである。導入語の「for」（25章14節）〔14節には、英語版聖書——Revised English Bibel/Oxford, Cambridge——を見ても「for」という表現は見られない。おそらく、この一つ前、13節の「だから、目を覚ましていなさい。あなたたちはその日、その時を知らないのだから（for）」の「for」を指していると思われる〕が示すように、このたとえ話は、「いつか分からない帰還の時のために目を覚ましていなさい」という勧告を補強するためのものであったに違いない。マタイ福音書は、このたとえ話の二つの箇所——「主人と一緒に喜んでくれ」（25章21節、23節）という言い回しと、役立たずな僕を「外の暗闇に」追い出せ、という命令（同30節）——で、キリスト論的解釈の影響を受けている。いずれの場合も、話をしているのは、この世の商人ではなく、再臨し、人々に新しい時代の役割を与えたり、永劫の地獄につき落とすといった審判を下すキリストである。これらの特徴はいずれも元々の状況とは一致しない。このことは、25章21節、23節をルカ福音書と比較する中で推測されるが、ルカでは報いが地上の枠内でとどまっている。そして、（ルカ福音書にはない）30節の威嚇的な言葉〔「この役に立たない僕を、外の暗闇に追い出せ。そこで泣きわめいて歯ぎしりするだろう」〕は、このたとえ話の地上的な設定の境界を越えていくものである。また、地上の刑罰（28節）に地獄の刑罰を付加することによって二重にするといったことはもちろん、マタイの文体的特徴を示すことで、編集作業が行われたことを明示している。

もし仮に上述したような道徳的で寓話的な解釈の拡大を度外視すると、このたとえ話は思いやりのない、強欲な雇い主として、僕たちから恐れられている裕福な男の話になる。男は旅に立つ前に僕たちの代表三人に、それぞれ百デナリオンを託し——留守中に資金を遊ばせておかないようにするためか、それとも僕たちを試すためか――帰宅した際に、彼らに結果の報告を求めた。三人のうち主人に忠実な僕二人は、責任以上の働きをしたことで報奨を受ける。だが、たとえ話の力点は、「託された金を心配のあまり、運用しないでおきました」と下手な言い訳をした「三人目の僕に対する主人の対応」に置かれている。彼は、主人の強欲さを知っており、託された金の運用に失敗して損を出すことで激しく叱責されるのを恐れたために、このような事態を招いたのである。ルカ福音書では、この第三の僕は、弁解の余地のない無責任な行動をしたことになる。マタイ25章18節ではこの僕は、穴を掘って金を埋めておく、という最低限の盗難対策をとっていたが、ルカ19章20節では、金を布切れ（一辺が一ヤードの亜麻布の被り物だろう）でくるんだだけで、〔穴に埋めるという〕最も初歩的な安全確保の措置すら怠ったことになっている。(4)

イエスの聴衆たちは、このたとえ話をどのように理解したであろうか。とりわけ、「託されたタラントンを埋めた僕」について、どう考えたであろうか。果たして彼らは、多くのものを委ねられたものの、その委託を用いなかったユダヤ民族を想起したであろうか。あるいは、律法を事細かに守ることで個人的な救いを確かなものにしようとし、その一方で、利己的な閉塞感を産み出すことで宗教を不毛なものにしたファリサイ派の人々を連想したであろうか。私たちがすでに見たように、イエスの聴衆たちは、第一に宗教的指導者を、特に律法学者を思い浮かべたことだろう。ルカ11章25節でもイエスが律法学者たちは自分たちの同胞を神の賜物にあずからせなかったと非難しているように、このタラントンのたとえ話(5)は元々律法学者に対して語られていたと推測してよいだろう。多くのもの、すなわち神の言葉が彼らに託された。だが、このたとえ話に登場する僕たちのように、彼らは託されたものをどのように使ったか、すぐに報告しなければならないだろう。神のみ旨に従って用いたのか、それとも三人目の僕のように神の賜物を私欲にまみれ、理不尽にもおろそかにすることで、「神の言葉を無に」（マルコ7章13節）したのか。

ここでも原始教会は、このたとえ話を様々な方法で自分たちの置かれた状況に当てはめた。その展開の始まりは、「その一ムナをこの男から取り上げて、十ムナ持っているものに与えよ」（ルカ19章24節、マタイ25章28節参照）という命令が、普遍化された説明口調的解釈によって確認されたことである。つまり、「あなた方に言っておく、だれでも持っている人はさらに与えられて豊かになるが[6]、持っていない人は持っているものまでも取り上げられる」[7]（ルカ19章26節）という説明である。これは先の命令の内容に即した適切な説明となっている。実際、勤勉な僕は一層多くの報いを受けるが、それに対して怠惰な僕は持っていたものも取り上げられる、という意味である。にもかかわらず、このような説明口調のコメントが追加されることで、たとえ話全体の様相が変えられている。最後の文章のすぐ前にそれを挟み込むことで、一つの節に対しての解釈ではなく、このたとえ話全体の解釈になってしまったのである（マタイ25章28節）。いまや主な力点は二次的な特徴（28節）に移され、その結果、たとえ話全体は神による報いの再配分の性質と方法についての説明として理解されるようになった。もしその報いが富んでいる者をさらに豊かにし、貧しい者からは最後の一銭まで取り上げるなら、その報いは正しくないように思われる。ルカ福音書はそのような仕打ちに対して、聴衆からあからさまに驚きの声が上がるようにしている。「ご主人様、あの人はすでに十ムナ持っています」（19章25節）と。しかしながら、原始教会の教えは、神の正義はそのようなものであり、過ちを避けるために全力を挙げることがさらに差し迫った課題だ、と断言している。ナザレ人の福音書では、この勧告的な要素がさらにはっきりと強調されてさえいる。ここではこのたとえ話が、「放埒な暮らしを避けるように」との教会共同体の人々に対する警告になったのである。

しかしながら、このようなたとえ話を勧告に適用することとは別のもう一つの傾向が早い段階から出てきた。すなわち、このたとえ話をキリスト再臨の遅れと付随的な寓喩的解釈に適用する傾向である。「商人の旅と長い留守」は、当初は、僕たちが主人の金をまかされた理由を説明するだけのために述べられていたのが、次第にこの物語の中心的な関心事になっていった。マタイ福音書では、「商人」は「キリスト」を指す寓喩となり、商人の「旅」はキリストの「昇天」に、そして、「かなり日が経ってから」（25章19節）の「帰還」は「キリストの再臨」を指すと解釈されている。その再臨は、彼に属する人々を救い主の祝宴に招き、それ以外の人々を外の暗闇に放り出す。ルカ福音書ではこうした寓喩的解釈がさらに進み、「商人」が「王」に、たとえ話全体が「再臨の遅れの告知と確認」になっている。

これまで取り上げてきた再臨に関する五つのたとえ話は、本来は危機についてのひとまとまりのたとえ話であり、見ようとしない者たちや指導者たちに、切迫した時の恐るべき重大さの自覚を呼び起こすものであった。その破局は、盗賊や真夜中に訪れる花婿、婚宴から遅く帰宅する主人、遠い旅から帰ってくる高貴な人のように、予期せぬ時にやってくるだろう。不意を襲われないように、気をつけなさい！　最初にこの五つのたとえ話にキリスト論的な意味を与え、「キリスト再臨が遅れるから(8)

といって、気を緩めないように」という教会共同体に対する警告と見なしたのは、原始教会だったのだ。

b　宣教する教会の要請

大宴会のたとえ話は、マタイ福音書とルカ福音書で二通りに伝承されている（マタイ22章1節〜14節、ルカ14章16節〜24節）。他にもトマスによる福音書にもこのたとえ話は収められている（本書二〇八頁以下）。これら三つの本文に共通する特徴は、最初に招かれた客たちが招待を断っていることと、その代わりに手当たり次第の人たちが招かれたことである。これは、すでに論じたぶどう園の労働者や見失った羊のたとえ話のように、イエスが自分の批判者や敵対する者たちに対して語られ、福音を弁明した数多くのたとえ話の中の一つである。イエスは言う。あなた方は、招待をなおざりにする賓客のようだ、招待を受け入れないので、神は代わりに徴税人と罪人を招き、あなた方がみすみすとり逃した救いを彼らに与えたのだ、と。

マタイ、ルカ両福音書の表現の違いに着目すると、マタイでは、たとえ話が強く寓話化（本書七七頁以降参照）されており、二つ目のたとえ話（22章11節〜13節）と一般化した結語（22章14節）がつけ加えられている。ルカでは、このたとえ話が、最も貧しい者（本書四七頁以降参照）を招くようにという警告を例証する物語としての役割を務めている（14章12節〜14節）。さらにそれは、招かれなかった人々の二度目の招待に言及するほどに拡大されている（14章22節以下）。何よりこの拡大された箇所がまず私たちの注意を引く。僕が町の通りや路地から貧しい人、体の不自由な人、目の見えない人、そして足の不自由な人を呼び込んだ（14章21節）が、宴会場にはまだ席がある（22節）。それで、僕は、（田舎の）通りや（ぶどう畑の）垣根のあたりから、もっと客を連れてくるように命じられる（23節）。つまり僕は、町にいる貧しい人々（21節）だけでなく、町の門の外に出て、浮浪者たちを連れてこなければならない。マタイ福音書（22章9節以下）とトマスによる福音書（64項）は、最初に招かれなかった人々の招待について一回だけしか言及していないから、ルカ福音書にある繰り返しの招待は、たとえ話の拡張と見てよい。ルカ福音書の原資料におけるこのような展開は、たしかに、「家の中を客でいっぱいにしたい」という主人の決意が重要であるということを示したかったのだろう。その一方で、ルカは、この二度の招待の中にそれ以上の意味を読み込んだ、という見方もできる。彼は招かなかった人々に対する一度目の招待――町の中にいる人々だけに限った――は、「ユダヤ人の徴税人と罪人」を、町の外にいる人々の招待は「異邦人」を、それぞれ念頭に置いたものと理解していたのかもしれない。なぜならマタイ福音書も、21章43節（直前にあるたとえ話）との比較が示すように、招かれなかった人を異邦人を指すものとして理解していたと思われるからである。しかしルカの場合は、招待が重複することで、比喩的描写は多彩になった。彼の場合、特に異邦人を神の国へ招きいれることに強調点が置かれている。原始教会は宣教活動を要請される状況下におり、このたとえ話を宣教の指令として受け取った。マタイ福音書とルカ福音書の一致が示すように、このような解釈は非常に早期の段階で起こったものではあるが、それにもかかわらず元の意味を示しているとは言いがたい（本書九八頁参照）。

だからといってこのことは、異邦人を神の国に参与させることがイエスの視野の外にあったということを意味しない。ここでは暗示されているだけだが、イエスは、異なった仕方での異邦人の参加を思い描いていたのだ。つまり、キリスト教の宣教の形ではなく、間近に迫った終末の時に異邦人が大挙してやってくるというように考えていたのであろう（マタイ8章11節以下）。したがって私たちは以下のような結論を得る。原始教会はこのたとえ話を自分たちの宣教の状況に合わせて解釈し、拡張したのである、と。このたとえ話のマタイ版がこれに極めて似ていることに気づく。その結語（22章11節〜13節）は長い間、解説者を悩ませてきた。なぜ通りから婚宴に呼び込まれただけの男が礼服を着ているよう望まれなければならないのか、という難問が立ちはだかったからである。招待客に礼服を提供するのが習慣であった（列王記下10章22節）という人受けのいい説明は、ここでは通らない。イエスの時代にそのような慣習があったことを立証するものはないからである。

それどころか、ルカ福音書とトマスによる福音書にはこの箇所が欠けており、また「家来」（22章の3、4、6、8、10節）から「側近の者」（同13節）への際立った変更は、11節〜13節が本来の話から拡張されたものだということを示している。そして、これと類似のラビのたとえ（本書二二四頁）と比べることで、婚宴の礼服を着ていない男の挿話は、本来、独立したたとえ話だった、という結論を導き出すことができる。この二つ目のたとえ話の始まりは22章2節に置かれ、元々は「個人的な宴会（ルカ14章16節）のたとえ話」だったのが、「王に関する話」（マタイ22章2節）に変えられた、ということになる。

ではなぜ、マタイ福音書（あるいは、その原資料）は、この二つ目のたとえ話を挿入したのだろうか。はっきりしているのは、招かなかった人を見境もなく呼び入れる（22章8節以下）ことから生じかねない誤解、すなわち呼び込まれた人たちの行動は全然問題でないかのような誤解を避ける配慮が必要だったということである。イエスは、良い知らせについての他のたとえ話（本書一四一頁以降参照）、たとえば「放蕩息子」のたとえ話に見られるように、こうした誤解を恐れていなかった。それは、やがて見るように、たとえ話が例外なく、彼に敵対する者や批判する者に対して語られたことを思えば、さして驚くようなことではない。だが、このたとえ話は、当時のキリスト教共同体（教会）でそのまま使われると、すぐにも誤解される運命にあった。22章10節はたちまち、洗礼についての言表（証言）のようになった――宴会場は「悪人にも善人にも」開かれる。しかし、洗礼についてのこのような言表は、あまりにも〔誤解に対して〕無防備で不完全ではなかったか？

原始教会は、宣教活動を進める中で、神の惜しみない恩寵の福音が「洗礼を受ければ道徳的な責任から解放される」と誤って解釈される危険に、絶えずさらされていた（ローマの信徒への手紙3章8節、6章1節と15節、ユダの手紙4節）。そこで、この誤解を根本から取り除くために、「婚礼の礼服」のたとえ話を「大宴会」のたとえ話に挿入し、評価すべき価値の原則を導入し、「最後の審判で無罪とされる条件」として「悔い改め」の必要性を強調したのである。こうして私たちは、原始教会がいかにたとえ話を自分たちの実際に置かれた状況に適合させ、宣教活動の経験から生じる必要を満たすために拡張していったのかを改めて知るのである。

c　教会の指導のための規定

これまで述べてきた中で、本来はイスラエルの宗教指導者たち(9)やイエスの敵対者たち(10)に語られたたとえ話が、後になって教会の指導者たち向けに編集されてきた過程を何度も見てきた。これらの対象の移行を促したのは、使われた象徴的な言葉（僕、羊飼い）とともに、教会の指導者たちがイエスの言葉の中に指針を見出そうとする必要があったからである。マタイ18章の説教（「天の国でいちばん偉い者」「罪への誘惑」「迷い出た羊」「兄弟の忠告」「仲間を許さない家来」）は、この視点（本書四一頁以降参照）から編集されたものであり、彼らが指針の必要性をいかに強く感じていたかを、知ることができる。そして、このことは個々のたとえ話の解釈にも影響を与えているのである。

注

（1）マルコ福音書2章19節a（マタイ9章15節a、ルカ5章34節）にある花婿をメシアの暗喩としたことも、同様である。「花婿が自分たちとともにいる間は」というこれに付随する箇所は本来、別の「結婚式の間は」という言葉だったかもしれない。弟子たちがなぜ断食をしないのか、との問いに対して、イエスは、「結婚式に招待された人々は、式の間、断食をするだろうか？」と質問で返している。すでに新しい時代の到来で喜びにあふれている弟子たちにとって、断食は意味をなさなかっただろう。花婿をメシアの暗喩とする箇所は、マルコ福音書2章20節（マタイ9章15節b、ルカ5章35節）まで見られない。20節は――イエスの弟子たちが断食をする日が来ることを宣言しており、その前の19節と矛盾している――確かに原始教会が作ったものである。

（2）ナザレ人のアラム語の福音書。断片としてだけ残っている。成立したのは二世紀前半だと考えられている。主要な点は、マタイによるギリシャ語福音書に遡るが、古い伝承が基になった資料もある。「タラントンのたとえ話」のナザレ版として残されたものは、M・R・ジェームスの *The Apocryphal*

New Testament, Oxford, 1924=1953 の三頁に所収。（「ヘブライ人による福音書」という間違った表題がついている。）

（3）マタイ福音書で、僕たちは極めて巨額の資産を託されている。したがって、〔ここに登場する僕たちは〕ある種の長として考えられているに違いない。ルカ福音書では、彼らは、応報を受けた後までそのような役割に任ぜられていない。同福音書で述べられている、一人当たり百デナリオンという控えめな金額が、本来のものであったのは明白である（本書二五頁、二六頁）。

（4）律法によれば、地中に埋めておく（マタイ25章18節）ことは、盗難を防ぐ最も安全な方法と考えられていた。抵当品や預かった金を受け取って、すぐに埋めておく人は責任を問われることがない。だが、託された金を布でくるんで置いておくなら、「預かったものを適切に管理しなかった」と判断され、損害を補償する責任を負わねばならない。マタイ福音書もルカ福音書も、当時のパレスチナのそのような事情を前提にしていることに注意する必要がある。

（5）神の言葉を、神から託されたものにたとえる表現は、テモテへの手紙一の6章20節、同二の1章12節、14節にもある。

（6）「与えられる」「取り上げられる」という受身形は、〔与える、取り上げるの主語である〕神の名の遠まわしの表現である（本書一八頁注二参照）。

（7）マタイ25章29節（ルカ19章26節に並行箇所）は、28節と30節のつながりを壊している――本来、別の言葉（マルコ4章25節、マタイ13章12節、ルカ8章18節、トマス41項）だったものが、一般化した結論としてこのたとえ話につけ加えられたと考えられる（本書一二三頁参照）。マタイ、ルカ両福音書の一致が示すように、その根底にある伝承にすでに描かれている。これはおそらく、本来は「人生はそのように不公平なものだ」という格言だったと思われる。

（8）イエスは一度だけ、公の場で救世主であることを明確にしている（マルコ14章62節）。
（9）本書五八頁以降（門番について）、六二頁以降（監督を託された僕）、六四頁以降（タラントン）参照。
（10）本書四二頁（迷い出た羊）参照。

8 寓喩的解釈

前節（原始教会の置かれた状況の影響）で、原始教会が多くのたとえ話を自分たちの置かれた状況に適合させたことを見てきた。そしてそれはキリスト再臨の遅れと宣教の使命によって特徴づけられていた。このように原始教会が新たな解釈を生む際に用いた方法の一つが、寓喩的解釈である。中でも重要視されたのがキリスト論的なアレゴリー（寓喩）である。盗賊、花婿、家の主人、商人、王はすべて「キリストを指すもの」として解釈された。だが本来はキリストの存在は、たいていの場合ベールに包まれており、ひとにぎりのたとえ話で暗示されているにすぎなかった。しかし賞罰が問題になる時にも、先に見たように好んで寓喩的解釈が採用されている（「救いの食事」マタイ25章21節、23節、ルカ12章37節b、「外の暗闇」マタイ22章13節、25章30節）。

だがそれよりも二次的な寓喩的解釈の数は、はるかに多い。マタイ、マルコ、ルカの三共観福音書の著者は、いずれもたとえ話の中に「外部の人には訳の分からない難解な言い回し」を見出している点で一致している（マルコ4章10節～12節、マタイ13章10節～17節、ルカ8章9節～10節）。だが伝承の様々な層が寓喩的解釈の使い方で異なっているため、それぞれを別々に取り扱うのが適切と思われる。
そこで私たちは、（a）マタイ福音書とルカ福音書の共通資料を調べることから始め、次に（b）マルコ福音書の資料、（c）マタイ福音書の特殊資料、（d）ヨハネ福音書、（e）ルカ福音書の特殊資料、そして（f）トマスによる福音書を見ていくことにする。

a　マタイ福音書とルカ福音書の共通資料

マタイ、ルカの共通資料に関して言えば、次の点で一致していることがすでに立証されている。それは、「盗賊」（マタイ24章43節、ルカ12章39節以下、本書五二頁以降参照）、「主人から全財産の管理を託された僕」（マタイ24章45節～51節、ルカ12章41節～46節、本書六二頁以降参照）、「タラントン」（マタイ25章14節～30節、ルカ19章12節～27節、本書六四頁以降参照）についてのたとえ話を、本来の意味から離れて、「キリストと彼の再臨」に当てはめている、ということである。この三つのケースすべてにおけるマタイ福音書とルカ福音書の一致は、これらの寓喩的解釈が、二人の福音書記者のしわざではなく、すでに以前からあった伝承によるものだという結論に満足な理由を提供する。

マタイ福音書とルカ福音書の共通資料は、「大宴会」のたとえ話（マタイ22章1節～14節、ルカ14章16節～24節、トマスによる福音書64項）[1]において、さらなる寓喩的解釈の例を提供する。このたとえ話のマタイ福音書の書式は、ルカ福音書やトマスによる福音書と比べ、本書七〇頁～七三頁ですでに論じた拡張解釈（マタイ22章11節～14節）といくつかの単なる物語の変形のほかに、寓喩化の傾向から生まれた一連の相違も示している。

実際、ルカ福音書14章16節とトマスによる福音書64項に登場する「人」は、マタイ福音書では「王」(22章2節)となり、トマスによる福音書64項で「晩餐」、ルカ福音書14章16節で「盛大な宴会」とされているものが、マタイ福音書では「王が王子のために催す婚宴」(22章2節)となっている。このことは、それが「王が催す婚宴」を扱った二つ目の、挿入されたたとえ話(マタイ22章11節〜13節)の序言であることから、恐らく説明がつくであろう。

だがこれだけでなく、さらに多くの説明が必要となる。マタイ福音書の22章6節以下で示されるように、ルカ(14章17節、21節、22節以下)とトマスによる福音書に登場する「一人の僕」は、マタイにおいて「多くの家来」に代わっている。その僕たちの最初のグループは食事への招待を伝え(22章3節)、第二のグループは食事が用意されたと告げ(22章4節)、さらに最初のグループはすでに拒絶されていることなどが描かれている。しかし、それは単なる脚色以上のものである。22章6節と7節(「他の人々は王の家来たちを捕まえて乱暴し、殺してしまった」「そこで、王は怒り、軍隊を送って、この人殺しどもを滅ぼし、その町を焼き払った」)は、「王は怒って」(ルカ14章21節参照)を除いて、拡張である。なぜなら、このような表現はルカ福音書とトマスによる福音書には見られず、22章5節と8節の(「人々が招待を断った」ので、「主人は怒って、家来に、町の広場などにいる貧しい人たちなどを連れてくるよう命じた」という)本来の文脈を壊し、物語の設定をすっかり台無しにしているからである。たとえば私たちは22章6節で、家来の二番目のグループは人々から招待を拒絶されただけでなく、招待を受けたある者たち(それが誰であろうと)から全く理由もなく虐待され、遂には殺された、と聞かされる。

さらに驚くべきは、王の怒りが先行して述べられている点である。王はすでに準備の整っていた婚礼の食事を楽しむ前に、護衛兵を送り出し、従者を殺した者たち（その全員が一つの町に住んでいる）を滅ぼし、「彼らの町」を焼き払った（7節）。

22章7節が征伐について述べた古代の民間伝承を用いて、明らかに「エルサレムの崩壊」を物語っている。このことから、マタイが「家来の最初のグループ」（3節）で「預言者たちと彼らのメッセージの拒絶」を想起し、「次のグループ」（4節）で「イスラエル（すなわちエルサレム）に派遣された弟子たちと伝道師たち、またそのうちの何人かが体験した受難と殉教」（6節）を象徴しようとしたことを推察する必要がある。また「家来たちを町の通りへ出す」（9節）は「異邦人への宣教」（本書七四頁参照）を、「婚宴への出席」（10節b）は「洗礼」を指し示そうとした。

預言者たちが祝宴に招待する役割を果たし、準備が整ったことを弟子たちが告げ、招待客たちはその誘いを拒絶し、招かれざる者たちが祝宴にやってくる。また、その祝宴には婚礼用の礼服を着用していなければ与ることができない。その食事は救済の時の祝宴だからである。「客の検閲」（11項）は「最後の審判」であり、「外の暗闇」（13項）は「地獄」（マタイ8章12節、25章30節を参照）である。

このようにマタイ福音書は、このたとえ話を寓喩的な解釈によって、旧約の預言者たちの出現から、エルサレムの崩壊を経て、最後の審判に至るまでの救済史の輪郭を描くものに変容させた。救済計画の輪郭を描くことで、「異邦人への宣教の移行の正当性」を証ししようとしているのである。イスラエルはそれを認めようとはしなかった。

ルカ福音書は寓喩の使用について、マタイ福音書よりも抑制的である。たしかにルカにもいくらかの寓喩的な表現があるものの、マタイほど広範囲には及んでいない。だが、14章15節の書き出しと24節の「私の食事」という表現から見て、ルカも「食事」を「救済の祝宴」と考えていたのははっきりしている。さらに、ルカにとって、「町」は「イスラエル」を意味し、たとえ話は異邦人への呼びかけを象徴するものだということは、すでに見てきた通りである（本書七一頁以降参照）。しかし、ここで問題になるのは、これらの寓喩的解釈がルカ自身に帰せられるのかどうかである。いずれにしても、「町」を「イスラエル」、「食事」を「救済の祝宴」とする寓喩的表現は、ルカによるものではなく、マタイとの一致で示されているように、ルカ、マタイいずれよりも古いものである。

この物語の現世的な設定（本書二〇四頁以降参照）は、イエス自身がこのたとえ話を「救済の祝宴」の寓喩として語らなかった、という推定を認めないが、イエスは、そのことを「イスラエルの支配階級による招待の拒絶」とともに、念頭に置いていたかもしれない。

b　マルコ福音書の資料

次にマルコ資料に向かおう。そこでまず思い出されるのは、マルコ2章19節b～20節に登場する「花婿」と同13章33節～37節に登場する「家の主人」（本書五八頁以降参照）を「キリスト」とする二次的な解釈である。後者の解釈は、ルカ12章35節～38節とマタイ24章42節にも見られるが、たとえルカとおそらくマタイとがそれぞれ独自の伝承に拠っていたとしても、この解釈はマルコ以前にあった伝承から由来したものと推論しなければならない。

マルコ福音書における寓喩的解釈の例はまだある。「ぶどう園と邪悪な農夫」のたとえ話（マルコ

12章1節～11節、マタイ21章33節～44節、ルカ20章9節～18節、トマスによる福音書65項）である。イザヤ書5章1節～7節の「ぶどう園の歌」とつながりを持つこのたとえ話は、三共観福音書のイエスのたとえ話の中でも独特なもので、寓喩的性格を備えている。すなわち、「ぶどう畑」は明らかに「イスラエル」を指しており、「畑を借りていた農夫たち」は「イスラエルの支配者と指導者」、「畑の持ち主」は「神」、「〔農夫たちに持ち主の伝言を〕伝えた人」は「預言者たち」、「〔農夫たちに殺された畑の持ち主の〕息子」は「キリスト」、「農夫たちが受けた罰」は「イスラエルの破壊」を象徴し、「国」（マタイ21章43節）は「異邦人の教会」を指している。このたとえ話全体が純粋な寓喩であるように思われる。だが、複数のテキストを比較すると、この印象がほとんど正しいとは言いがたいことが分かる。

（1）まずこのたとえ話の書き出しについて見ると、マルコ12章1節とマタイ21章33節のぶどう園の念入りな整備に関する記述は、イザヤ書5章1節～7節の「ぶどう畑の歌」と密接に関連している。垣〔イザヤ書では「囲い」「石垣」〕、ぶどうの搾り場〔「酒ぶね」〕、見張りのやぐら（見張りの塔）はイザヤ5章1節以下から由来している。このように旧約聖書を引き合いに出すことから最初の文章でただちに明らかになるのは、このたとえ話がぶどう園主とそのぶどう園についてではなく、「神とイスラエル」について語られているということであり、したがって、そこに寓喩があることが分かるのである。だが、イザヤ書5章の比喩は、ルカ福音書（20章9節）では除外されている。さらに重要なのは、トマスによる福音書にそのような記述が見られないことである。その書き出しは、「ある良い人がぶどう園を持っていた。彼はそれを農夫たちに与えた。彼らにそれを活用させ、彼らから収穫を得るためである」となっている。さらにもっと重要な事実は、ギリシャ語訳、つまり七十人訳聖書(2)が使われたという事実だ。それゆえ、イザヤ書5章とのつながりは編集作業に由来するものだと考えられる。

(2)「僕たちの派遣」の中で、寓喩的な表記の二次的な特徴がいっそう明らかになっている。トマスによる福音書の書き出しの続きはこうだ。「彼は僕を送った。ぶどう園の収穫物を出させるためである。しかし農夫たちはその僕をつかまえて、袋だたきにし、あやうく殺すところであった。その僕は帰って、それを主人に報告した。主人は言った、『たぶん、彼らは僕を知らなかったのだ』。主人は他の僕を送った。農夫たちはその別の僕も袋だたきにした」。このような記述は、分かりやすい物語の枠内にとどまっていて、別に深い寓喩的な意味を示しているものではない。

特に注目されるのは、トマスによる福音書では「僕が(二回とも)一人ずつ送られている」ということである。この語り方は、マルコ福音書にも見られる――送られた僕の数は全部で三人に増えているが――少なくとも第一段階(12章2節～5節a)ではそうだ。三回とも一人の僕がつかわされ、一人目は袋だたきにされ、二人目は顔を殴られて侮辱され、三人目は殺された。つまりマルコは、次第に激しさを増し、クライマックスに達して終わるように、辱めを並べている。仮に三番目の僕が殺されるべく仕組むためにマルコがこの配列をとったのだとしたら、マルコが一般受けしそうな通俗的手法に手を出しているということになる。この場合、それは残念なものである。というのも、「息子にふりかかる運命」を先取りすることで、物語の進行を弱めているからである。この表現の形に寓話的な意味はない。だがマルコは、結局12章5節aの後に5節bを追加することで、通俗的な三段階の形式を放棄している。ある者は殴られ、ある者は殺されることになる多くの僕の要約的な話を続けたからである。これが「預言者とその運命」を指しているのは疑いようがない。このように原画を不鮮明なものにする寓喩は、「拡張」に違いない。三人目の僕の殺害も、マルコ福音書の寓喩的結論も引き継いでいないのが、ルカ福音書（20章10節～12節）の特徴である。ルカは毎回一人ずつの僕の三回に及ぶ派遣と虐待だけに限り、その三回の出来事も完全に調和の取れた形にはめこんでいる。ルカのこのような冷静な抑制が、単に彼の様式（文体）感覚によるものなのか、それとも口伝によるものなのかは、現時点で判断することはできない。

この物語のマタイ福音書の扱いは全く異なっている（21章34節～36節）。マタイは寓喩的解釈の方法をその終わりまで一貫して貫いている。マルコ福音書に見られるような漸増法は完全に無視されている。最初の段階で複数の僕が送り出され、そのうちの何人かが袋だたきにされ、殺され、石打ちにされるところから始めている。そこにもう一回だけ派遣が続けられる。最初の時よりも多くの僕たちが送られ、だが結局同じ目にあっている。マタイはこの二回の派遣の中に、前期と後期の預言者を見出しており、特に石打ちは預言者たちの運命を指している（歴代誌下24章21節、ヘブライ人への手紙11章37節、マタイ23章37節、ルカ13章34節）。私たちがトマスによる福音書とルカ福音書で読むような単純な物語、またマルコ福音書から推察できる、送り出される僕が毎回一人だけで、そのいずれもが借地人の農夫たちから拒絶され、侮辱され、けがを負わされて追い返されることについてだけ語った単純な物語の形跡が、マタイ福音書には何ひとつ残っていない。

（3）息子の派遣に関しては、まず注目すべきなのは、本来の物語が突然息子が殺されることで終わっているという点である。トマスによる福音書でも同様で、次のようになっている。

そこで主人は自分の子を遣わした。彼は言った。『たぶん彼らは私の息子を敬ってくれるであろう』。ところが農夫たちは、彼がぶどう園の相続人であることを知っていたので、彼をつかまえて、殺した。耳ある者は聞くがよい。

この結びは、少なくとも、このたとえ話の中に「原始教会がイエスの言葉に託そうとした寓喩」を見ることを不可能にしている。なぜなら、原始教会にとってイエスの復活は中心的な意義をもっていたので、この物語の枠内でそれを述べようとしたに違いないからである。だが、このように私たちが引き合いに出すイエスの当時の状況下では、息子の殺害は聴衆にとって適切なクライマックスを形成していた。たとえ話の聴衆たちは、イエスが自分自身のことを「最後のメッセンジャーである息子」であると考えていることは理解していたが、その息子がメシア的な重要性を持った存在であることは聴衆にとって自明のことではなかった。というのも、キリスト教以前のパレスチナのユダヤ教において、「神の子」の称号を「メシア」に当てはめていた証拠は存在しないからである。「『息子』の派遣と殺害に関するこのたとえ話を聴いて、それがメシアの派遣を指すものだと受け取るようなユダヤ人は一人もいなかっただろう」（W・G・キュンメル）。「邪悪な借り手（農夫たち）」についてのラビのたとえ話で、「息子」が「（イスラエル民族を代表する）族長ヤコブ」と解釈されているのは重要である。なぜなら、たとえ話のキリスト論的な中心点が、聴衆に隠されていたであろうことを意味するからである。

原始教会がこのことを明らかにするのに、そう長くはかからなかった。マルコ福音書では、「息子」はぶどう園の中で殺され、遺体は外に放り出されている（12章8節）。この物語の特徴は、農夫たちの邪悪さを最大限に強調していることである。つまり農夫らは、遺体を塀の外に投げ捨て、墓に葬ることさえ拒み、死体を辱めている。ここではイエスの受難の出来事は、少しも回想されていない。それに対し、マタイ福音書（21章39節）とルカ福音書（20章15節）は、これと異なっている。そこでは「息子」は最初にぶどう園から放り出され、それから外で殺される。これは、エルサレムの町の外でイエスが殺されたことを暗示する（ヨハネ19章17節、ヘブライ人への手紙13章12節以下）。

このように、マタイとルカでは、たとえ話にキリスト論的な色づけがされているが、その最初の形跡はマルコ福音書にも認められる。一つは、マルコ福音書1章11節（「あなたは私の愛する子……」）や9章7節（「これは私の愛する子……」）といった天からの声を想起させる「愛する息子」（12章6節）という言葉である。もう一つは、マルコ福音書12章10節～11節における、神（本書一八頁注二参照）が親石（詩篇118編22節以下）とする捨てられた石についての旧約聖書の象徴の形式の中に見出せる。すなわち、原始教会が捨てられたキリストの復活と昇天を証明するのに好んでよく用いた聖書箇所（使徒言行録4章11節、ペトロの手紙一 2章7節）がここで持ち出されている（「聖書にこう書いてあるのを読んだことがないのか。『家を建てる者の捨てた石、これが隅の親石となった。これは、主がなさったことで……』」）。

この聖書の引用は文字通り七十人訳聖書によっており、息子の運命を聖書から根拠を見出す必要と、復活に言及されていない点を補う必要が痛感されたため、たとえ話をキリストに寓喩的に適用する際に挿入されたものであろう。しかし、これらのキリスト論的解釈は、トマスによる福音書には全く見当たらない。

（4）このたとえ話に続く「イエスの最後の問いかけ」に関しては、三つの共観福音書すべてに記載されているが（マルコ福音書12章9節「さて、このぶどう園の主人は、どうするだろうか……」）、トマスによる福音書にこの記述はない。この言葉もイザヤ書5章5節に遡って関係しているが、この場合も使用されているのは、ヘブライ語のテキスト（問いかけの形ではない）ではなく、ギリシャ語の翻訳〔七十人訳〕である。このイエスの最後の問いかけ（トマスによる福音書には、問いの代わりに、「耳ある者は聴け！」という呼びかけがある）が二次的なものだとすると、それに対する回答も同じように後からつけ足されたものであるが、いずれもたとえ話のオリジナルには存在しなかった。

だが、このたとえ話の始めと終わりの部分と、イザヤ書5章との関連が二次的なものであることや、三人の僕と息子の派遣は元々寓喩的な重要性がなかったことがたとえ正しいものであったとしても、まだ問題は生じる。つまり、このたとえ話は全体として日々の暮らしという状況を完全に逸脱しているのではないかという問題であり、それにもかかわらずこのたとえ話が寓喩と見なされなければならない理由である。ぶどう園の主人の驚くべき忍耐力、「息子を殺せば相続財産が手に入る」（マルコ12章7節）という農夫たちのばかばかしい思惑、息子の殺害、これらのことを考えると、こうしたことが現実に起こりうるのかと問わねばならない。意外に思われるかもしれないが、この問いは肯定されるにちがいない。

このたとえ話は、実際、外国の農園主に対するガリラヤの農民たちの姿勢を記したもので、その行動はガリラヤに本拠を置く熱心党によって引き起こされた。私たちは、上部ヨルダン渓谷とおそらくゲネサレ湖の北岸と北西岸だけでなく、ガリラヤ山岳地帯の大部分が当時latifundia（大農地）としての性格を持っており、その大部分が外国人の所有者に所有されていたことを、よく理解する必要がある。(3) 地主が明らかに外国で暮らしており（マルコ12章1節）、恐らく「外国人」と考えられているということを想起すれば、このたとえ話を理解する助けになる。地主が外国に住んでいる限り、借地人たちは使者に対して好き勝手な振る舞いができる。そのような場合、使者たちが侮辱され、追い払われた後で、地主は、借地人たちから敬意を払われるような者を使者として見つけなければならない。それゆえ、もし主人が遠い外国の地にいるならば、借地人である農夫たちが、地主が送った跡取り息子を殺して放り出した後、「相続財産を誰にも邪魔されずに手に入れられる」（マルコ12章7節）という、信じられないような愚かな考えを持ったことも、極めて容易に説明がつく。(4) というのも、農夫たちはある法律の条文を念頭においていた。つまり、特定の条件下では、遺産は主人のいない財産と見なされ、誰でもそれを自分のものと主張することができたのである。(5) そして、最初に占有獲得した者が、優先権を得たのである。(6) 息子がやってきたのは、土地の所有者が死に、息子がその遺産を受け取りにきたのだと、農夫たちに推測させた。そこで彼らは考えた。もし息子を殺せば、ぶどう園は主人のいない財産となり、自分たちが最初の者として、その場所を占有できると。しかし、息子の殺害は、日常生活から採られた話としてはあまりに残酷すぎはしないか、との問いが生まれるかもしれない。だが、強い印象を与えるために、この物語は、借地人の邪悪さを強調し、聴衆が聞き漏らさないようにする必要があった。彼らの悪行は、できる限り強調しなければならなかったのである。「一人息子」を登場人物に取り入れたのは、「神の子」としてのメシアについての神学的な考察ではなく、この物語に本来備わっている論法（物語の筋）によるものである。このことは、このたとえ話がぶどう園の主人の息子を殺すことで、最後に決定的な神の使信が拒否されたという、現実の状況を指示することを除外しないで、むしろ逆にそれを要請している。こうして、マルコ福音書の12章1節以下は寓喩ではなく、はっきりとした当時の状況を描くたとえ話である、という結論に達する。ここでようやく、たとえ話の元の意味についての問いに答えることができる。この話は、他のイエスの数多くのたとえ話と同じように、貧しい人々に福音がもたらされることを示そうとしているのである。たとえ話は言う。「あなた方、ぶどう園の借り手たちと人々の指導者たちは聴こうとしない。これまで何度も何度も神に逆らい、今もまた、神が遣わした最後の使者を拒絶している。もはや限界だ。したがって、神のぶどう園は、『他の人たち（マルコ12章9節）』に与えられる」。ただし、マルコ福音書もルカ福音書も「他の人たち」が誰を指すのか、何も明らかにしていないので、関連するたとえ話（本書九七～九八頁以降参照）から類推して、「貧しい人々」（マタイ5章5節参照）を指している、と考えねばなるまい。

総括して言えば、このたとえ話は、ぶどう園に言及することで、潜在的に寓喩的な要素を含んでいたことになる。「万軍の主のぶどう園は、イスラエルの家である」（イザヤ書5章7節）との言葉は、聴衆にとってよく知られた章句であった。したがって、「借り手」は「イスラエルの指導者たち」（マルコ12章12節b、ルカ20章19節b）を指しているのは明らかであった。だが、すでにマルコ以前の伝承が、僕たちを「預言者」とする解釈（マルコ12章5節b）をつけ加えることで寓喩的解釈を深め、復活を予言することで（マルコ12章10節以下）、たとえ話のキリスト論的な主張をはっきりと示していたのである。

マタイはこの同じ道をさらに先へと進んだ。マタイの場合、このたとえ話は（婚宴のたとえ話と同じように、本書七七頁〜八〇頁参照）、「シナイ山での神とイスラエルの民との約束」から、「エルサレム崩壊（21章41節、22章7節も参照）の受容」、そして「異邦人教会の設立」（21章43節）、「最後の審判（21章44節）に至るまでの救済史の精緻な輪郭をなしている。一方、ルカは寓喩的解釈に対して極めて控えめな姿勢をとっているものの、完全に避けているわけではない（20章13節、15節、17節以下）。また、トマスによる福音書には寓喩的傾向は全くない。

最後に、マルコ資料との関連で、マルコ福音書4章13節〜20節の「種まく人のたとえ話の解釈」（このたとえ話の平行箇所であるマタイ13章18節〜23節、ルカ8章11節〜15節は、その文脈が示すように、マルコ福音書に基づいている）について考察する必要がある。私は長い間、このたとえ話の解釈は原始教会に帰せられねばならないとの結論に反抗してきた。しかしこの結論は、言語上の理由から避けることはできない。[7] このことに対し、私たちは、このたとえ話の解釈には、終末論的な主張が欠けている（本書一七五頁以降参照）という重要な観察結果をつけ加えねばならない。それどころか、強調点は、終末論的なものから心理的な側面に置き換えられている。このたとえ話は、その解釈の中で、自己探求と彼らの悔い改めが本物であるかどうかを試すための改宗者たちへの勧告となった。このような批判的考察は、トマスによる福音書がその9項で解釈抜きの〔「種まく人」の〕たとえ話を残しているという事実によって確認できる。

したがって、私たちはこう結論づけねばならない。この『種まく人』のたとえ話の解釈は原始教会の産物である、と。原始教会は、このたとえ話の中に寓喩を認め、その線にそって一行一行を寓喩的に解釈したのである。まず、「種」は「御言葉」と解釈され、次に一覧表のように「四通りの畑地」が「四通りの人々」を意味するものとして解釈されている。この解釈は、二つの極めて異なる概念が融合した結果生まれたものであり、そのいずれもが、第四エズラ書〔岩波『キリスト教辞典』によると、これは旧約聖書ラテン語訳ウルガタの付録による呼称。日本聖書協会発行の『新共同訳聖書』では、「エズラ記（ラテン語）」と呼んでいる〕に見出される。すなわち一方では、「神の御言葉」を「神の種子」[8]になぞらえ、他方では「人」を「神の作物」[9]になぞらえている。

全体から見て、マルコ福音書には、たとえ話の材料が比較的少ないのに比べ、寓喩的解釈はマルコの場合すでに大きな場所を占めていたと考えられる。つまり、マルコ以前の伝承においてすでに寓喩的解釈が主流となっていたということは疑いようがないことである。

c　マタイ福音書の特殊資料

次に伝承の第三層である、マタイ福音書の特殊資料を取り上げよう。これまでの検討結果から考えて、この資料に属するたとえの要素[10]を調べて、広範囲にわたって寓喩的解釈を見つけたとしても驚くことはないだろう。「十人のおとめ」のたとえ話（25章1節～13節）を、天の花婿・キリストの再来の寓喩として誤って解釈するようになったということは、本書五五頁～五八頁ですでに見てきた。同じように、これもまたマタイ福音書の特殊資料に属するものだが、私たちは「婚宴用の礼服を着ていない男」の短いたとえ話（22章11節～13節、本書七二頁～七三頁参照）の締めくくりの言葉で、二次的な寓喩的解釈を見出した。つまり、侵入者が「泣きわめいて歯ぎしりする」ような「外の暗闇」、すなわち「地獄」に放り出される、とあるのは、物語の枠組みを崩すようなマタイに特有の描写だからである。

「二人の息子」のたとえ話（21章28節～32節）では32節で、洗礼者ヨハネについて驚くべき解釈がなされている（「なぜなら、ヨハネが来て義の道を示したのに、あなたたちは彼を信ぜず、徴税人や娼婦たちは信じたからだ」）。洗礼者ヨハネは、このたとえ話で「二人の息子の親である家の主人」と同じ体験、つまり「神の僕」を公言する人々には拒絶され、神を恐れない生き方をしている人々が服従する経験をした。だが、このようなヨハネへの当てはめ（解釈）は、本来の話とは全く違う。32節はこのたとえ話になじまないからである。というのも、洗礼者ヨハネに対して、対照的な態度をとった二つのグループの人々が、考えを改めたなどということは何も知られていないからである。より大事なのは、この32節に相当するルカ福音書の箇所（7章29節）が（「マタイ福音書で「はっきり言っておく……信じたからだ」とイエスの言葉になっているのに対して」）イエスの言葉とは独立した言葉として記されていることである（「民衆は皆ヨハネの教えを聞き、徴税人さえもその洗礼を受け、神の正しさを認めた」）。明らかにこの32節は、言葉の連想（「徴税人と娼婦」）で31節につけ加えられたものである。そのうえ、このたとえ話の本来の結語は、[11] 31節bの、たとえ話の締めくくりで何度も使われている決まり文句、「はっきり言っておく」に見て取れる。今一度確認しよう。元々「良き知らせ」（蔑まれている人々が、あなた方が拒絶した神の招きを受け入れた。そして〔救いの〕約束は彼らのためのものだ！）の弁明を目的としていたたとえ話が、マタイでは洗礼者ヨハネと関係づけることによって、全く異質な「救済史的な当てはめ（解釈）」をされ、「邪悪な農夫」（本書八一頁以降）と「大宴会」（七八頁以降）のたとえ話の救済史的解釈と類似したものになっている。だが、この洗礼者ヨハネへの当てはめは、おそらくマタイによるものではなく、それ以前の伝承の段階でなされたものだろう。というのも、マタイがこのたとえ話を「ヨハネ」という言葉（21章25節、32節）と関連づけて挿入した段階で、おそらくすでに32節がたとえ話の結語として存在していたからである。

ここで「毒麦」のたとえ話（マタイ13章36節〜43節）の解釈について見てみよう。このたとえ話の解釈もマタイの特殊資料に属し、われわれの取り上げている課題にとって特別に重要なものとなっている。この解釈は、二つの極めて異なった部分から成り立っている。すなわち、37節〜39節では、このたとえ話の中で最も重要な七つの言葉が一つずつ寓喩的に説明されているので、寓喩的解釈の小さな《辞典》のようになっている。一方で40節〜43節は、30節bで述べられた「毒麦」と「麦」の対照的な運命を、最後の審判における罪人と義人の運命に当てはめて解釈することに限られているので、ここは小さな黙示録となっている。このたとえ話の解釈には、マタイの特徴的な表現が実に独特な形で集められているのに驚かされる。この点から、この毒麦のたとえ話の解釈は、マタイ自身の手によるものだと結論せざるをえない。そしてこのことは、トマスによる福音書によって確証される。同福音書は57項で「毒麦」のたとえ話を取り上げているが、寓喩的な解釈はされていないからである。同様の結論は、「引き網」のたとえ話（マタイ13章49節以下）についても言えるが、これは単に13章40節b～43節を短くして再録したものである。

したがって私たちは、マタイ福音書の13章36節～43節と49節～50節で、マタイの手による二つの寓喩的解釈を見出す。これら二つのたとえ話は、元来、性急な者たちに忍耐を持つことの必要性を強く印象づけることが目的で、今はまだ選別の時ではなく、神の時が到来して選別が起こる、と主張しているが、それがマタイでは、誤った安心感に対しての警告として用いられ、最後の審判の寓喩的叙述に変わってしまった。

これらの二つの解釈には、マタイの持つ寓喩的解釈の強い傾向が極めて明瞭に示されている。つまり、伝承された資料がマタイにそのような機会をすでに与えていたのは、「邪悪な者」と「悪魔」という二つの用語が使われていることと、二人の息子のたとえ話を洗礼者ヨハネとその働きに当てはめている（マタイ21章32節）ことから明らかであるし、また、「ぶどう園と農夫」のたとえ話の中で、「他の農夫たち」を「異邦人」（マタイ21章43節〔「神の国に……ふさわしい実を結ぶ民族」とある〕）とする解釈は、マタイ福音書よりもさらに古いものなのである。

d　ヨハネ福音書

ルカ福音書とトマスによる福音書に移る前に、ヨハネ福音書に目を通すのが全体を見通すためにも理にかなっているだろう。第四福音書（ヨハネ福音書を指す）には二つのたとえ話がある。「良い羊飼い」（10章1節～18節）と「ぶどうの木とその枝」（15章1節～10節）だ。

ヨハネ福音書の「良い羊飼い」のたとえ話は、詳しい解釈を伴った共観福音書のたとえ話――「種をまく人」（マルコ4章1節～9節、14節～20節の並行記事）、「毒麦」（マタイ13章24節～30節、36節～43節）、「引き網」（マタイ13章47節～50節）――と全く同じ様式をとっている。すなわち、たとえの部分（10章1節～6節）とは明確に区別されて、その後に非常に広範囲の寓喩的解釈（7節～18節）の部分が続いている。その一方で、「ぶどうの木とその枝」の比喩では、すぐに寓喩的な解釈が示されている（15章1節「私はまことのぶどうの木、私の父は農夫である」）。この言葉は、解釈されたたとえ話、あるいは比喩を完全に吸収してしまっている。このことからも、第四福音書が寓喩的解釈をどれほど重んじたかを知ることができるだろう。

だが、ヨハネは寓喩的でない比喩も使っている。3章8節（風）、8章35節（奴隷と息子。ここでは、「いつも（for ever）」と読むべきで、ルターのように「永久に（eternally）」と読むべきでない）、11章9節以下と12章35節以下（闇の中を歩く人）、12章24節（一粒の麦）、13章16節（僕と遣わされた者）、16章21節（産みの苦しみにある女）である。これらよりも寓喩に近いのは、花婿の介添え人（3章29節）、刈り入れに関する一連の言葉（4章35節～38節）、そして、聴衆が誤解するような多くの比喩的な表現（3章3節、4章32節、6章27節、7章33節、8章21節と32節、13章33節、14章4節など）がある。

e　ルカ福音書の特殊資料

次にルカ福音書とその特殊資料に目を向けると、驚くほど異なった描写に出会う。事実ルカには、マタイとマルコ、またはマタイのみと共通したたとえ話の中に、一連の寓喩的解釈が見出される。だが、その範囲はマルコほど広くはなく、マタイよりもさらに少ないものである。これまで見てきたように、ルカは以下のたとえ話を寓喩的に解釈している。具体的には、「種まく人」（8章11節～15節、本書八九頁以降参照）、「主人の帰りを待つ僕と、その僕に仕える主人」（12章35節～38節、本書五八頁～六一頁参照）、「盗賊」（12章39節以下、本書五二頁以降）、「主人が信頼して全財産の管理を任せた僕」（12章41節～46節、本書六二頁以降参照）、「招かれなかった人々が二度目に招待された大宴会」（14章16節～24節、本書七〇頁～七三頁、七八頁参照）、「ムナ（新共同訳による。原文ではTalentsとなっている）」（19章11節～27節、本書六四頁～六九頁参照）、そして、「ぶどう園と農夫」（20章9節～18節、本書八一頁～八九頁参照）などである。だが、これらの寓喩的な解釈は、おそらくどれもみなルカの仕事ではなく、彼の背後にある伝承によるものだろう。なぜなら、そのほとんどすべてが他の共観福音書にも見られるからである。そのうえ、この寓喩的な表現と文節には、ルカの言語的な特徴が極めてわずかしか認められない。何より言えるのは、ルカのたとえ話の豊富な集積の中で[12]、ルカの特殊資料が、私の知る限り、寓喩的な解釈の実例を示していない、ということである。それどころか、これまでに検討を終えた範囲で判断する限り、ルカ福音書の特殊な比喩的資料は、異なる目的で拡張され、解釈された。すなわち、直に勧告の言葉に当てはめられたと言うことができる。ルカは、寓喩的な解釈を古い伝承から受け継いだが、彼自身は寓喩的な意図で手を加えることをしなかったのである。

f　トマスによる福音書

最後に、共観福音書のたとえ話がトマスによる福音書の中に保持されている形式に目を向けると、「盗賊」のたとえ話（同福音書21項b）の二つのバージョンの最初のものにだけ、寓喩的な特徴があることが分かる。

それゆえに私は言う、『家の主人は、盗賊が来ることを分かっているなら、彼（盗賊）が来る前に、目を覚ましているであろう。（そして）彼（盗賊）が自分の支配下にある（彼の王国の）家に押し入り、自分の財産を持ち出すことをゆるさないであろう』。だからあなた方は、この世を前にして目をさましていなさい（日本語訳は、荒井献『トマスによる福音書』21項二から引用、カッコ内は訳者が英語原文より翻訳して追加）。

この話にある「彼の王国」と「この世を前にして」という言い回しは、寓喩的な解釈によるものである。この二つの追加の言葉を除いて、盗賊のたとえ話もまた、寓喩とは縁がない。トマスによる福音書から寓喩的な特徴が見られないのは、とても驚くべきことである。なぜなら、グノーシス派に属するこの語録の編集者（あるいは収集者）は、たとえ話を確実に寓喩的な感覚で理解し、そのように理解されるように意図していたからである。

このことは、たとえば、「聞く耳ある者は聞くがよい」という説諭から明らかになっている。この言葉は、これらのたとえ話が持つ秘密の意味(13)を究めるよう読み手に訴えるために、たとえ話に五回もつけ加える形で編集が行われている。このようにして、グノーシス派の人々は、たとえば、真珠のたとえ話（76項）で、「真珠」を「グノーシス」〔「啓示を通して、自己の中に眠る神的本質、その由来と行く末について認識すること」岩波『キリスト教辞典』〕の隠喩として理解しようとした。それは上述した盗賊のたとえ話（21項b）で、賊が盗もうとした「財産」についての理解と同じである。それにもかかわらず、このたとえ話の言葉遣いが（盗賊のたとえ話に二つの言葉が追加されたのを除いて）寓喩的に改変されないままに残されたことは、トマスによる福音書に保存された比喩的な伝承に大きな価値を付与する。なぜなら、ルカの特殊資料と同様に、寓喩的な解釈で改変されていないことを知ることができるからである。

以上の検証で、私たちは一風変わった結論に達する。マタイとルカの説話資料、マルコ資料、マタイの特殊資料、マタイ・マルコ・ルカ・ヨハネの四福音書は、すべて寓喩的な解釈を含んでいるが、ルカの特殊資料とトマスによる福音書にはそれが存在しない。これらの寓喩的な解釈は、ほぼ完全に二次的なものであることが明らかにされた以上、私たちはこう結論しなければなるまい。すべてのたとえ話の資料は、元々はルカの特殊資料とトマスによる福音書と同じように、寓喩的な解釈とは無関係であった、と。

イエスはその説教の中で、ほとんど例外なく旧約聖書から採った、当時誰にでも知られていた隠喩《メタファー》だけを使っていた。神の隠喩として、父、王、裁判官、家の主人、ぶどう園主、宴会の主催者。神に関わる人の隠喩として、子ども、僕、債務者、客。神の民は、ぶどう園、羊の群れ。善悪は、白と黒（マタイ25章32節参照）。最後の審判は、収穫。地獄は、火や暗闇。魂の救いは、婚宴と大宴会。救われた人々の集まりは、婚宴の招待客、などである。イエスは説教でこれらの隠喩を自由に使い、時たま新しい隠喩、たとえば、「世の終わり」＝二度目の洪水をつけ加えた。[14]このような比較が、イエスにとってはたとえ話の出発点となった隠喩であることを、私たちは繰り返し看取することができる。

たとえ話の個々の部分の寓喩的な解釈が早い時期から始まったことは、マタイとルカにある説話資料、マルコ資料、そしてマタイの特殊資料の研究によれば、共観福音書よりも古い事実から明らかになる。寓喩的解釈は、明らかにまずパレスチナの地で発生した。福音書の著者たちの中では、マタイが寓喩的解釈の利用に最も関心を寄せた者である。彼は実際に、マタイ福音書13章37節～39節にかけて、寓喩的解釈について七項目〔良い種をまく者＝人の子。畑＝世界。良い種＝御国の子ら。毒麦＝悪い者の子ら。毒麦をまいた敵＝悪魔、刈り入れ＝世の終わり〕にわたる辞書をまとめている。これに対して〔寓喩的な解釈について〕最も控え目なのは、トマスによる福音書である。

〔キリストのたとえ話を寓喩的に解釈するうえで〕「真意により深く触れたい」という願望と並んで、「勧告をしたい」という意欲が最も大きな役割を果たしている。「種まく人」のたとえ話を改宗者に対する自己吟味の勧告として再解釈し、危機のたとえ話をキリストの再臨の遅れと関連づけ、不正な支配人のたとえ話を、財産の正しい使用勧告として解釈するのは、明らかにそのことを物語っている。

さらに、マタイ福音書の21章28節以下、33節以下、そして22章2節以下に見られる救済論的な解釈も、勧告的な説教に役立つよう意図したものだったと思われる。ルカ福音書14章22節以下の、主人の僕に対する指示〔大宴会に用意した席がまだ余っているのを見た主人が「通りや小道に出て行き、無理にでも人々を連れて来るように」と命じた〕も、宣教への意欲をかきたてることを狙ったものだろう。ギリシャ語を話すキリスト教徒の間で強い動機となったヘレニズムの寓喩の影響については、（本書一二一頁で）すでに述べている。

この項での考察の結果分かったことは、私たちが現在手にするたとえに極めて顕著に描き出されている寓喩的な特徴は、元々あったものではない、ということである。したがって、これらの二次的な解釈や特徴を捨てることによってこそ、イエスのたとえ話の元来の意味を理解することができるのである。

注

（1）トマスによる福音書のテキストは本書二〇七頁～二〇八頁以降を参照。

（2）七十人訳聖書を使っていることは、「垣をめぐらし」（マルコ12章1節）という言葉で最も明らかである。イザヤ書5章2節のヘブライ語テキストでは「彼はそれを掘り起こし」とあるが、七十人訳では「私は垣をめぐらした」と差し替えられている。

（3）このように、ユダヤ戦争〔帝政ローマ期の紀元後六六年から七四年まで、ローマ帝国とローマのユダヤ属州に住むユダヤ人との間で行われた戦い〕の当時、ガリラヤ高地で採れた穀物はローマ皇帝の歳入としてギシャラに蓄えられ、この地方の村々は、皇帝の領地に属していた。同じ時期に、ベレニケ王女〔ヘロデ朝ユダヤの統治者アグリッパ一世の娘〕はプトレマイス（アッコ）の境にあるベサラに大量の穀物を蓄えていた。これより早い時期に、パピルスに書かれたエジプトの古代文書として有名なゼノン・パピルスの一つが次のような事実を明らかにしている。「紀元前二六一年から二四六年のプトレマイオス王朝で財務大臣を務めたアポロニウスがガリラヤ地方のバイティアナタに領地を持っており、そこでできた葡萄酒がエジプトに住む彼のところに送られた」と。ゼノン・パピルスでは、同じ場所が「この地を通るエジプトの役人たちのための食料補給地になっている」と書かれている。ガリラヤ高地の大部分の大農地としての性格は、このように以前から「君主たちの領地だった」という事実から説明される。

（4）「愛する息子」（マルコ12章6節）は、ここでは、「ただ一人」であることを意味する。（だから、特別に愛されていたのだ。）彼は、唯一の跡取りなのである。

（5）分割された土地は、それが小さいかどうかに関係なく、「しるしをつけ、柵をめぐらし、あるいは入口を設ければ合法的に所有できる」と考えることができた。相続人を定めずに亡くなった人の果樹園の所有権を「絵を書くこと」――たとえば土地に印をつける――で手に入れた、という例もあったと言われる。

（6）特定の期間中に相続権が申告されない場合などに、そうしたことが起きる。

（7）この詳細な立証は、本書の学術版 *The Parables of Jesus*, London and New York, 1963, 1972³ にある。

（8）第四エズラ書9章31節には「私はあなたたちの中に、私の律法をまく。それはあなたたちの中で実を結び……」とある（同8章6節参照）。「神の戒め」を「種子」になぞらえる表現は、旧約聖書では確認されていない。おそらく、「logos spermatikos（種としての言葉）」というギリシャ的発想の影響のもとに形成されたのだろう（K. H. Rengstorf, *Das Evangelium nach Lukas*, Das Neue Testament Deutsch 310, Göttingen, 1965 のルカ福音書8章4節～8節を参照）。

（9）第四エズラ書8章41節には「農夫が地に多くの種をまき、多くの苗を植えるが、時が来ても、まかれたものがすべて無事に芽を出すわけでなく、植えられたものがすべて根づくわけでもない。それと同じく、この世にまかれた人々がすべて救われるわけではない」とある。

(10) マタイ13章24節～30節（36節～43節とともに）44節、45節以下、47節～50節、18章23節～35節、20章1節～15節、21章28節～32節、22章11節～14節、25章1節～13節、31節～46節。

(11) マタイ5章26節。ルカ14章24節、15章7節、10節、18章14節も参照。この点についての詳細な説明については、本書の学術版 *The Parables of Jesus*, London and New York, 1963, 1972[3]、一二三～一二八頁参照。

(12) ルカ7章41節～43節、10章30節～37節、11章5節～8節、12章16節～21節、13章6節～9節、14章28節～32節、15章8節～10節、11節～32節、16章1節～8節、19節～31節、17章7節～10節、18章1節～8節、9節～14節。

(13) トマスの序と1項に「これは、生けるイエスが語った、隠された言葉である……この言葉の解釈を見出す者は死を味わうことがないであろう」〔荒井献『トマスによる福音書』〕とある。

(14) マタイ24章37節～39節（ルカ17章26節以下）、マタイ7章24節～27節（ルカ6章47節～49節）、だが、それより前に書かれたイザヤ書28章15節も参照。

9　たとえ話の収録と融合

a　対をなすたとえ

私たちは最初の三つの福音書において、数多くの対になった（異なるシンボル的な言葉で同じ考えを示す）たとえや比喩の言葉に出会う。[1] それは次のような組み合わせである。

「布切れ」と「ぶどう酒を入れる革袋」（マルコ2章21節以下、マタイ9章16節以下、ルカ5章36節～38節、トマス47項b＝順序が逆になっている）、「内部対立する王国」と「内部対立する家族」（マルコ3章24節以下、マタイ福音書12章25節）、「燭台」と「秤」（マルコ4章21節～25節、本書一二二頁参照）、「地の塩」と「光」（マタイ5章13節～14節b）、「山の上にある町」と「燭台」（マタイ5章14節b～16節、トマス32項、33項b　屋根の上から説教することを述べることで二つは分けられているが）、「鳥」と「花」（マタイ6章26節と30節、ルカ12章24節～28節）、「犬」と「豚」（マタイ7章6節、トマス93項）、「石」と「蛇」（マタイ7章9節以下、ルカ11章11節以下参照）、「ぶどう」と「いちじく」（マタイ7章16節、ルカ6章44節、トマス45項a）、「狐」と「鳥」（マタイ8章20節、ルカ9章58節、トマス86項）、「蛇」と「鳩」（マタイ10章16節、トマスによる39項b）。「弟子」と「僕」（マタイ10章24節以下）、「若者」と「少女」（マタイ11章17節〔16節以下の誤りと思われる〕とルカ7章32節、本書一八九頁以降参照〔新共同訳や *The Revised English Bible*, Oxford, Cambridge を見る限り、上記二箇所ではこのような書き分けはなく、「子どもたち」となっている〕）。「二種類の木」と「二種類の宝」（マタイ12章33節～35節）、「麦の中にまかれた毒麦」と「引き網」（マタイ13章24節～30節、47節以下）、「からし種」と「パン種」（マタイ13章31節～33節、ルカ13章18節～21節）、[2]「宝」と「真珠」（マタイ13章44節～46節）、「稲妻」と「はげ鷹」（マタイ24章27節以下）。「盗賊」と「突然、帰宅する主人」（マタイ24章43節～51節、ルカ12章39節～46節）、「塔の建設者」と「王」（ルカ14章28節～32節）、「見失った羊」と「なくした銀貨」（ルカ15章4節～10節）、「僕」と「遣わされた者」（ヨハネ13章16節）、「預言者」と「医者」（トマス31項）。

以上の事例で、このような対になった表現が、本来あったものなのかどうか、一つひとつ検証する必要がある。「畑に隠された宝」と「真珠」の二つのたとえ（マタイ13章44節～46節）では、時制の変化から、両者が元々ともにあったのかどうか、という疑問がわき起こる。実際、両者ともトマスによる福音書で取り上げられているが、「畑の宝」は109項、「真珠」は76項と別々に出てくる。こういった事例は珍しいものではなく、むしろ、上記のように列挙した対のたとえと対の暗喩のほとんどは、対の片方を欠いて単独で伝承されたり、あるいは他の資料によって分離されて伝承されたりと、そういった証拠が残っている。単独で伝承されているものは次の通りである。「燭台」（ルカ11章33節）、「秤」（マタイ7章2節、ルカ6章38節）、「塩」（マルコ9章50節、ルカ14章37節）「弟子」（ルカ6章40節）、「二種類の木」（マタイ7章17節以下）、「二種類の宝」（トマス45項b）、「良い種の中の毒麦」（トマス57項）「からし種」（マルコ4章30節～32節、トマス20項）「パン種」（トマス96項）、「宝」（トマス109項）、「真珠」（トマス76項）、「稲妻」（ルカ17章24節）、「はげ鷹」（ルカ17章37節）、「盗賊」（トマス21項b、103項）、「迷い出た羊」（マタイ18章12節～14節、トマス107項）、「預言者」（ルカ4章24節）。

だが、対になったこれらすべてが二次的なものだ、と考えるのは性急すぎるだろう。伝承の早い段階で、対の表現の片方の脱落が起こった可能性もあるからである。たとえば、「迷い出た羊」と「なくした銀貨」についての二つのたとえ（ルカ15章4節～10節）は、前者（迷い出た羊）が独立した形で保持されているけれども、両者を切り離す理由は存在しない。対をなす形でのみ伝承されている比喩とたとえ話は、次のものに限られる。すなわち、「布切れ」と「ぶどう酒を入れる革袋」、「王国」と「家族」、「鳥」と「花」、「犬」と「豚」、「石」と「蛇」、「ぶどう」と「いちじく」、「狐」と「鳥」、「蛇」と「鳩」、「塔の建設者」と「王」、「僕」と「遣わされた者」である。これらの収録からは、イエス自身が説明の手段として比喩を重ねて使うことを好み、自然界、特に動物の世界から、対になったつながりのある概念を選び出したように見える。一方で、これらの中に、対をなすたとえ話は一つ、「塔の建設者」と「王」しかない。こうしたことから対をなすたとえ話が、私たちにとってどれほど知られたものであったとしても、それらが元々同じ思想を述べようとするものだったのかどうか、一つひとつ吟味されなければならない。

そして、その問いに肯定的に答えることができた場合でも、「迷い出た羊」と「なくした銀貨」の二つのたとえ話のように、少なくとも、全体像を見て、この重なり合ったたとえ話が、別々の機会にそれぞれ独立して語られ、後から結合された、という可能性を考えねばならない。

b　たとえ話の収録

原始教会は早い時期から、たとえ話の収録を始めていた。マルコ福音書には、たとえ話の章、4章1節～34節に加えて、2章18節～22節（婚礼、服、ぶどう酒）に三つの終末論的な暗喩《メタファー》の組み合わせが存在する。(3) マタイはたとえ話を集めた13章で、七つのたとえ話を結合した。マタイはマルコから「種をまく人」のたとえ話を、その解釈とともに（1節～23節）取り込み、それに「別〔「毒麦」〕のたとえ話」（24節～33節）を前置きにした三つのたとえ話の収録をつけ加え、さらに「〔もう一度〕……のようである」の言葉で始まる三つのたとえ話の収録（44節～48節）をつけ加えた。(4) この他に、マタイは次のようなたとえ話も収録している。「兄弟の義務」についての二つのたとえ話のある18章、「〔祭司長や民の長老たちに対して〕警告」した三つのたとえ話のある21章28節～22章14節、七つの「再臨」のたとえ話を含む24章32節～25章46節、である。

ルカ福音書にも、以下のような収録が見られる。平野の説教の第三部を構成するたとえ話をまとめた6章39節～49節、「再臨」に関する一連のたとえ話を集めた12章35節～59節、「宴会」についての二つのたとえ話を集めた14章7節～24節、「見失ったもの（「羊」と「銀貨」、そして「放蕩息子」）」についての三つのたとえ話を集めた15章、「富の正しい使い方と誤った使い方」についての二つのたとえ話を集めた16章、そしてたえず謙虚に祈るべきであるという正しい祈り方についての二つのたとえ話を集めた18章1節～14節である。

最後に述べた18章については、次のように言うこともできるかもしれない。9節～14節とおそらく1節～8節も、元来正しい祈り方についての指示を実際には意図していなかった。むしろこの二つのたとえ話は、イエスの聴衆たちに、蔑まれ、虐げられる人々に対する神の憐れみを示そうとしたように思われる（本書一六三頁以降、一八一頁以降参照）。

したがって私たちは、たとえ話の意味を明らかにしようとする場合、隣接したたとえ話の意味に、わけもなく引きずられないようにする必要があるだろう。この点でどんなに注意が必要かについては、マタイ福音書13章にまとめられている七つのたとえ話が、その最後の話を除き、すべてトマスによる福音書に再録されているが、そこではそれぞれ独立した形で、文書全体に散りばめられている（9項、20項、57項、76項、96項、109項）事実から明らかに知られよう。

c　たとえ話の融合

たとえ話を収録する伝承には、時おり、二つのたとえ話を一つに融合する傾向があった。それがはっきり分かる例を、マタイ福音書の「婚宴」のたとえ話（22章1節〜14節）に見ることができる。このことはすでに本書七〇頁以降で述べたが、元々別々に存在していた婚宴についての二つのたとえ話（招かれていなかった人々が招待される話＝22章1節〜10節と、婚礼の礼服を来ていない招待客の話＝22章11節〜13節）が、後者のたとえ話の導入部を省略して、一対の話としてつなぎ合わされ、一つのたとえ話になるように融合してしまったのである。

もう一つの例を、「二種類の木」と「二種類の宝」の比喩にも見出すことができる。マタイが二度記している「二種類の木」の比喩（7章17節以下と12章33節）は、「山上の説教」の中で独立した比喩として登場し、木を切ることについて（7章19節＝3章10節〔同節で、洗礼者ヨハネがヨルダン川でファリサイ派やサドカイ派の人々に同様の内容を語っている〕）言及することで拡大されている。そこからさらに二種類の宝についての比喩と組み合わされて、〔「木と実」「人と倉に入れたもの」の〕二重のたとえ話となった（ルカ6章43節〜45節にも同様の内容）。最後にマタイ12章33節〜37節でこれらの二つの比喩は、34節の挿入により、一つのまとまりを得ているが、「二種類の宝」の比喩はその独立性を失い、「二種類の木」についての比喩の解釈へと変わるというやり方で融合されることとなった。

最後の例は、ルカ福音書11章33節〜36節にある。元々身体の光としての「目」について（34節〜36節）の独立した暗喩《メタファー》（マタイ6章22節以下参照）だったものが、「燭台」（33節）の暗喩《メタファー》として解釈されるようになったと思われる。

たとえ話には時折、一つないしはそれ以上の特徴が、他のものに転移される形で融合されることがある。たとえば、マルコ福音書の「門番のたとえ話」（13章33節～37節）では、他のたとえ話から二つの特徴が見出される。「主人が遠い国へ旅に出る話」（13章34節）は「タラントンのたとえ話」から来ているし、「僕たちに責任を持たせる話」（13章34節）は「監督を任せられた僕のたとえ話」から由来している（本書六二、六三頁参照）。

さらに、ルカ福音書の同様のたとえ話（12章35節～38節）では、「目を覚ましていた僕たちを席につかせる主人の話」（12章37節）は、「給仕する救い主」についての比喩（22章27節）からか、もしくは、ヨハネ福音書13章1節以下の〔イエスが弟子たちに対してとった〕象徴的な行為に由来している。

そして最後に、トマスによる福音書の「目を覚ましている僕たちのたとえ話〔21項の二を指すと思われる〕」（ルカ12章35節～38節参照）には、「盗賊のたとえ話」が織り混ぜられている。盗賊の話の二つ目のバージョン（103項）では「イエスが言った、『盗賊がどこに（ルカ12章38節参照）入ってくるか分かっている人（ルカ12章37節参照）は幸いである。彼が起きていて、彼の……を集め、盗賊たちが来る前に、腰に帯をしめる（ルカ12章35節参照）ためである』」となっている。

二つのたとえ話がこのように織り混ぜられ、ルカ福音書（12章35節～40節）で並んで登場するのは、確かに偶然ではない。

ルカ福音書（19章12節～27節）の「ムナ」のたとえ話によって想定される形態が、マタイ福音書のそれと大きく異なっているのは、二つ目のたとえ話（本書六六頁参照）と融合した結果であると説明される。この仮定は想像にすぎないが、しかし充分な根拠がある。この二つ目のたとえ話は、王位を主張する者に関するもので、彼は王位の要求が認められ、王として帰還し、友には報奨を、敵には罰を与えている。

ある場合私たちは、たとえ話の結語が比喩の言葉と融合し、新たなたとえ話が生まれる過程についても実例を挙げることができる。ルカ13章24節～30節がそれにあたる。28節の「そこで」が示すように、これらの節は、一つの話と受け取られるように意図されている。イエスは人々に、「家の主人が（長椅子から）立ち上がって戸を閉めてしまう（25節）前に、狭い戸口から入るように努めなさい」（24節）と強く忠告している。そして主人は遅れて来る者を拒否する。不義を行う者とは関わりたくないからである（25節b～27節）。「締め出せ」――彼らは、父祖たちや預言者たちが救いの宴に参加し、異邦人たちも共に席についているのを目にしながら、泣きわめき、歯ぎしりをするしかない（28節以下）。「後の人で先になる者があり、先の人で後になる者もある」（30節）という言葉が、解釈の役目を果たす結語になっている。マタイ福音書の並行記事に目を通すと、そこには寄木細工《モザイク》が示されていることが分かる。すなわち、一つのたとえ話（マタイ25章10節～12節）の結語が、それと関係する教授材料としての三つの比喩（マタイ7章13節以下、22節以下、8章11節以下）と融合することによって、新たなたとえ話、「閉じられた扉」のたとえ話が生まれたのである。

たとえ話の元の意味を明らかにする試みを成功させたいなら、われわれは二次的な結合をすべて放棄しなければならない。

注

(1)ここで欠かせないのは、シンボル的な言葉における相違である。したがって、マタイ7章24節~27節、並行箇所ルカ福音書6章47節~49節（岩の上に建てられた家と砂の上に建てられた家）、マタイ7章13節以下（広い門と狭い門）、マタイ7章16節~18節、並行箇所ルカ6章43節以下（良い木と悪い木）、マタイ12章35節、並行箇所ルカ6章45節（良い財産と悪い財産）、マタイ24章45節~51節、並行箇所ルカ12章42節~46節（忠実な僕と不忠実な僕）は、対になったたとえではなく、比較対象の形で作られた一つのたとえであるから、ここでの議論の対象とはならない。

(2)ローマの信徒への手紙11章16節の「練り粉」と「枝」も参照。

(3)本書一三一頁以降参照。

(4)各々の収録の終わりに、マタイは解釈をつけ加えている（36節~43節、49節以下）。

10　枠組み

福音書物語の骨子となるものの大部分が二次的であるという事実を認識できたのは、様式史研究〔ドイツ語の Formgeschichte。聖書研究にも用いられる文学的研究の方法。詳細の説明は巻末の「用語解説」参照〕の成果によるところが大きい。そのことはたとえ話についても同じことが言える。共観福音書の比較研究によって、比喩の部分は、前置きや解釈、枠（文脈）よりも、はるかに忠実に伝えられていることが分かる。このことは、たとえ話を正しく理解するために極めて重要な点である。

a　二次的な文脈

訴えられて裁判官のもとへ行く人のたとえ話（マタイ5章25節以下、ルカ12章58節以下）は、本書四五頁で説明したように、危機のたとえ話に属している。このたとえ話が伝えようとしているのは、「あなたは絶望的な状況に置かれている。取り返しがつかなくなる前に、兄弟と仲直りしなさい」ということである。つまりこれは、差し迫った破局に目を向けさせるための終末論的なたとえ話の一つなのである。マタイ福音書では、このたとえ話の力点が終末論的なものから、勧告的なものに移され、「祭壇の供え物」（5章23節以下）の比喩とともに、和解の必要性の例話として用いられている。「譲りなさい。さもないと、事態はもっと悪くなる！」。つまりマタイは、このたとえ話をふさわしく思われる二次的な文脈に挿入したのである。これと同様の展開は他にもしばしば見受けられる。

ルカ福音書では、マタイ福音書と異なり、「大宴会」のたとえ話（14章16節～24節）が「食卓での会話」の文脈に置かれている。そこでは、イエスがまず、最初に「招待を受けた客」（14章7節）に、次に「彼を招いてくれた人」（14章12節）に、最後に「食事をともにしていた客の一人」（14章15節以下）に語りかけている。食事に関するたとえ話を「食卓での会話」の文脈に置くのが、適切であるように思われたからである。したがって、現在のルカ福音書の文脈に置かれたたとえ話は「貧しい人、体の不自由な人、足の不自由な人、目の見えない人を招くように」との勧めになっている（14章12節

～14節、21節参照）。だが元々は、このたとえ話は福音書のメッセージの正当性を弁明するための多くのたとえ話（本書四七頁、二〇八頁以降参照）の一つであった。「迷い出た羊」のたとえ話（マタイ18章12節～14節）も、本来これと同じ意図を持っていたが、現在のマタイ福音書の文脈では、「小さき人々の一人も蔑んではならない」という忠告になっている（本書四二頁以降、一五二頁参照）。「仲間を赦さない家来」のたとえ話（18章21節以下）は、現在では、「尽きることのない赦し」を先だって勧める話になっている。これはたとえ話の元の狙いではなかっただろう。このたとえ話そのものには、「赦し」について何も述べられていないからである。ルカ福音書11章5節～8節が本当に「たゆまずに祈る」（11章9節以下、本書一八四頁以降参照）ように勧めることを狙いとしているのかどうか、という問題は後で扱う。

これらすべての例は、（まだ増えるかもしれないが）たとえ話が私たちに伝えた文脈を常に批判的に調べねばならない、ということを思い起こさせる。そうすることで、私たちが認識できる限りにおいて、それが本来のたとえ話の意味と一致するかどうかが分かるからである。たとえ話の本来の意味の問題が特に差し迫った課題となるのは、トマスによる福音書がすべてのたとえ話を文脈（枠）なしに伝承しているからである。

b　二次的な場面と変移

上述したように、たとえ話が明らかに適切だと思われる文脈に挿入された場合と、伝承の過程で、状況の詳細がたとえ話もしくはその解釈につけ加えられた場合とを区別しなければならない。そうして、私たちは福音書でしばしば以下の場面に出くわす。つまり、イエスが公衆に説教し、その後で信頼できる弟子たちにその言葉の深い意味を開示するという場面である。マルコ4章1節以下と10節以下、7章14節以下と17節以下、10章1節以下と10節以下、マタイ13章24節以下と36節以下、ヨハネ6章22節以下と60節以下のように。

デイビット・ダウベはここではある図式（型）が問題になっていることを指摘した。それは、紀元一世紀以降のラビの物語に見出され、特にキリスト教徒とユダヤ教徒の論争で使われたやり方である。つまり、律法学者が異邦人や分派の信徒から論争を仕掛けるような質問をされ、それに対して答えを与えるが、論争相手が立ち去った後で、自分の弟子たちに問題のもっと深い意味を明らかにする。だが、先に述べた福音書のいくつもの箇所にこのような図式が認められるということも（歴史的な出来事の回想ではない）、次のような理由から特にありうべきことと思われる。すなわち、弟子たちへの教えに移行させる言葉は、しばしば福音書記者たちの独自な用語を示していること、また私たちはそういう仕方で「種まく人」のたとえ話（マルコ4章13節以下）や「毒麦」（マタイ13章36節以下）の解釈を二次的なものとして認識したからである。

トマスによる福音書20項にある同様の「からし種」のたとえ話の導入部（弟子たちがイエスに問いかけた、「天国は何に似ているか、私たちに言ってください」）も、イエス自身が問いかけているマルコ4章30節〔イエスは言われた。「神の国を何にたとえようか……」〕と比べて、二次的なものであろう。なぜなら、弟子たちからのそのような問いかけは、トマスによる福音書で特徴的に見られるものだからである。

加えて、たとえ話の導入部そのものにも、それぞれの福音書編集者が持つ文章形式の癖が非常に数多く表れている。それゆえ私たちは、多くのことが編集者の文章形式に拠っている、という事実を考慮に入れなければならない。たとえば、マタイがマルコの文脈に挿入した、「毒麦」のたとえ話（マタイ13章24節～30節）、「二人の息子」のたとえ話（同21章28節～32節）、「婚宴」のたとえ話（同22章1節～14節）の中で、その導入部がマタイの手によるものだということを明らかに示しているというのは偶然ではない。以上で明らかなように、各々のたとえ話で設定された状況が、編集者の筆になるものかどうかを知るために検証されねばならない。

c　導入部の決まり文句

イエスのたとえ話には、現代のたとえ話と同じように二つの基本形がある。

一つ目は、「主格」の名詞をもって始まるたとえ話（導入の決まり文句のない簡素な語り）で、マルコ4章3節と並行箇所、12章1節と並行箇所、ルカ7章41節、10章30節、12章16節、13章6節、14章16節、15章11節、16章1節と19節、18章2節と10節、19章12節、トマス9項（「種まき」）、63項（「愚かな金持」）、64項（「晩餐」）、65項（「ぶどう園の悪い農夫」）に現われ、中でもこの形式は、ルカ福音書で最もよく見られる。

基本形の二つ目は、「与格（アラム語のḷ）」で始まるたとえ話である。たいていのラビのたとえ話は「たとえ話。……のようなものだ」という言葉で始まる。この用法は、より詳しい形の短縮形である。「（私はあなたに）たとえ話（を語る）。（この事柄は、何と比べられるだろうか。それは）……と同じ関係にある」。つまり、ラビのたとえ話には、与格で始まる「短縮形」と「拡張形」がある。

イエスのたとえ話の中で、前述した、問いを伴う前置きの与格で始まるものに相当するのは、マルコ福音書４章30節以下「神の国を何にたとえようか。どのようなたとえで示そうか。それは……のようなものである」である。あるいは、ルカ福音書13章20節以下の「神の国を何にたとえようか。それは……に似ている」に見られる。また、「与格」で始まる短縮形は、「……に似ている（like）」「まるで……のように（as if）」「……時のよう（as when）」[1]「……のようなものである（is like）」「……に比べられるだろう（may be compared to）」[2]。同じアラム語の「l^e」が、これらすべての形式の基礎にある。この「l^e」は、これまで見たように、短縮形であり、「のようなものである（is like）」と訳すのではなく、「その実情は……と同じ関係にある（it is the case with ..as with..）」と訳さなければならない。

導入部の不正確さゆえに、比較すべき点が変えられてしまうことがあるが、多くの場合たとえ話の内容が、その変化を私たちに気づかせてくれる。マタイ福音書13章45節では、「神の国」は当然、「商人」ではなく「真珠」と比べられている。25章１節では、「十人のおとめと比べられる」のではなく「婚宴」と、20章１節では、「家の主人と比べられる」のではなく「賃金の支払い」と、13章24節では、「良い種を畑にまく人と比べられる」のではなく「刈り入れ」と、18章23節では、「地上の王と比べられる」のではなく「貸した金の決済」と比べられている。

以上のすべての場合に、「……のようだ（is like）」という表現の背後に、「それは……と同じ関係にある（it is the case with ..as with..）」と訳すべきアラム語の「l^e」があることを思い浮かべることで、誤りを避けることができよう。同じことが、導入部の不正確さが概して見過ごされている残りのケースにも当てはまる。

これにならって、マタイ福音書13章31節の導入部の決まり文句は、「天の国は一粒のからし種のようなものである」と訳すのではなく、「天の国の事情は、一粒のからし種と同じ関係にある」と訳さねばならない。すなわち、天の国は「一粒のからし種」と比較されているのではなく、本書一七二頁以降で述べられるように、「鳥が枝に巣を作るほどの高い木」と比較されている。

同様に、マタイ福音書13章33節では、天の国は「パン種と比べられる」のではなく、「よくこねて膨れたパン生地」(ローマの信徒への手紙11章16節参照)と比べられている。マタイ13章47節では、天の国が「引き網」になぞらえられているのではなく、天の国の到来の際に起こる事が「引き網に掛かった魚の選別」になぞらえられているのである。このような点が、たとえ話の解釈にとって重要な意味を持つことは明らかだろう。

d　たとえ話の結び

「たとえ話が意味するものは何なのか」「共同体に対するメッセージは何なのか」「たとえ話の中で、主は私たちに、どのような実際的指針、慰め、約束を与えているのか」。原始教会がたとえ話を宣べ伝え、たとえ話について思いめぐらした時、以上の諸問題が最大の関心事だったのである。この点から理解されるのは、物語の意味や適用がたとえばその結語で問題になった場合に、なぜ最も重要な拡張と改変が起こったのか、である。たとえ話は、いくつもの変化に富んだ結びを持つ形を伴って、私たちに伝えられてきた。あるものは象徴的な題材のみを扱い、あるものは簡単な比較や詳しい解釈を挟み、あるものは命令や質問、教えを結びにしている。このようなケースのどれに、拡張が認められるのだろうか。この問いに答えようとする場合、(1)たとえ話の実際の題材を拡張しているのか、それとも(2)「適用」を意図しているのかを、うまく識別することが求められる。

(1)たとえ話の題材そのもの、いわゆる象徴的な部分についての拡張はほとんど存在しない。それは偶然ではなく、先に述べたことと一致する。これらのケースのいくつかでは、拡張の動機は完全に外的事情によるもののことがある。「古い革袋に入れてはならない新しいぶどう酒」の短いたとえ話(ルカ5章37節以下)に、伝承は次の文章をつけ加えた。「また、古いぶどう酒を飲めば、だれも新しいものを欲しがらない。『古いものの方がよい』と言うのである」(同5章39節、トマス47項bは接頭辞の形で)。この追加は適切ではない。なぜなら、このたとえ話は、「新しいぶどう酒と古いぶどう酒は相容れない(新しいぶどう酒は「新しい時代」を象徴している)」ということを言おうとしてるのに、この追加の言葉によって、古いぶどう酒が優れていることが強調されてしまっているからである。明らかに全く外的な動機、「新しいぶどう酒」という語句の連想から生まれた見本である。

これほど明確ではないが、同様の例はルカ福音書12章42節~46節の「管理を託された僕」のたとえ話に見ることができる。これにルカは、対照的な対句の形で、「不忠実な僕に対して主人の思いを知っていたか、いなかったかによって異なる罰が下される」という一節(同12章47節~48節a)を加えている。この一節は、マタイ福音書にはないが、このたとえ話の内容には不適当である。このたとえ話が重視しているのは、「主人の思いを僕が知っているか、知らないか」ではなく、「主人から託された権限を僕が活用するか、乱用するか」である。不忠実な僕に対する罰についての説明（12章46節）が、諸段階の刑罰に関する言葉に引きつけられてしまったのである。

たとえ話の象徴的な部分の結びが、後から拡張された例もある——マルコ2章19節b～20節（本書七〇頁注1を参照）、同12章9節（本書二九頁参照）。さらに拡張されたものは、マタイ21章41節b、同22章11節～13節（本書七二頁参照）ルカ12章37節b（本書五九頁参照）、同19章27節（本書六四頁以降参照）、最後に、マタイ福音書は三回、彼の特徴的な結びの表現（マタイは六回、ルカは一回）「そこで泣きわめいて歯ぎしりするだろう」で（22章13節、24章51節b、25章30節）、たとえ話を締めくくっている。二箇所では、やはりマタイの特徴的な表現、「外の暗闇に」（新約聖書ではマタイ福音書だけに見られる。22章13節と25章30節）が結語の前に置かれている。その場合、「泣きわめいて歯ぎしりする」は、「絶望」を象徴している。常に、自分自身の過ちを通して、救いは失われてしまうからである。

（2）このような象徴的な部分の結語が拡張されるよりもずっと頻繁に見られるのは、たとえ話の適用部分が拡大される場合であって、解釈を伴わないたとえ話に適用が付加されたり、あるいは前に出てきた適用が拡大されたりする。

私たちはまず、解釈なしのたとえ話に後から「適用」が加えられたケースを考えてみよう。以下の八つのたとえ話は、明白な（解釈の）「適用」なしに唐突に終わっている。それは、マルコ4章26節～29節（勤勉な農夫）、4章30節～32節（からし種）、マタイ13章33節とルカ13章20節以下の並行記事

（パン種）、マタイ13章44節（畑に隠された宝）、同13章45節以下（真珠）、同24章45節～51節とルカ12章42節～46節（忠実な僕と悪い僕）、ルカ13章6節～9節（実のならないいちじくの木）、同15章11節～32節（父の愛）である。しかし元来は、たとえ話から結論を引き出すことをイエスが聴衆にゆだねたこれらのたとえ話の数は、はるかに多かった。このことはトマスによる福音書に見て取れる。同福音書では、「盗賊」（21項b）「晩餐」（64項）「真珠」（76項）を除くすべてのたとえ話が、解釈抜きで締めくくられている。解釈を伴わないたとえ話に「適用」を加える傾向が早い時期に生じたことは、容易に理解できる。それは、詳しい解釈が後で加えられた三つのたとえ話、マルコ4章13節～20節（本書八九頁参照）、マタイ13章36節～43節、49節以下（本書九二頁以降参照）に最も明確に表われている。

（3）すでに存在した解釈が修正されたり、拡大された事例は非常に多い。「不正な管理人」のたとえ話は、その典型的な例である。ここでは、ルカ福音書16章8節aの古い解釈に、一連の解釈がさらにつけ加えられ、「拡張」されたことが想起されよう（16章8節b～13節、本書四八頁以降参照）。また、「邪悪な農夫」のたとえ話（マルコ12章1節～9節と並行記事）には、三段階の拡張を見ることができるだろう。マルコ福音書以前に、二次的な旧約聖書の引用（10節以下〔「さて、このぶどう園の主人は、どうするだろうか……『家を建てる者の捨てた石、これが隅の親石となった……』」とある〕）が加えられていた。マタイ福音書とルカ福音書はこれに、旧約聖書の箇所で言及された石の破壊的な作用を記した注解（マタイ21章44節、ルカ20章18節〔「この石の上に落ちる者は……」〕）を追加し、さらにマタイ福音書は、このたとえ話を「イスラエルと異邦人」に当てはめた（21章43節〔「神の国はあなたたちから取り上げられ、それにふさわしい実を結ぶ民族に与えられる」〕）。これが第三段階をなし、旧約聖書の引用（42節〔「家を建てる者の捨てた石……」を指す〕）とその説明（44節〔「この石の上に落ちるものは……」を指す〕）のつながりを絶っている。

こうして「拡張」の三つの段階は以下のようになる。①マルコ12章10節以下＝マタイ21章42節。②マタイ21章44節、並行記事のルカ20章18節。③マタイ21章43節。マタイの21章32節では、イエスの解釈を、洗礼者に関係づけた二次的な適用として認識した（本書九一頁参照）。

マルコ福音書13章37節にある最後の命令〔「目を覚ましていなさい」〕が、ルカ福音書12章35節〜38節には欠けている。これに対して、マタイ福音書は同じ「命令〔「目を覚ましていなさい」〕」を「盗賊」のたとえ話の前（24章42節）に置き、（ルカと違って）このたとえ話を二つの全く同じ「警告〔42節の「目を覚ましていなさい」と44節の「あなた方も用意していなさい」〕」で包み込んでいる。トマスによる福音書では、この「盗賊」のたとえ話の最後の命令が、マルコ福音書やルカ福音書と異なり、「腰に帯を締めて」（21項b）という「警告」によって拡張されている。

「ヨナのしるし」についての比喩的な言葉は、ルカ福音書（11章30節）では、「死からの救出を通して、神が使者として正当と認めた」ものと解釈されている。マタイ福音書12章40節では、この解釈が拡張され、力点が変えられている。つまり、「三日三晩」（ヨナ書2章1節）という「期間」が、比較の要点になっている。

特に注目に値するのは、「良悪二種類の木」の比喩が新たな二次的解釈と関わる方法である。この比喩は二種類の家財の比喩と融合することで、後者が前者の解釈となっている（マタイ12章33節〜35節、本書一〇六頁参照）。

「山の上にある町」と「燭台」の二重の比喩（マタイ5章14節b～15節、トマスによる福音書32項、33項b）は、トマスによる福音書では「屋根の上からの説教」についての言葉（33項a「あなた方の屋根の上で他の耳に宣べ伝えなさい」）を差し挟むことで、宣教に関連させて解釈されている。マタイ福音書では、始め（14節a〔「あなた方は世の光である」〕）と終わり（16節〔「あなた方の光を人々の前に輝かしなさい」〕）に二つの解釈がある。後者は、おそらく元々は独立した比喩だったのであろう。

すでに存在していた解釈が、その言い回しを変えないでも、意味を変えた事例は、マタイ福音書18章35節にある。そこでは、「あなた方の一人ひとりが、心から兄弟を赦さないなら、私の天の父もあなた方に同じようになさるであろう」とある。「……一人ひとりが……兄弟を」という言い回しは、元々は「お互いに」「誰でも他の人に対して」という、極めて一般的な意味合いを持っていたものであった。それは、マタイ福音書6章15節（「もし人を……」）とマルコ福音書11章25節（「だれかに対して……」）で確認しうる。その一方でマタイは、18章35節にある「兄弟」という言い回しを「キリスト教徒の兄弟」に限定して使った。そうすることで、このたとえ話にキリスト教的な解釈を施し、18章で展開されたイエスによる共同体の指導者たちへの重大な指示を、35節によって締めくくっている。(3)

「聞く耳のある者は聞きなさい」というイエスの強い警告は、たとえ話の締めくくりの言葉の中で特別のものと位置づけられる。この言葉は、三つの共観福音書の「種をまく人」のたとえ話（マルコ4章9節、マタイ13章9節、ルカ8章8節）の後にだけ出てくる。それ以外だと、「燭台」の比喩の後は、マルコ福音書（4章23節）だけにあり、「地の塩」の比喩の後は、ルカ福音書（14章35節）だけに記されている。そして、マタイ福音書は、「エリヤについての話」の後（11章15節）に置き、「毒麦」のたとえ話（13章43節）の解釈の結びとして用いている。

一方で、トマスによる福音書は、このイエスの強い警告を、少なくとも五つのたとえ話の結びにしている。その目的は、明らかにグノーシス主義者たちに対する、たとえ話の秘密の意味を注意深く心にとどめるようにとの呼びかけであった。このように見てくると、イエスの警告は、ほとんどの場合、二次的なものであることが分かる。

（4）これらの二次的で拡張された解釈の詳細な検討で得られる最も重要な成果は、一般化するような言い方が、たとえ話の結語につけ加えられる、という顕著な傾向があるという事実である。そのような一般化が見られる箇所では、それは主として現在の文章の前後関係から見て二次的である。強調しておきたいのは、二次的とするのはあくまで現在の文脈の中に置かれた箇所でのことであり、この言葉そのものの信ぴょう性に疑いを差し挟んでいるのでないということである。それは本来たとえ話の締めくくりの言葉として語られたものではない、というだけである。その事実は、このような言葉がトマスによる福音書には全く存在しないことによっても裏づけられる。

このようなやり方で言葉を付加した意図は、たとえ話を幅広く解釈できるようにすることにあった。その傾向を示す典型的な例は、「ぶどう園の労働者」のたとえ話が、二度にわたって一般化するような言葉で拡張されている（マタイ20章16節a、16節b、本書三三頁以降参照）ことと、「閉じられた扉」

について後から作られたたとえ話（ルカ13章24節～30節、本書一〇八頁参照）も、一般化した結語が付与された（30節）ことに見出すことができる。

次の一連のたとえ話と比喩は、二次的な一般化された結語だと考えられる――この結語が真正の言葉ではないということを必ずしも意味するものではないけれども。

「燭台」（マルコ4章22節）、「秤」（マルコ4章25節）、「門番」（マルコ13章37節）、「ぶどう園の労働者」（マタイ20章16節a、16節b）、「邪悪な農夫」（マタイ21章44節、ルカ20章18節）、「婚宴」（マタイ22章14節）「十人のおとめ」（マタイ25章13節）、「タラントンあるいはムナ」（マタイ25章29節、並行記事ルカ19章26節）、「助けを求められた友」（ルカ11章10節）、「愚かな金持ち」（ルカ12章21節）、「管理を任された僕」（ルカ12章48節b）、「閉じられた扉」（ルカ13章30節）、「不正な管理人」（ルカ16章10節、13節）、「ファリサイ派の人と徴税人」（ルカ18章14節b）。

このような一般化された結語の調査を概観すると、時折、日常生活の指針が語られているが、そのほとんどが終末論的な約束、警告、訓戒で成り立っていることが分かる。これらの結語が文脈中で二次的な場所にあるということは、該当するたとえ話を理解するうえで極めて重要な点である。なぜなら、たとえ話の強調点がほとんどすべての場合、新たに結語がつけ加えられることによって、〔元の箇所から他に〕移されたり、しばしば根本的に変えられたりしているからである。

だが、こうした一般化がたとえ話の意味と合致したり（ルカ18章14節b「だれでも高ぶる者は低くされ、へりくだる者は高められる」）、または少なくとも、合わないわけではない（同12章21節「自分のために富を積んでも、神の前に豊かにならない者はこの通りだ」）場合ですらも、その二次的な性格を認識することは重要である。そのような一般化をつけ加えることによって、それが語られた時の原初の状況を分かりにくくし、論争的姿勢、終末論的警告の鋭さ、脅威の厳しさを曖昧にするような道徳的意味を持つようになるからである。

「ぶどう園の労働者」のたとえ話〔マタイ20章1節以下〕は、本来、実際に起きた具体的状況の中での数々の批判に対し、福音を弁明しようとしたものであるが、一般化された結語〔同16節「このように、後にいる者が先になり、先にいる者が後になる」〕により、神の国における重要性の順序、あるいは条件なしの神の恵み〔本書三三頁以降参照〕についての一般的〔普遍妥当的〕な教えに変質させられている。「不正な管理人」のたとえ話〔ルカ16章1節以下〕は、危機的な状況に直面していながら、躊躇している人々に対して、新たな出発の決断を求めるものであったが、「ごく小さな事に忠実な者は、大きな事にも忠実である。ごく小さな事に不忠実な者は、大きな事にも不忠実である」〔同16章10節〕との文章が挿入されることで、一般的な道徳訓に変質されている。

さらに言えば、このような一般化された結語の二次的な性格を認識することは、たとえ話の完全な理解のためにも重要である。私たちが〔当時の〕キリスト教の説教家もしくは教師の声を聞き、主のメッセージを解釈しようと懸命になるのは、一般化された結語の付加においてである。つまり、私たちがこれらの結語から知りうるのは、イエスのたとえ話から一般的な教訓や勧告の意味を取り出すことによって、イエスのたとえ話を教会に役立たせようとした傾向が早いうちから芽生えていたという事実である。この傾向は結局のところ、イエスを知恵の教師に仕立て上げるものであって、本書一二頁以降で見たように、前世紀の終わり頃、この傾向はA・ユーリッヒャーによるたとえ話の解釈において、その最高の勝利を祝ったのである。

たとえ話を教会の説教に使いやすくするための方法は、ルカ（あるいは彼の用いた資料）によって特に好まれたが、他方マタイは同じ目的を達成するために、寓喩的な解釈を好んで用いた。それゆえ、私たちがたとえ話の本来の意味を取り戻そうとするなら、こうした傾向を考慮に入れ、それを差し引かなければならない。

以上の探究の結果を要約すると次のようになる。

たとえ話は、二重の歴史的背景を持っている。

一つは、たとえ話だけでなく、イエスの言葉のすべての歴史的背景が、イエスの地上での生活の中で起きた、個々の具体的な状況を基にしているということ。第二に、それらが原始教会の中で生き続けたということである。私たちはそれらを原始教会から受容した形でしか知らない。したがって、可能な限り元の形を回復するという作業が必要になる。そのために役立つのは、次のような変形の法則を観察することである。

1　たとえ話のギリシャ語への翻訳は、必然的に意味の変化を伴った。
2　同じ理由で、説明に役立つ材料も、時おり〝翻訳〟されている。
3　たとえ話を脚色する趣向は、極めて早い時期に生まれたことが認められる。
4　時として、旧約聖書の言葉や民間伝承の主題が、たとえ話の素材を構成することに影響を与えている。

5　元々は敵対者や群衆に対して語られたたとえ話が、多くの場合、原始教会の手で、キリスト教会に対するものに適用されている。
6　このことは、しばしばたとえ話の強調点が勧告を意図したものに変わっており、特に終末論的な性格から勧告的な性格への転位が起っている。
7　原始教会は、たとえ話を自分たちの実際的状況と関連づけた。とりわけ、伝道やキリスト再臨の遅延によって特徴づけられる状況に関係させ、その立場からたとえ話を解釈し、拡張している。
8　原始教会は、勧告に用いるために、たとえ話を寓喩的に解釈する傾向を次第に強めていった。
9　原始教会は、たとえ話を収録し、まとめ、時としてたとえ話を融合させた。
10　原始教会は、しばしばたとえ話本来の意味に変化をもたらすような状況設定をした。特に、一般化する結語をつけ加えることで、広く一般に通用する意味を与えている。

私たちは、右のような十箇条の変形の法則の助けを借りて、たとえ話の分析を本書の初版から五版まで、三つの共観福音書の資料に限って行った。そのうちにトマスによる福音書の発見があった。この文献が、それまでの共観福音書に限定した分析結果を見事に確証し、分析が正しい基本線に沿ってなされたことを示すことになった。

これら十箇条の変形の法則は、イエスのたとえ話の本来の意味を復元するための十の補助手段であって、たとえ話に掛けられた、時には薄く、時には透視困難な厚いベールをいくらか取り除くのに役だっている。私たちが課せられた任務は、イエスが実際に語った、生きた言葉に立ち帰ることである。ベールに隠された「人の子」の相貌を至るところで再発見するのに成功すれば、それは大きな賜物である！　すべてはイエスの言葉にかかっている。イエスとの出会いこそが、私たちの宣教に力を与えることができるのである。

注

（1）マルコ4章26節と31節、13章34節、マタイ25章14節。

（2）マタイ7章24節と26節、13章24節、31節、33節、44節、45節、47節と52節、18章23節、20章1節、22章2節、25章1節、ルカ6章45節、12章36節。

（3）「兄弟たち」の意味の限定は、マタイの特徴である。初期のキリスト教徒の間で確立していた用法に習って、彼は、血を分けた兄弟を指す場合を除いて、この言葉をキリスト教徒の同志のみに使用しているように思われる。この用法は、イエス自身にさかのぼる（マルコ3章33節〜35節と並行記事）。だが、もしマタイ福音書がこの意味を当然の前提とする場合、18章35節にあるように、この言葉の用法の限定は一般的に二次的なキリスト教的解釈によるものである。その例は、マタイ5章22節、23節以下、7章3節〜5節、18章15節と21節、25章40節に見られるが、これらすべての箇所で「兄弟」は本来、「隣人」「同胞」という広義の意味を持っていたと思われる。この「兄弟」の二次的なキリスト教化は、ルカ福音書にも二箇所（6章41節以下、17章3節以下）のみ見られるが、マルコ福音書には見られない。

郵便はがき

料金受取人払郵便

小石川局承認

6313

差出有効期間
2026年9月
30日まで

112-8790

105

東京都文京区関口1－44－4
宗屋関口町ビル6F

株式会社　新教出版社　愛読者係　行

<お客様へ>
お買い上げくださり有難うございました。ご意見は今後の出版企画の参考とさせていただきます。

ハガキを送ってくださった方には、年末に、小社特製の「渡辺禎雄版画カレンダー」を贈呈します。個人情報は小社、提携キリスト教書店及びキリスト教書センター以外は使用いたしません。
●問い合わせ先 ： 新教出版社販売部　tel　03－3260－6148
email : eigyo@shinkyo-pb.com

今回お求め頂いた書籍名

お求め頂いた書店名

お求め頂いた書籍、または小社へのご意見、ご感想

名前　　　　　　　　　　　　　　　職業

住所　〒

話

後、随時小社の出版情報をeメールで送らせて頂きたいと存じますので、
差し支えなければ下記の欄にご記入下さい。

メール

図 書 購 入 注 文 書

書　　名	定　価	申込部数

Ⅲ　イエスがたとえ話で伝えようとしたメッセージ

本書の第二部の終わりに列挙した変形の法則を考慮に入れ、その助けを借りてイエスのたとえ話の本来の意味を再現しようとすると、たとえ話が描く内容は、全体として驚くほど単純なものになると考えられる。多くのたとえ話が様々なシンボル（比喩）を使って、一つの同じメッセージ（思想）を伝えようとしていることが明らかになる。私たちによく知られている、様々な相違が、二次的なものであることが分かる。結果として、数少ない単純で本質的なメッセージが、重要性を増して際立ってくる。イエスが、常に新しい比喩表現を用いて、本当に伝えたいメッセージを発信することに決して倦むことがなかったことが明確になる。それらのたとえ話や比喩はおのずからいくつかのグループに分類されるが、私たちの研究によれば、そのグループは十に分かれ、全体としてイエスのメッセージの包括的理解を示してくれる。

1　「今こそ救いの日だ」

見えない人は見え、
足の不自由な人は歩き、
らい病を患っている人は清くなり、
耳の聞こえない人は聞こえ、
死者は生き返り、
貧しい人は福音を告げ知らされている。

ルカ福音書7章22節とマタイ福音書11章5節に出てくるこの言葉は、獄中の洗礼者ヨハネの〔使いの二人を介して伝えられた〕問いに対するイエスの答えである。これは、イエスが洗礼者ヨハネの使いの者たちの前で〔この言葉にある〕すべての奇跡を行ったので、彼らが今まさに目撃したことを師であるヨハネに報告するように（ルカ7章21節以下ではそう記されている）、との意味ではない。

この聖句はイエスの奇跡行為を列挙しようとしているのではなく、メシアを待望していた時代である古代預言者の言葉（イザヤ書35章5節以下）をイエスが取り上げているのである。

その時、目の見えない人の目が開き、
聞こえない人の耳が開く。

その時、歩けなかった人が鹿のように躍り上がる。
口の利けなかった人が喜び歌う。
荒野に水が湧き出で、
荒地に川が流れる……

イエスの言葉は、この一節をイザヤ61章1節（貧しい者への福音）と結びつけた、自由な引用であり、「らい病患者」や「死者」への言及がイザヤ書35章5節以下を越えているにしても、救いの実現は、すべての希望・期待・約束を凌駕することを暗示している。(1)

それは、イエスの歓喜の叫びである。時が来た、目の見えない人は見え、乾いた土地を生命の水が流れる。救いが来た、呪いは去り、楽園が再来した、世の完成が現れ始め、（聖霊が常にしているように）行為と言葉による二重の仕方で宣言される。このことがヨハネに伝えられ、「私につまずかない人は幸いである」（マタイ11章6節、ルカ7章23節）とつけ加えられる。すべてが反対に見えるにもかかわらず、信じる者は幸いである。

これと非常によく似たものに、イザヤ書（61章1節以下）から採られたもう一つのイエスの言葉がある。

主の霊が私の上におられる。貧しい人に福音を告げ知らせるために、……主が私を遣わされたのは、捕らわれている人に解放を、目の見えない人に視力の回復を告げ、圧迫されている人を自

由にし、主の恵みの年を告げるためである。(2)（ルカ4章18節以下）

時は来た。この聖書の言葉は今日、……実現した。（ルカ4章21節）

人々の罪のために、最後の文書預言者たちとともに消え失せた創造主の霊が、乾いた大地を再び覆う。新たな創造が始まった。打ちひしがれた人は福音を聞き、監獄の扉は開き、虐げられた人は再び自由な空気を吸い、目の見えない巡礼者は光を見る――救いの日が訪れたのである。

「実現した終末論」（C・H・ドッド）は、マルコ福音書2章19節が伝えようとしたことである。「なぜ、あなたの弟子たちは断食しないのですか」という〔ファリサイ派の人々の〕問いに対して、イエスは答える。「花婿が一緒にいるのに、婚礼の客は断食できるだろうか」と。(3) ヨハネの黙示録の言葉が証言しているように東方の象徴語の中で、「婚礼」は「救いの日」のシンボルとされている。「小羊の婚礼の日が来て……」（ヨハネの黙示録19章7節、9節も参照、21章2節、9節、22章17節）。――時は来て、婚礼の歓呼がこだまする。喪に服する場所はどこにもない。今は結婚の祝宴の時である。それなのに、どうして私の弟子たちは断食をしなければならないのか?

これに続く、「新しい衣服」と「新しいぶどう酒」についての話は、別の機会に語られたに違いない（マルコ2章21節以下、マタイ9章16節以下、ルカ5章36節～38節、トマス47項b以降）。ところが実際には、三つの共観福音書は、これらの言葉を「婚礼」の比喩と正当に結びつけている。なぜなら、彼らも愚かな行為（ぼろぼろの服を修繕するために、新しい布切れを使う。擦り切れて傷んだ革袋に、発酵している新しいぶどう酒を入れる）についても記述しており、「新しい時代」について伝統的な比喩《メタファー》を使っているからである。

象徴の意味を際立たせるために、「宇宙」を「世界を覆う衣（外套）」になぞらえた多くの宗教史的資料を持ち出す必要はない。新約聖書の二つの事例を引用するだけで十分であろう。ヘブライ人への手紙1章10節～12節（「主よ、あなたは初めに大地の基を据えた……あなたが外套のように巻くと……」）は、詩篇102編26節～28節（「かつてあなたは大地の基を据え……着る物のようにあなたが取り替えられると……」）に従って、キリストが再臨の時に、どのようにして古い衣のように今ある宇宙を巻き上げ、新しい宇宙を広げるのか、を語っている。

これよりもさらに示唆的なのは使徒言行録10章11節以下、11章5節以下である。そこでは、「四隅でつるされ……その中にあらゆる種類の動物を入れた布」の比喩の中に、神によって回復され、汚れのないものと宣言された新しい宇宙をペトロは見ている。「天幕」「布」「衣」は、どれも宇宙の象徴としてよく用いられる。この文脈にマルコ2章21節は属している。古い世界の時代は過ぎ去った。それはもはや新しい布で繕う価値のない、古い衣にたとえられる。新しい時代が到来したのだ。(4)

こうした解釈がこじつけのように思われるなら、マルコ2章22節の並行記事で主題となっている「ぶどう酒」が、「救いの時」の象徴として使われている数多くの例を思い起こすといいだろう。そのためには、ここでも若干の聖書の例を引用するだけで十分である。聖書以外にも例は無数にあるからである。

ノアは洪水の後、回復した土地に「ぶどうの木」を植えている（創世記9章20節）。救済者はこの

「ぶどうの木」に彼のロバをつなぎ、「ぶどう酒」で自分の衣を洗い、彼の目は「ぶどう酒」によって輝く（創世記49章11節～12節）。偵察に出た人々は約束の地から「ひと房のぶどうのついた枝」を持って帰る（民数記13章23節以下）。ヨハネ福音書2章11節にあるガリラヤのカナで起こった奇跡物語では、イエスが「ぶどう酒」は「新しい時代」を象徴する、という意味を込めて自らの栄光を現したことが語られている。「ぶどう酒」をふんだんに注ぐことで、イエスは「救いの時をもたらす者」として自らの存在を示している。「古い衣」と「新しいぶどう酒」の比喩は、古い時代が過ぎ去り、新しい時代の到来が告げられたことを告げている。

「刈り入れ」は、「婚礼」や「ぶどう酒」と同様、新しい時代を象徴するのによく使われる言葉である。「刈り入れ」は「大きな喜び」の時である。

あなたは深い喜びと大きな楽しみをお与えになり、
人々は御前に喜び祝った。
刈り入れの時を祝うように、
戦利品を分け合って楽しむように。（イザヤ書9章2節）

種の袋を背負い、
泣きながら出て行った人は、
束ねた穂を背負い、

喜びの歌をうたいながら帰ってくる。（詩篇126編6節）

刈り入れとぶどうの収穫は特に、新しい時代の始まりとなる「最後の審判」を象徴している。ヨエル書（4章13項＝原文は「3章13項」となっているが誤りと思われる）は「すべての民に審判がくだされる」という見方から、こう宣言する。

鎌を入れよ、
刈り入れの時は熟した。
来て踏みつぶせ。
酒ぶねは満ち、搾り場は溢れている。
彼らの悪は大きい。

洗礼者ヨハネは、「来たるべき方」のことを手に箕を持って、作物を取り入れる方（マタイ3章12節、ルカ3章17節）として描いている。パウロも、「最後の審判」を「刈り入れ」にたとえている（ガラテヤの信徒への手紙6章7節以下）。新約聖書の最後に掲載されている文書（ヨハネの黙示録14章15節）では、天使が人の子に「鎌を入れて、刈り取ってください。刈り入れの時が来ました。地上の穀物は実っています」と叫んでいる。そして、火をつかさどる権威を持つ別の天使が、鎌を持つ天使にこう応える（同14章18節）。

その鋭い鎌を入れて、
地上のぶどうの房を取り入れよ。
ぶどうの実はすでに熟している。

「時は来た」とイエスは言い、「種まき」ではなく、「刈り入れ」のために弟子たちを送り出す。「畑は色づいて刈り入れを待っている」（ヨハネ4章35節）。「種をまく人も刈る人も共に喜ぶ」（同4章36節）。「収穫は多いが、働き手が少ない。だから、収穫のために働き手を送ってくださるように、収穫の主に願いなさい」（マタイ9章37節以下、ルカ10章2節、トマス73項）。

「いちじくの木」の短いたとえ話も、刈り入れの時について語っており、いちじくの木の芽が出て、葉が茂るのは、夏の到来を告げるものである。「枝がやわらかくなり、葉が伸びると、夏の近づいたことが分かる。それと同じように、あなた方は、これらのことが起こるのを見たら、人の子が戸口に近づいていると悟りなさい」（マルコ13章28節以下、並行記事マタイ24章32節以下、ルカ21章29節～31節）。誰が戸口に立っているのか?――メシアだ。(5) では、彼が間もなく来ようとしていることは何によって分かるのか?――現在の文脈では、終末を告げる不吉な前兆によると答えられている。

だが、これが本来の意味だったのかは疑わしい。なぜなら、現在の文脈（終末の前兆についての言葉）は二次的に構成されたものであり、「いちじくの木」の比喩は、異なった方向を指しているからである。つまり、葉を広げるいちじくの木は、来たるべき祝福のしるしである（ヨエル書2章22節）。

イエスはこのたとえを、弟子たちの関心を終末時の恐怖に向けさせるのではなく、救いの時のしるしに向けさせるように語られたのであろう。いちじくの木には、オリーブやモチノキ、イナゴマメのようなパレスチナの他の樹木にない際立った特徴がある。冬になるといちじくの木は葉を落とし、裸になった尖った細枝で完全に死んだように見えるが、それゆえに春になって活力を取り戻すのが特にはっきりと観察できる。死から力強く蘇る若枝は、死と生の偉大な神秘の象徴であり、夏の近づきを告げるものである。

そのようにして、イエスは「メシアにも先に立つ者がいる」と語る。これらのしるしをよく考えよう。枯れたいちじくの木が緑の葉をつけ、若い枝を広げる。冬は過ぎ去り、夏がすぐそこに来ている。救いを約束された人々は新しい生命に目覚める（マタイ11章5節「目の見えない人は見え……死者は生き返り……福音を告げ知らされている」）。時は来た。約束が成就しようとしている。メシアが扉をたたいている（黙示録3章20節）――救いの日だ。救い主がすでにおいでになっているからである。光がともされた。

イエスが「燭台の上に置かれるともしび」のたとえ話（マルコ4章21節、マタイ5章15節、ルカ8章16節と11章33節、トマス33項b）に込めた意味を、残念ながら私たちは知らない。文脈によれば、マルコ福音書とトマスによる福音書は、この比喩を福音と関係づけ、マタイ福音書は弟子たち（5章16節「あなた方の光を人々の前に輝かしなさい……」参照）に、ルカ福音書は内なる光（11章34節～36節「あなたの体のともしびは……あなたの中にある光が……」参照）に関係づけている。何が元の意味であったかを、釈義から推測を試みることができるかもしれない。「あかりを升の下に置く者はいない」とは何を意味するのか？　小さな土製のランプに升をかぶせると、あかりは消えてしまう。往々にして、窓も煙突もない小さな一部屋だけの農家では、ランプを消すのにこの方法がよく用いられたようだ。というのも、火を吹き消すと、不快な煙と匂いがたちこめて、残り火が燃え上がる恐れがあったからである。

偏見なしに解釈すると、次のようになる。「すぐに消すためにランプに火をつける者はいない。否！ランプは燭台の上に置き、家にいるすべての者を照らすようにするものだ（パレスチナの農家では、ひと晩中、火をともしておくことが、今日でも普通に行われている）」（マタイ5章15節「ともしびを……燭台の上に置く。そうすれば家の中のものすべてを照らすのである」）。

このあかりをつけることと消すことのはっきりとした違いが――塩のたとえの、味をつけることと捨てられることとの違い（マタイ5章13節）に対応しているが――、最もよく意味を示すであろう。イエスがこの言葉を語ったのは自分の使命に関連して、おそらく人々から危険を警告されたり、身を守るように促されるような状況（ルカ13章31節「ファリサイ派の人々が何人か近寄ってきて、イエスに言った。『ここを立ち去ってください。ヘロデがあなたを殺そうとしています』」）のもとであっただろう。ただし、彼自身を守るのは、本人のためではなかった。ランプに火がつけられ、光輝いているが、それは「再び消す」ためではない。否。人々を照らすためなのである！

イエスは自らの使命について、伝統的に救済者を描くような、様々な比喩表現と象徴で語るのを好んだ。終末論的な意味を持つ共通の理念が、この範疇に属するすべての比喩表現の中に通底している。

羊飼いのいない虐げられた羊の群れ――「イスラエルの家の失われた羊」（マタイ15章24節、同10章6節、ヨハネ10章1節～5節参照）のために、この牧者は遣わされている。その牧者は「失われた羊を、探し、家に連れ戻す」（ルカ19章10節）、「小さな群れを、自分の周りに集める」（ルカ12章32節）、「自分の命を、その群れのために捨てる」（マルコ14章27節、ヨハネ10章11節以下）、「羊と山羊を分ける」（マタイ25章32節）、そして大いなる危機の後に、再び彼らの牧者として「彼らよりも先に行く」だろう（マルコ14章28節）。

「医者が病人のところに来た」（マルコ2章17節）。「師が弟子に神の意思について教える」（マタイ10章24節、ルカ6章40節）。「使者が救いの宴に人々を呼び集める」（マルコ2章17節）。「家の主人が神の家族を周りに集め」（マタイ10章25節、マルコ3章35節、トマスによる99項）、「食事の席に招き」（ルカ22章29節以下）、「給仕する者として彼らに食事と飲み物を振る舞う」（同22章27節）。「漁師たちを人間をとる仕事に就かせる」（マルコ1章17節）。「建築家が新しい世の神殿を建てる」（マルコ14章58節、マタイ16章18節）。「王が喜びの叫びの中を凱旋」し（マルコ11章1節～10節と並行記事）、それを「黙らせようとする人々に対しては、石が非難の叫びを上げるであろう」（ルカ19章40節）。これらすべての比喩で見落としてはならないことがある。それはこれらの比喩の意味は、信じる者にだけ自明のものとなるが、部外者にとっては、人の子の秘義は隠されたままであるということである。

神の救いの数々の賜物は、遣わされた者が現在すでに来ていることを証明するものである。病んだ体は健康を取り戻し、死はその恐ろしい力を失った。そして今はただ、眠っているのだ（マルコ5章39節）。福音は、「罪の赦しの約束」とともに、メシア時代の至上の賜物として宣言された。[6]「[7]神があなたの罪を許される」（マルコ2章5節）。新しい時代の様々な賜物の中で、テキストにおいて特に際立っている一つのものが「サタンに対する勝利」である。イエスは「サタンが『稲妻』のように天から地に落ちるのを見る」[8]（ルカ10章18節）、「汚れた霊は、神の指で追い出される」（同11章20節）、「サタンに縛られていた者たちが解放される」（同13章16節）。「強い人が縛り上げられ、略奪したものは取り上げられる」（マルコ3章27節、並行記事マタイ12章29節、トマス35項）。強い者たちを虜にされる方、神に仕える者、征服者が来られたからである。

この強者の捕縛では、実際に経験されたこと、つまり、「イエスが荒れ野で受けた誘惑」が明確に基になっている。荒れ野でのサタンの誘惑についての記述（マルコ1章12節以下、マタイ4章1節～11節、ルカ4章1節～13節）の分析によれば、マタイ福音書とルカ福音書にある三つの誘惑のエピソードは、元々別々に存在していたようである。なぜなら、マルコ福音書1章12節以下は、荒れ野での誘惑が本来、独立して伝えられたことを示しているからである。同じことは、外典のヘブライ人の福音書にある山上の誘惑についても推定できる。したがって、「三つの誘惑について」よりも、「誘惑について三通りの」記述がある、と言ったほうがいい。「荒れ野」「神殿の門」そして「高い山」[10]というこれら三つの本文の主題は、誤ったメシア待望の誘惑を克服することである。[9]この誘惑は聖金曜日以前の期間に《生活の座》[11]（Sitz im Leben）を持っているので、――原始教会では、政治的誘惑は大した問題ではなかった――誘惑物語の根底にあるものを、原始教会の単なる空想の産物とは考えてはならない。

ただしこの場合、イエスが弟子たちに「サタンとの戦い」について語っているルカ福音書22章31節以下の記述から見れば、誘惑物語の様々なバージョンの基礎には、イエスの言葉があると推定される。弟子たちに対して mashal（マーシャール＝たとえ話）の形で、政治的メシアとして登場する誘惑の克服について語られているが、それはおそらく弟子たちを同じような誘惑から守るためだったと考えられる。したがって、誘惑物語の異なるバージョンはマルコ福音書3章27節と密接に関係しているに違いない、と結論づけることができる。mashal（たとえ話）の形で、イエスは弟子たちに、マルコ福音書3章27節でイエスが敵対者に断言しているのと同じ経験を確信させている。――まさに今、サタンは克服された、キリストはサタンよりも強大である――ということを。

以上の資料を検討すると、救いの到来を告げ知らせる言葉はすべて比喩が用いられていることに気がつく。詳細なたとえ話は、この部類には入らない。それは偶然ではない。次の項で示すように、イエスはそれらをまず第一に論争の武器として用い、さらには、危機や警告の具体的な表現として、また教えを説明する手段として用いた。それに対して、ここでは宣教が主たる目的なので、イエスは旧約聖書の預言者（特にイザヤ）にならって、簡潔な比喩を好んで使っているのである。

注

（1）イエスが神の報復の告知（イザヤ書35章4節）を省いていることにも注目しなければならない。

（2）ここでもイエスは再び、神の報復の告知を省いている（イザヤ書61章2節）。

（3）マルコ2章19節、並行記事のマタイ福音書9章15節、ルカ5章34節。上記の翻訳は本書七四頁注一に基づいている。

（4）新しい時代の象徴として新しい衣をまとうことについては、本書一四八頁〜一四九頁参照。
（5）ルカ福音書の「いちじくの木」のたとえ話には、21章31節に「神の国が近づいていることを見落とすべきではない」とある。
（6）J. Schniewind, *Das Evangelium nach Markus*, Das Neue Testament Deutsch 1, Göttingen, 1963 のマルコ福音書2章12節。
（7）マルコ2章5節の「あなたの罪は赦される」という受身形は、神の名の婉曲的な表現。このことは、極めて重要である。本書一八頁注二を参照。
（8）ヨハネの黙示録12章9節参照。
（9）J. Schniewind, *Das Evangelium nach Mthaus*, Das Neue Testament Deutsch 2, Göttingen, 1964 のマタイ4章1節〜11節。
（10）〔訳注〕復活祭の直前の金曜日。イエスの受難と死を記念するとともに、救いのしるしである十字架の勝利をたたえる。二、三世紀頃から復活祭の前の断食を守る日とされ、四世紀末のエゲリアの「巡礼記」には、エルサレムにおける最古の聖金曜日の典礼が記録されている。（岩波『キリスト教辞典』）。
（11）〔訳注〕ドイツのプロテスタント神学者ヘルマン・グンケルが作った神学用語。紀元百年頃までのキリスト教の原始教団が礼拝、教育、訓練、論争を行ったと仮定される場、を指す（ウィキペディア・フリー百科事典）。

2　罪人への神の憐れみ

たとえ話の第二グループについて考察しよう。この部類に属するたとえ話は、本来の福音を含んでいる。福音はその言葉の真意において、単に「神の救いの日が始まったこと」「新しい時が来たこと」、「救い主が来られたこと」を述べているだけではない。「救いが貧しい人たちのもとにもたらされたこと」「イエスが罪人の救い主として来られたこと」も伝えているのである。

このグループに属するたとえ話は、いずれも最もよく知られ、重要なものだが、語られた相手に着目すると、例外なしに一つの際立った特徴と独特の調子を帯びているのが分かる。たとえば、「見失った羊」と「なくした銀貨」のたとえ話は、不平を言う律法学者とファリサイ派の人々（ルカ15章2節）に対して語られている。「借金をしている二人」のたとえ話は、ファリサイ派のシモンに語られている（同7章40節）。病人についての話は、ファリサイ派に属する律法学者の中でイエスを批判する人々に向けられている（マルコ2章16節）。同様に、「ファリサイ派の人と徴税人」のたとえ話は、ファリサイ派の人々に対して語られている（ルカ18章9節）。「二人の息子」のたとえ話は、サンヘドリン〔ユダヤ人議会〕の議員たちに語られている（マタイ21章23節）。

狭義の福音を主題としたこれらのたとえ話は、おそらく例外なしに、貧しい人々ではなく、敵対者に対して語られている。それがこれらのたとえ話が持つ独特の語り口、生活の座（Sitz im Leben）である。言い換えれば、これらのたとえ話の主な目的は、福音の提示ではなく、福音を弁護し、その正当性を立証することにあった。それは、神が罪人に心をかけているとイエスが言明することに腹を立て、特に下賤な人々とよく食事をすることを不快に思う批判者や敵対者に対しての「論争の武器」であった。しかし同時に、これらのたとえ話は敵対者を取り込もうとしているものでもあった。ではどのようにして、イエスは福音を批判者たちに弁明したのであろうか。彼はそれを三通りの方法で行っている。

1. まず、一連のたとえ話の中で、イエスは、自分を批判する人々の関心を、福音を告知している貧しい人々に向けさせている。「医者」の比喩が、彼らの状況を端的に述べている。「病んだ人々は医者を必要としている」（マルコ2章17節）。皆から蔑まれている人々をなぜ、私が同席させるのか。あなた方は分からないのか？　彼らを見なさい！　彼らは病んでおり、助けを求めているのだ！

「二人の息子」のたとえ話（マタイ21章28節〜31節）では、その結語でさらに踏み込んでいる。「はっきり言っておく。徴税人や娼婦たちの方が、（最後の審判で）あなた方より先に神の国に入るだろう」。徴税人たちが悔い改める〔そして赦されて神の国に入る〕のはほとんど不可能だと、あなた方は考えているが、彼らはあなた方よりも、神に近い！　なぜなら、たしかに彼らは神の呼びかけに背いたかもしれないが、しかしそれを後悔し、悔い改めたからである。したがって、あなた方ではなく、彼らが神の国に入るのを認められる。さらにもう一つの理由からも、彼らは罪人に対するイエスの愛を理解しない信心深い人よりも神に近い。そのことを、「二人の債務者」の短いたとえ話（ルカ7章41節〜43節）が語っている。

ルカ福音書7章41節～43節を理解するために、若干の釈義的解釈を考慮する必要がある。そうすることで、7章36節～50節で語られている（「罪深い女を赦す」という）出来事には、これに先立つ語られていない話があった、という事実が明らかになる。

（1）ファリサイ派の人々がイエスを招いた「食事」は、招待者たちが席に横になっている（7章36節）[1]ので、明らかに「祝宴」である。シモンは、イエスが預言者であって、そうだとすれば、（地上から）去っていた神の霊が彼とともに帰還し、新たな世をもたらすのではないかと考えていたので、（祝宴に招待する、という形で）イエスに敬意を表したのである。

巡回の教師たちを招待すること、特に、彼らが地元の会堂で説教をした時に、安息日の食事に招待すること（マルコ1章29節～31節参照）は立派な行いとされていたことから、このように推論できるだろう。この物語に記されたことが起こる前に、イエスはそこにいたすべての人――主人、客、そして招かれなかった女性――を感動させる説教をした、ということである。

（2）この女性をわざわざ「罪人」としている（ルカ7章37節）のは、彼女が娼婦か、不名誉な仕事（本書一五二頁以降参照）に就いている男の妻だったことを示している。ルカ福音書7章49節の見方（「同席の人たちは、『罪まで赦すこの人は、いったい何者だろう』と考え始めた」）を考慮に入れると、ここでは前に述べた意味であろう。だが、彼女が自分の涙で何を伝えようとしたのかは、はっきり述べられてはいない。明らかにされたのは、限りない感謝の気持ちである。膝や足への接吻（同38節）は、救命者に示す[2]、心からの感謝のしるしだからである。救い主に対する彼女の感謝の気持ちがいかに大きいものであったかは、男性の前で髪をほどくことが女性にとって最大の恥辱となる行為であったにもかかわらず、女がわれを忘れて被り物を取り、彼の足を拭おうと髪をほどいたことで分かる。彼女は自分の涙がイエス〔の足〕を濡らしたことに感極まり、周囲のことを全く忘れてしまったのである。

7章37節以下が（41節〜43節、47節から見るところ、赦されたことに対する）深い感謝の気持ちを表すしぐさを描いていることは、重要な言語学的観察によって確認される。ヘブライ語、アラム語、そしてシリア語には「感謝する thank」「感謝 thankfulness」に該当する言葉がなく、代わりに感謝の感情を意味することのできる言葉を使う。たとえば、「（感謝を込めて）祝福する to bless（in gratitude）」だが、この場合は「愛する to love」という言葉が選ばれている。この言語上の確認から、42節のイエスの問いかけ〔「二人のうち、どちらが多くその金貸しを愛するだろうか」と訳されている〕は、「二人のうち、どちらがより深く感謝の気持ちを持つだろうか」という意味になる。そしてまた、イエスがその女性の行為を「感謝のしるし」（44節〜46節）として受け取ったこと、そして47節で使われている「愛する」も「感謝の気持ち」を込めていることを暗示している。

こうして最終的には、議論の的となっている47節a〔「だから言っておく。この人が多くの罪を赦されたことは、私に示した愛の大きさで分かる」〕では、「赦し」という言葉が第一に来る（47節bとこのたとえ話の中で明白なように）ことが示される。そこで47節aは、次のように解釈しなければならない。「だから、言っておく。神（本書一八頁注二参照）は、この人の罪を、どれほど多かろうと赦された。（それは）彼女がそれほどまでに深い感謝の気持ち（感謝に満ちた愛）を示した（ことで知ることができる）からである。神が少しだけ赦した者は、少ししか感謝（感謝をこめた愛）を表さない」。

したがってこの物語は、イエスがこの出来事の前に事前に説教をし、赦しを与えたことが前提となっている。この先行した物語を背景にして、「二人の債務者」のたとえ話は理解されなければならない。その中でイエスは、シモンの口には出さない批判に答え、罪人である女性が自分に触れるのを認めたことを弁明した。では、なぜ、それを認めたのだろうか。

イエスは極めて簡潔に「多額の負債と少額の負債」「深い感謝と浅薄な感謝」の違いを指摘している。多額の負債を経験した者だけが、神の恵み・寛大さ（goodness）が何を意味するのかを知っている。「シモンよ、彼女は罪の重荷を背負って生きているのに、あなたよりも神に近い、ということが分からないのか？　彼女があなたに欠けているもの、すなわち深い感謝の気持ちを持っていることに気づかないのか？　そして、彼女が私に示した感謝の気持ちは、そのまま神に向けられていることを気づかないのか？」

2．福音を批判する者たちは、貧しい人々だけでなく、自分自身にも注意を向ける。このグループのたとえ話では、福音の弁明は、厳しい叱責・告訴になっている。イエスは言う。「あなた方は、父の命じることに従うと約束した後で、約束を無視した息子のようだ」（マタイ21章28節〜31節）。「あなた方は、ぶどう園主に渡すべき収穫物の引渡しを毎年拒み続け、〔主人の使いの者たちに〕暴力を重ねた農夫たちのようだ」（マルコ12章1節〜9節と並行記事、トマス65項）。[3]「あなた方は、婚宴の招待を無礼なやり方で拒否した著名な招待客のようだ——何の権利があって、あなた方は私の食卓に坐っている困窮した人々に対して、軽蔑や嘲笑を浴びせかけるのか」（マタイ22章1節〜10節、ルカ14章16節〜24節、トマス64項、本書二〇八頁参照）。

3. しかし私たちはまだ、以上で述べたことによっても、他のすべてを凌駕するような第三の決定的視点については語っていなかった。この見地からイエスは、蔑まれ、のけ者にされている人々に対する福音の宣教を弁明したのである。この視点はルカ福音書15章11節〜32節における「放蕩息子」のたとえ話、正しくは「父の愛」(4)のたとえ話と呼ぶべきたとえ話の中に、はっきりと見ることができる。(5)

このたとえ話は寓喩ではなく、実際の生活から取り出された物語である。15章18節と21節で、神の名が遠回しの表現で呼ばれていることが示すように。「父よ、私は天（神を意味する）に対しても、またあなたに対しても罪を犯しました」と。ここで言われている「父」は「神」ではなく、「地上に存在する（肉親の）父」である。ただし、ここで使われているいくつかの言い回しには、「父」がその愛において「神」の似像であることが暗示されているのが読み取れる。(6)

12節　弟の方の息子が「自分がもらうことになっている財産の分け前」――申命記21章17節によれば（長子は他の息子の二倍の分け前を受ける）財産の三分の一――を要求する。律法上の見解は次のようなものだった。父親から息子への財産の譲り渡し方には、遺言によるものと、生前贈与によるものとの二通りがあった。後者を選んだ場合、相続人は財産の所有権を直ちに受け取れたが、用益権は父親の死後でないと得られなかった。つまり、生前贈与の場合、①息子は所有権を得る（たとえば、その土地を父親は売ることができなくなる）が、②財産を処分する権利を得ない（仮に息子がその土地を売却しても、購入者は息子の父親が亡くならない限りその財産を所有することができない）、そしてまた、③用益権もない（この権利は、父に無制限に、死ぬまで残される）。このような律法上の見解は、兄息子が将来唯ひとりの財産の所有者となると示されていながら（15章31節「私のものは全部お前のものだ」）、それにもかかわらず、父親は財産の用益権を自由に行使し続けている（15章22節以下「肥えた子牛を連れてきて屠りなさい……」、29節「お父さんは……子山羊一匹すらくれなかった……」）ことからも分かる。だが、12節で、弟息子は財産の所有権だけでなく、処分権をも求めている。彼は財産を譲渡してもらい、独立した生活を営もうと考えているからである。

13節　弟は財産を現金化した後、よその土地に行く。ディアスポラ（紀元前五八六年のバビロン捕囚に始まるパレスチナの外に離散したユダヤ人）の規模は、パレスチナに住むユダヤ人の人口がせいぜい五十万人なのに対して、四百万人以上と推定されていることから、移民の範囲も理解できよう。この移住は、近東の大きな商業都市でのより良い暮らしを手に入れたいという人々の欲求によって、あるいは、パレスチナ地方でくり返し起こった飢饉によって促された。弟が明らかに未婚だったことから、その年齢が推定できる。当時の通常の男性の結婚年齢は十八歳から二十歳であった。

15節　弟は汚れた動物と関わらなければならず（レビ記11章7節）、安息日を守ることもできず、最底の屈辱を受けて、現実の生活の中で、自分が持つ信仰を絶えず否定するように強いられた。[7]

16節　彼はなぜ、豚の餌を食べなかったのか、という疑問が浮かぶ。答えは、この節から得られる。

「彼は豚の食べるいなご豆を食べてでも腹を満たしたかった（しかし、嫌悪感が強すぎて、それができなかった）。しかも誰も（食べ物を）与えなかった」。したがって、彼は食べる物を盗まねばならなかった。

17節　「彼は我に返った」とあるが、これはヘブライ語とアラム語では「悔い改める」ことを意味する。

18節　「そして父のところに行く」は「家に帰る」と同義。東方では、母について言及するのは適当でないと考えられるようだが、当然ながら母もこれに含まれ、続く場面でも同じ事が言える。

19節　「雇い人の一人にしてください」。律法上は、財産を分けてもらってからは、もはや彼は何も要求しない、食べ物や衣服すらも要求しない。両方とも自分で働いて得ようとする。

20節　「（父親は息子を見つけて、憐れに思い）走った」は、年配の東方の人々にとっては全く異常なことであり、たとえどんなに急いでいたとしても、威厳を損なう行為である。また、「彼に接吻した」の接吻は（「王はアブロサムに口づけした」とサムエル記下14章33節にあるように）赦しのしるしである。

21節　この言葉は18節以下（ただし、「雇い人の一人にしてください」を除く）に同じものである。だが父親は息子がそのように言うのを認めなかった。父親は、息子が語りえないでいた言葉を正反対の言葉に変え、彼を雇い人ではなく、大事な客人としてもてなす。

22節以下　父親は僕たちに三つのことを命じる（「いちばん良い服……をこの子に着せ、手に指輪をはめ……足に履物を履かせなさい」）。これは創世記41章42節と比べられるだろう。ヨセフは、ファラオから宰相に任じられた時、「指輪」「立派な亜麻布の衣服」「金の首飾り」を授かった。

①真っ先に「式典用の礼服」。これは東方では大きな栄誉を意味するものである。勲章はないが、王が功労のあった高官に栄誉を授けようとする際、高価な礼服を与えた。ゆえに、新しい衣服を着ることは、

のである。

「新しい時代」の象徴である。換言すれば、（いちばん良い服を着せられた）息子は賓客として扱われるのである。

②「指輪」と「履物」。古代遺跡の発掘調査の結果、指輪は印章つきのものと考えられている。その譲渡は、全権の委任を意味する（第一マカバイ記6章15節参照〔「自分の王冠、王衣、指輪を手渡し、自分の息子を将来の王とするための指導と教育をゆだねた」〕）。履物は贅沢品で、（奴隷でない）自由民が履くものであった。息子がこれからは奴隷のように裸足で歩かないことを意味する。

③通例として、肉はめったに食べることがなかった。特別な機会に、肥えた子牛は用意される。それを屠ることは「家族と僕たちにとって祝宴を開く」ことを意味し、また「帰ってきた息子を家族の席に祝意を込めて迎える」ことを意味する。父親が命じたこれら三つの指令は、「赦し」と「息子としての復権」の明らかなしるしであり、関係者の誰にとってもはっきりと分かるものであった。

24節　並行して語られた、二つの生き生きとした同じ意味の描写は、ともに、転換を述べている。すなわち、「死者のよみがえり」と「迷い出た羊の発見」である。

25節　盛大な食事に続いて、音楽（大声の歌と手拍子）と男たちによる踊りがはじまる。

29節　兄息子は、祝宴の呼びかけを無視し、父親を強く非難する。

30節　彼は、放蕩して帰ってきた弟の名を呼ぶことを拒む。「この者〔英語原文ではthis〕」というのは、マタイ福音書20章12節〔「この連中」〕、ルカ福音書18章11節〔「このような者」〕、使徒言行録17章18節〔「このおしゃべり」〕と同様に軽蔑的な意味を含んでいる。

31節　29節〔兄息子が抗議した〕とは異なり、父親の彼への呼びかけは特に愛情に満ちている。「わが子よ〔英語原文ではmy son〕」は「わが愛する若者〔my dear boy〕」と同義である。

このたとえ話は、印象的な明快さで、神とはこのような方である、神はこのように寛大で、恵み深く、憐れみに満ち、慈しみ深く、愛にあふれている、と述べている。神は失われた者が戻るのを、祝宴を設ける父親のように喜ばれる。しかし、これは「放蕩息子」のたとえ話の前半（15章11節〜24節）の内容にすぎない。このたとえ話には、二つの山場があり、「弟息子の帰還」だけでなく、「兄息子の抗議」も語られているのである。そして、この二つの山場は、反復するような同じ言葉によって結ばれることで、強調されている（24節、32節）。たとえ話の前半部分はそれだけで完結しているので、後半部分は一見、不必要に思われる。しかし、後半部分を追加されたものと考える根拠はない。この部分は、言語学上も内容上も、物語の枠内に合っており、寓喩化も意味の歪曲もしていない。それは11節〔「また、イエスは言われた。『ある人に息子が二人いた』」〕に土台を持っており、二人の息子が対立している点では、マタイ福音書21章28節〜31節〔「ある人に息子が二人いたが」〕に類似している。

ではなぜ、イエスはこの部分を含めたのだろうか？　答えとなりうるものが一つだけある。つまり、実際の状況に即するためである。イエスはこのたとえ話を、話に出てくる兄のような人々、つまり福音に不快感を持っている人々に対して語り、彼らの良心に訴えようとした。

イエスは彼らに言う。「失った子どもたちへの神の愛の偉大さを悟りなさい」、「あなた方の喜びのない、愛のない、感謝の気持ちのない、独善的な暮らしとそれを比べてみなさい」、「愛のない生き方をやめ、慈しみ深くなりなさい」、「霊的に死んだ人が生き返り、迷いに出た人が家に帰ってきたのだから、ともに喜びなさい」。

ということは、二つの山場を持つ他の三つのたとえ話と同じように、強調点は後半部分に置かれている。[8] それにならえば、「放蕩息子」のたとえ話は本来、「貧しい人々に、福音を告げるもの」ではなく、「福音を批判する人々に対して、その正しさを弁明するもの」だったことになる。神はかくも無限である、とイエスは弁明される。だが、イエスは弁護だけにとどまっていない。たとえ話は突然中断し、出口は開いたままである。疑いなくそれは、イエスが向き合っている状況を反映している。

イエスの聴衆たちは、父親の祝宴への招きを受け入れて喜びを分かち合うべきかどうかの決断を迫られている兄息子の立場に置かれている。イエスは判決を下さない。まだ（彼らが招きを受け入れることに）希望を持っており、彼らが福音に対する抵抗を放棄し、独善と愛の欠如が自分たちを神から切り離していることを自覚し、福音がもたらす大きな喜び（ルカ15章32節a「祝宴を開いて楽しみ喜ぶ……」）を経験するのを助けようとしている。福音の弁明は、それを批判する人々の心に対して、非難とも求愛ともなっている。

ルカ福音書15章11節～32節は、元々、イエスがその批判者たちに対して、罪人たちと食卓を囲むことを正当化する（1節以下を参照）弁解的なたとえ話であるという認識は、重大な結果をもたらす。これまで見てきたように、イエスは自身の革命的な振る舞いを、たとえ話に込めた主張によって正当化した。「戻ってきた罪人に対する神の愛は無限である。私がすることは、神の本質と意志を表わしている」。そのようにして、イエスは自身の振る舞いの中で、悔い改める罪人への神の愛を実際に示しているのだと主張しているのである。この事実から、このたとえ話がキリスト論的な言い回しは含まないが隠された権威の宣言であることは明らかで、イエスは自分が神に代わって行動しており、神の代理者であると主張している。

「見失った羊」（ルカ15章4節～7節、マタイ18章12節～14節）と「なくした銀貨」（ルカ15章8節～10節）の二つのたとえ話は(9)、「放蕩息子」のたとえ話と密接に関係している。

ルカ福音書15章2節では、「イエスは徴税人たちと〝罪人たち〟を受け入れ、一緒に食事をした」とされているが、〝罪人たち〟には次のような意味がある。①不道徳な生き方をしている人々（たとえば、姦通を犯す者、詐欺師＝ルカ福音書18章11節）、そして②不名誉な仕事を営んでいた人々（たとえば、不正直や不道徳なことにひどく関わりを持つような）、それゆえに、官職を得たり法廷で証言できる市民権を剥奪された人々（たとえば、税関吏、徴税人、羊飼い、ろば追い、行商人、なめし皮職人）。

ファリサイ派の人々や律法学者たちがイエスに「なぜそのような人々とテーブルを共にすることを受け入れたのか」と問いかけた時、それは意表をつかれた驚きではなく、イエスに対する非難（糾弾）の表明、すなわちイエスは不敬な男だとほのめかし、彼の弟子達にイエスと袂を分かつようにと要求するものである。

15章4節～10節　これに対するイエスの答えである二つのたとえ話は、「男」と「女」、そしておそらく「金持ち」と「貧しい人」の対照を強調している。実際、羊の群れの所有者は大金持ちでないのは確かである。ベドウィンたちの場合、家畜の保有規模は二十匹から二百匹を前後するほどであり、ユダヤの法律では、三百匹は並外れた大群と見なされている。したがって、〔15章4節～7節に登場する羊飼いが飼っている」百匹の羊は中規模であり、飼い主に見張りを雇う余裕はないため、自分で羊たちの世話をしている（ヨハネ10章11節以下に登場する羊飼いのように）。彼はクロイソス（紀元前七世紀から栄えた小アジアの国、リディア最後の王。富力で名高かった＝大富豪を意味する）ではないが、貧しいやもめに比べれば裕福であった。

トマスによる福音書107項では、「見失った羊」のたとえ話は次のように書かれている。「イエスが言った、『御国は百匹の羊を持つ羊飼いのようなものである。それらの中の一匹、最大の羊が迷い出た。羊飼いは九十九匹を残して、その一匹が見つかるまで、探し求めた。彼は疲れ切ってしまった時、その羊に言った、『私は九十九匹よりもお前を愛する』と」。

ルカ福音書では6節まで一つの問いが続いている。4節は「あなた方の中に……だろうか」とあるが、羊飼いは罪人たちの同類と見なされていた。彼らは羊の群れをよその土地に追っていき、それで得られた利益を着服している、と疑われていたからである。だがそのことは、イエスが神の愛ある行為を説明するために、羊飼いを例に用いることを妨げなかった。

「その一匹を見失ったら」――パレスチナの羊飼いは、夜、群れを囲いに追い込む前、一匹もいなくなっていないかを確かめるために群れを数える。九十九匹という数は、羊たちが勘定されたことを意味する。「九十九匹をそのままにしておいてはならない」――パレスチナの人々の暮らしに精通したものであれば、羊飼いはその群れを運命に任せることなど全くありえないと決まって証言する。もしいなくなった羊を探さなければならない場合には、囲いを分け合っている他の羊飼いたちに、残りの羊たちの世話を頼むか（ルカ2章8節、ヨハネ10章4節以下）、あるいは、ほら穴に追い込むかする。

クムランの洞窟1号を発見した牧童モハメッド・エド・ディーブは、午前十一時という一般的でない時間に群れの数を数えた。本来夕方に数えるのを二度さぼっていたからである。そしていつも一緒に働いていた二人の山羊飼いに自分の群れ（全部で五十五匹）の見張りを頼んで、いなくなった山羊を探しに出た。福音書〔ルカ15章4節〕にある「野原（英語原書では In the wilderness 荒れ野）」は、人里離れた山あいの囲いか、放牧場を意味する。そして「失われたものを探しに出かける」――トマスによる福音書によれば、羊飼いが骨を折っても探そうとするのは、他のどれよりも愛していた、いちばん大きくて最も価値のある動物を失ったからだと説明されている〔107項「……それらの中の一匹、最大の羊が……」〕。

だが、これはたとえ話を大いに誤解したものである。それはマタイ福音書とルカ福音書との比較、そしてイエスが伝えようとしたことの一般的な傾向との比較から見て取れる。なぜならマタイ福音書18章14節では、「これらの小さな者が一人でも……」とあり、ルカ福音書の状況設定と15章5節〔「見つけたら、喜んでその羊を担いで」〕では、迷い出た羊はむしろ特別に弱い羊と考えられているからである。

羊飼いが探しに出たのは、その動物に「高い価値があったから」ではなく、ただ単に、羊が彼のものであり、「自分が助けなければ、群れに戻れなかった」からである。ルカ福音書15章5節（マタイ福音書ではない）に書かれた、羊を見つけた時、「肩にのせる」という行為は、中近東では日常的に見られる姿である。羊が群れからはぐれて、あてもなくさまよえば、途方にくれて横たわり、立つことも走ることもできなくなる。だから、羊飼いはその羊を運ぶしかない、長い道のりを、首にかけて担いでいくしかないのである。その場合、羊飼いは前足と後足を両手でつかむか、もし片手で杖を持つ必要があれば、もう片方の手で四つの足をつかんでしっかり胸に当て固定させる。

15章6節「呼び集めて」（同章9節参照〔「呼び集めて」〕）は、「祝宴」（23節〔「食べて祝おう」〕）を暗示している。

15章8節「なくした銀貨」のたとえ話も、9節までを一つの問いとして読むべきであろう。ドラクメ銀貨十枚は、アラブ・パレスチナの事情に通じている者には、硬貨で作られた婦人の頭飾りを思い起こさせる。それは嫁入り持参金の一部、彼女にとって最も貴重な財産であって、また非常時に備える貯蓄でもあり、眠る時でさえ肌身から離さないものである。実際、ラビの文献にはデナリオ金貨が装身具として身に着けられると記述されている。もしドラクメ銀貨十枚が彼女の頭を飾っているとしたら、それはとても慎ましい装身具と言える。今日の中近東では、多くの女性が何百枚もの金貨や銀貨で飾り立てた頭飾りを誇らしげに着けている。たとえ話のその女性は〔8節・なくした銀貨一枚を探そうと〕「ともしびをつける」が、それは夜だからではなく、彼女の住む、窓のない（本書一三六頁参照）家では〔昼でも〕、低い扉を通してほんのわずかな光しか入りこまないからである。そして彼女はしゅろの枝で「家を掃く」。暗くても、石の床の上に落ちた銀貨が枝に当たれば音を出すだろうからである。

15章9節〔なくした銀貨を見つけた彼女が〕「呼び集める」としたら、それは祝いの準備をすることを指すと思われるが、この貧しい女性の場合、友達や近所の女たちを集めての慎ましいもてなしにとどまるであろう。

これら二つのたとえ話はともに、神の名を別の言葉で言い換えた文章で締めくくられている。なぜなら、感情を神に帰すべきではないとされていたからである。それゆえ、ルカ福音書15章7節〔新共同訳では「言っておくが、このように、悔い改める一人の罪人については、悔い改める必要のない九十九人の正しい人についてよりも大きな喜びが天にある」と、「神」が「天」に言い換えられている〕は、次のように訳さねばならない。「このように、神は、どのような大きな罪も犯すことのなかった九十九人の立派な（正義の）人々以上に、悔い改めた一人の罪人のことを喜ばれるであろう」。[10]（同様に、マタイ福音書18章14節〔新共同訳では、「そのように、これらの小さい者が一人でも滅びることは、あなた方の天の父の御心ではない」〕では、「そのように、最も重要でない者が最後の審判を逃れる時、神はお喜びになる」となる。）

同じように、ルカ福音書15章10節〔新共同訳では、「言っておくが、このように、一人の罪人が悔い改めれば、神の天使たちの間に喜びがある」〕も、次のように訳されるべきである。「言っておくが、このように神は、悔い改めた一人の罪人のことをお喜びになるだろう」。[11]

15章のこの部分と4節〜7節の比較点は、羊飼いと羊の群れとの親密な絆ではなく（ヨハネ10章もそのように描いているが、ルカ15章8節〜10節の内容とは合わない）、また（現在取り上げている文脈のマタイ18章12節〜14節のような）「あきらめることのない捜索」でもなく、ただ単に失ったものを見つける喜びにある。羊飼いが連れ帰った羊のことを喜ぶように、貧しい女性が探し出した銀貨のことを喜ぶように、そのように神も喜ばれるであろう。

この場合、ルカ福音書15章7節の未来形の表現は終末時に関連して理解する必要がある。つまり、最後の審判に際して、多くの正しい人々の中に悔い改めた一人の罪人を見出し、免罪を宣言するならば、神は喜ばれるだろう。実に、神はそのことを大いに喜ばれる。神はそのようなお方である。神は失われた者たちを取り戻そうとする。なぜなら、その者たちは神のものだからである。彼らが行方不明になれば神は悲しみ、戻って来ると喜ばれる。それは、イエスが語っている神の「罪のあがないの喜び」、「赦すことの喜び」である。福音についてのイエスの弁明はこうである。神のいつくしみは限りなく、神の至上の喜びは赦すことにある。それゆえ、救い主としての私の使命は、サタンが奪ったものを取り上げ、迷い出たものを家に連れ帰ることである、と。もう一度言おう。イエスは神の代理者なのである（本書一五二頁参照）。

すでに本書三三頁以降で見たように、「ぶどう園の労働者のたとえ話」（マタイ20章1節～15節）[12]もまた、福音をその批判者たちに対して弁明することと関係がある。

マタイ福音書20章

1節　これも与格（主として動詞の表す作用を間接的に受ける対象＝本書一一三頁以降参照）で始まるたとえ話の一つである。ここで言われている「天の国」は、家の主人とも、労働者たちとも、あるいはぶどう園とも比較されないで、しばしばそうであるように、天の国の到来は「決算」にたとえられている。[13]したがって、この箇所では、イエスの説教で一貫して示されているように、「天の国」は終末論的な意味で理解されるべきである。

2節　一デナリオンは日雇い労働者の通常一日分の賃金である。

3節　「第三時頃」＝午前八時から九時の間。[14]「何もしないで広場に立っている」――「立っている」

はここではヨハネ1章26節、18章18節、マタイ13章2節の「居合わせる」ことを和らげた表現。市場で何時間も立ちつくしているオリエント人はいない。あちこちに腰を下ろして、何もせずに無駄話をしている。

4節　「ふさわしい」——彼らはこの言葉で、少しばかりのデナリオンを賃金としてもらえると理解したに違いない。

6節　午後四時と五時の間に家の主人がなおも新たな労働者を求めていたのは、仕事が緊急を要するものだったことを物語っている。ブドウの収穫と搾汁は、夜が冷え込む雨季が始まる前に終えなければならなかった——良い収穫を得るためには、時間との競争が重要になる。6節bの〔「なぜ、何もしないで一日中ここに立っているのか」という〕問いかけは、驚きではなく、非難である。

7節　〔「だれも雇ってくれないのです」という〕下手な言い訳は、オリエント人らしい無関心さを言い繕っている。

8節　夕方の賃金の支払いは、当然のこと（レビ記19章13節、申命記24章14節以下）であり、主人が監督に〔「労働者を呼んで、最後に来た者から始めて、最初に来た者まで順に賃金を払ってやりなさい」と〕特別な指示を出したのは、主人に明確な意図があったことを示している。その特別な意図とは、この言葉から最初にそう思われるかもしれないが、最後に雇われた人に対して最初に賃金を渡すことではなく、働いた者全員に丸一日分の賃金を例外なく支払うことである。つまり、「賃金を払ってやりなさい」は「一日分の賃金全額を払う」ことを意味し、「（最後に来た者）から始めて」は「も含めて」を弱めた表現と考えられる。

11節　「主人に」――家の主人がそこに居合わせた可能性はほとんどない。それで働いた者たちは、大声で不平を言いながら主人の住む家に押しかける。

12節　「最後に来たこの連中」――優遇されすぎた労働者たちには自発的にこの抗議行動に加わる理由はない。つまりは、不満を述べ立てた者たちが一緒について来るように彼らに強要したに違いない。憤慨した彼らは相手への語りかけも省いている（ルカ15章29節参照）。二重の不当な扱いを受けたからだ。一つは、他の者たちが一時間しか働かなかったのに、自分たちは十二時間働くことを強いられたこと。もう一つは、他の者たちが夕方の涼しい時間帯に働いたのに対し、自分たちは真昼間の燃えるような暑さの中で働かなければならなかったことである。ゆえに彼らは、自分たちが長く、厳しい条件のもとで働いたのだから、もっと多くの賃金の支払いを受ける資格があると考えた。

13節　「（主人は、不満を述べた）その一人に対して」――主人は抗議した者たちのリーダーを選び出す。「友よ」――彼らは〔主人に不満を述べる時に〕語りかけの言葉を省いたが――家の主人は、こう語りかけることで、彼らに恥ずかしい思いをさせる（ルカ15章31節参照、本書一四九頁～一五〇頁参照）。「わが友よ」との呼びかけは、名前を知らない相手に呼びかけるやり方である。この場面では、一つの言葉に、好意と非難の二つの気持ちを込めている。「愛する者よ」の意味である。このような呼びかけがされている新約聖書の三つの箇所（マタイ20章13節、22章12節、26章50節）では、語りかけられた人物が罪を犯している。

15節　「自分のものを」――元々の意味は「私自身の土地では」。

16節　本書三八頁以降を参照。

このたとえ話が福音を表現する時の単純明快さは、エルサレム・タルムード（ユダヤ教の聖典の一つであるタルムードには、エルサレム・タルムードとバビロニア・タルムードの二つがあり、前者はティベリアスで紀元五世紀前半に、後者はバビロニアで六～八世紀にそれぞれ編纂された＝岩波『キリスト教辞典』より）に保持されたラビ文書の並行記事と比較すると、非常に際立っている。

著名な学者であるラビ・ブン・バル・ヒアーは紀元三二五年頃、若くして世を去った。亡くなったその日に、その名を継いだ息子——後にラビ・ブン二世として知られることになる——が生まれた。バル・ヒアーが亡くなった時、彼の同僚でかつての教師たちが最後の敬意を表すために集まった。そのうちの一人、ラビ・ゼーラがたとえ話で始まる弔辞を述べた。「言うならば、この状況は多くの労働者を雇い入れた王のようなものだ」と彼は語り始めた。

仕事が始まってから二時間後に、王は労働者たちの働きぶりを視察し、他の者よりも腕がよく、熱心に働いている者を見つけた。王はその者の手を取り、夕方になるまで、あちらこちら一緒に歩いて回った。労働者たちが賃金を受け取りに来た時、その者は他の者と同じ額を受け取った。そこで、他の者たちは不満をもらし言った。「私たちは一日中働きました。しかし、この者は二時間しか働いていないのに、あなたは一日分の賃金を払っています」と。すると王は答えた。「私はお前たちに間違ったことはしていない。この者は、お前たちがまる一日かけてやったことよりももっと多くの仕事を二時間で済ましたのだ」。

それと同じように、とラビ・ゼーラは弔辞を締めくくった。ラビ・ブン・バル・ヒアーは二十八年という短い生涯で、多くの老学者が百年かけて成し遂げたよりも多くの業績を上げたのだ（だから、そのように短い生涯の後で、神は彼の手をとって、ご自分のところに召されたのだ）と。

このたとえ話の新約聖書とタルムードの本文の共通点は、非常にはっきりしており、偶然とは言いがたい。イエスがユダヤ教のたとえ話を利用して改変したのか。それとも、ラビ・ゼーラがイエスのたとえ話を、おそらくそれがイエスの語ったものとは知らずに使ったのか。

私たちは、ある程度の確かさをもって、イエスが先に語ったということができる。ゼーラが生きていたのがイエスより三百年後だった、という事実を別にしてもである。なぜなら、ラビ文書のたとえ話には二次的な特徴（たとえば、「ぶどう園の所有者」が「王」になっている）があり、技巧が施されている（「王」が仕事熱心な労働者とともに、午前八時から午後六時まで歩いた。つまり十時間も歩いたことになる）からである。だが、最も重要な特徴は、不公平な扱いを受けたと感じた労働者たちの不満の声がたとえ話の語られた状況に合っているのは、イエスのたとえ話だけだ、という点である。ラビ・ブンの葬儀では、その不平の声は意味をなさない。

それだけに一層、ラビの学者がこのたとえ話を語った際に行った改変は、より教訓的なものとなっている。それ以外での物語の進行は新約聖書もラビ文書もかなりの点で一致しているのに、一箇所で根本的に異なっている。すなわち、ラビ文書の方では、短時間しか働かなかった労働者は他のすべての者たちよりも多くの仕事をしたことになっている。つまり彼は十分な報酬を受けてしかるべきであったし、このたとえ話の狙いは、彼の優秀さを賞賛することにあった。それに対し、イエスのたとえ話は、最後に雇われた労働者たちは、一日分の賃金を得る権利を主張できるだけの仕事はしておらず、ただただ雇い主の好意によって全額の支払いを受けたのである。このように一見、些細な部分に、二つの世界の違いが存在している――「功績の世界」と「恩恵の世界」、「律法」と「福音」が対照をなしているのである。

このたとえ話は、失業の不安にさいなまれる時代の暮らしを反映している。[15] すでに見た（本書三八頁以降参照）ように、このたとえ話は、そもそも「不満を漏らす労働者」に等しい人々に対して語られ、「私の気前のよさをねたむのか？」という非難をこめた問い（マタイ20章15節）で締めくくられている。このたとえ話で、神は失業者とその家族に同情する家の主人のように振る舞っている。それが、実際の神の振る舞い方なのだ。神は、徴税人や罪人たちを、何らの功績なしに救いにあずからせる。最後の審判の日に、神は彼らをそのように扱う。

イエスは言う。「神はそのような方だ。そして、そのような方だから、私もそうである。私は神が命ずるままに、神の代わりに振る舞う。あなた方は、神の親切に不平を言うつもりなのか？」。これこそ、イエスによる福音の弁明の核心である。神がどのような方かを理解しなさい――神は寛大さそのものである。

たとえ話にこの最も重要なメッセージを込めた例は他にも多く存在する。イエスはそれを繰り返すことを厭わなかった。「ファリサイ派の人と徴税人」のたとえ話（ルカ18章9節～14節）の9節には「自分が正しいので自分自身に（神の代わりに）信頼して、他人を見下している人々（つまり、ファリサイ派の人々）に対しても」とある。このたとえ話がファリサイ派の人々に対して語られたことは、話の内容から明らかである。

このたとえ話は、言語と内容から言って、古いパレスチナの伝承を基にしていることが知られている。

18章10節　「二人の人」は、ともにエルサレムに住んでいる（14節に「自分の家へ」参照）。「神殿に上がった」――「神殿」は南・東・西を谷で囲まれた高い場所にある。「祈るために」――祈りの時間、つまり午後三時に、神殿に出かけたのだ（使徒言行録3章1節「ペトロとヨハネが、午後三時の祈りの時に神殿に上がって行った」）。

11節　「ひとりで」は「立って」につながっている。祈りは通常、黙ってではなく、小声で唱えられた（朗読するように。使徒言行録8章30節参照）。したがって、ここで述べられている意味は「彼は人目につきやすい場所を選んで、祈りを唱えた」というようなものである。彼は祈りの中で、11節では自分が避けた罪を挙げ、12節では善行を数え上げている。

12節　独立した文章の形をとっているが、論理的には「（神様）感謝します」に依拠している。彼は、義務づけられた以上の二つの功績を挙げている。

①律法では年にただ一度、贖罪の日に断食することを定めているが、彼は自分の意志で週に二度、月曜日と木曜日に、おそらく人々の罪の執り成しのために断食をしている。オリエントの事情に通じている者なら、暑さのために、飲み物を絶つことが、断食をするうえで最も厳しい業だということを知っている。

②彼は自分の買った商品で十分の一税を納めるべきものはすべて納税する。そうすることで、たとえ

穀物や果樹酒、油がすでに生産者によって十分の一税を納められていたとしても、〔自らは〕十分の一税を納めていないものは何一つ使ってはいないということを確信するためである。[16] つまり、自己犠牲的精神の現われであり、彼は神に自分自身だけでなく、自分の財産をも捧げるのである。

13節 ギリシャ語の telōnēs は、RSV〔改訂標準訳聖書〕では「徴税人 tax-collector」、NEB〔同・新英訳聖書〕では「収税人 tax-gatherer」となっているが、むしろ、「地方税徴収人 collecter of customs」と称するべきだろう。

人頭税や土地税のような税金は政府の役人によって徴収されたが、地方税の徴収は（おそらく最高値で）下請けにまかされた。地方税徴収人は商売人として、できるだけ実入りをよくしようとした。事実、政府が定めた税率表はあったが、民衆をだます手段には事欠かなかった。一般の人々の見解では、彼らは強盗と同類であった。彼らは市民権を持たなかったし、すべての社会的に地位のある人々から遠ざけられた。「遠く離れて立った」――ファリサイ派の人（11節）とは対照的に、徴税人は離れた所に立ち続けていた。「〔目を天に上げ〕ようともせず」は、「あえてしなかった」ことを意味する。「胸」を打つ、より正確には「心」（罪の座とされていた）を打つ行為は、深い悔悟の表現であった。

14節a 「義とされて」は、この場合、「神のみこころによって恵みを受ける」ことを意味する。この箇所は、福音書の中で、「義とする」という動詞が、パウロが一般的に使っている用法に近い意味で使われていた唯一の例である。だが、その文章構成はパウロ的ではなく、パウロの影響を受けているとは思われない。むしろ逆に、この箇所は、パウロの義認論（神学用語で、「神が人を自らの前で義なる存在と認める」こと、パウロは「イエス・キリストを信じる者すべてに『神の義』が与えられる」とする信仰義認論を展開した＝岩波『キリスト教辞典』）が、イエスの教えに根ざしていることを示している。「他の人たちよりも」という言い回しは理解しがたい。というのも、これはギリシャ語テキストの正確な翻訳ではあるが、そのギリシャ語テキストが元々のアラム語の文章をあまりにも文字通りに訳しすぎているからである。そこでアラム語バージョンを基にすれば、次のような意味になる。「後者〔徴税人のこと〕は義とされて家に帰ったが、前者〔同・ファリサイ派の人〕はそうならなかった」。これではじめてこの文章が明確になる。神はファリサイ派の人ではなく、徴税人を気に入られたのだと。

14節bは、一般的な意味を持つ結論で、終末時にそれまで置かれていた立場が逆転するという、福音が好んで使うテーマが述べられている。これは正反対のものを対比させる手法で、最後の審判における神の行為を語っている。神は思い上がった者を蔑まれ、へりくだる者を高く上げられるだろう。(17)

最初の聴衆たちにとって、このたとえ話は衝撃的で理解し難いものであったに違いない。たとえ話に登場するファリサイ派の人の祈りと非常によく似た祈りが、タルムードの中に紀元後一世紀から伝えられている。「私は感謝します。主なるわが神よ。あなたは私を、街角に座っている者たちとでなく、学びの家に座している者たちと運命をともにさせてくださったことを感謝します。私は朝早くから働き、彼らも朝早くから働きます。しかし、私は朝早くから律法の言葉を学ぶために起きますが、彼らは朝早くから取るに足らないことをするために起きます。私は労し、彼らも労します。しかし、私は労して報いを受けますが、彼らは労して何の報いも受けません。私は走り、彼らも走ります。しかし、私は来たるべき世の命に向かって走りますが、彼らは破滅の穴〔「地獄」の象徴〕に向かって走ります。」[18]

このことから私たちは、ルカ福音書18章11節以下のファリサイ派の人の祈りが、当時の生活から採られたことを知る。実際、このユダヤ教の祈りの中に、まさしくルカ福音書18章11節の「神様、私は感謝します」についてのすぐれた注解を見出す。このファリサイ派の人は神の導きに本当に感謝している。彼は、自分が他の者とは異なっていること、より良い者であることを、《自分の神に》、すなわち宗教的な責務を真剣に考える人たちと生をともにする《運命を分かち与えた》神に負うていることを知っている。

たとえ他の人が自分よりも幸せになろうとも、彼はどのような犠牲を払おうとも、その人と入れ替わろうとはしないだろう。彼の行く手には、多くの労苦が伴っていても、《来たるべき世の命》は約束されているからだ。彼は感謝すべき様々な理由を持っているのではなかろうか？　ここで注目したいのは、彼の祈りは、「嘆願」ではなく、ひたすら「感謝」[19]だということである。なぜなら「人が望むことのできる最も素晴らしい賜物は、来たる世を前もって味わうこと」（ユーリッヒャー）だからである。

このファリサイ派の人の祈りの何が過ちだというのか？　それにはまず、徴税人が置かれた当時の状況から見なければならない。彼は、あえて目を天に上げようとせず、自分の両手を使って何も唱えず（両手を挙げることで、この記述は完了するはずであった。それが祈りの普通のしぐさだからである）、頭を垂れ、両手を胸のところで合わせた。

これに続くのは、もはや普通の祈りの態度ではない。「絶望の爆発」である。彼は胸を打ち、自分がどこにいるのかも全く忘れ、神から遠く離れた苦しみに打ちひしがれている。彼とその家族は、実際希望から見放されている。なぜなら彼にとって「悔い改め」とは、「罪深い生き方を捨てる」だけでなく、「不正に得た金額に、その五分の一相当を上乗せした金額を弁済する」ことだったからである。どうしたら自分がだました相手を一人残らず見つけることができるだろうか？　彼が置かれた状況だけでなく、憐れみを求める嘆願も絶望的である。

そして、締めくくりの言葉がくる。「言っておくが、義とされて家に帰ったのは、この人であって、あのファリサイ派の人ではない」（14節a）。神は彼を赦し、もう一人を赦さなかった！　たとえ話がこのように締めくくられたのは、聴衆にとって、全くの驚きとなったに違いない。そうなるとはだれ一人、予想していなかったはずである。

ではこのファリサイ派の人はどのような過ちを犯し、一方で徴税人はこれまでの不正に対して、どのような償いをしたのか？　14節bがなかった[20]とすると、イエスはこの問題に立ち入らず、単にこのように言うだけである。「それは神の決められたことだ」。だがイエスは、神のあからさまな不当と思われる行動について、たとえ話の終わりの部分でその理由を示唆している。

徴税人の切羽詰まった祈りは、聖書からの引用句で、彼は詩篇51章の出だしの言葉（3節「神よ、私を憐れんでください。御慈しみをもって」）を使い、それに「罪人」だけを（正反対の意味で）つけ加えている。――「神よ、わたしを憐れんでください。わたしはこのような罪人ですが」（ルカ18章13節）。だが、同じ詩篇51篇（本文には17節とあるが、新共同訳では19節）にはこうある。「神が求めるいけにえは打ち砕かれた霊。打ち砕かれ悔いる心を、神よ、あなたは侮られません。」

イエスは言う。神は詩篇51章で語られているような方だ、と。神は、絶望し希望を失った罪人を受け入れ、自らは正しいことをしていると思い上がっている者を拒まれる。神は絶望した者の神であり、心を砕かれた者に対する憐れみは限りない。神はそのような方であり、そして今、神は私を通して、そのように振る舞われる。

最後にここでもう一度、「借金をした二人」のたとえ話（ルカ7章41節～43節、本書一四二頁以降参照）を思い起こそう。一方は多額の借金をし、他方は少額だったが、金貸しは両方の借金を帳消しにした。まことに彼は、金貸したちの中で稀有な存在であった！　どこにそんな人物がいるだろうか。イエスは明確に神について語っている。神は信じられないほど親切である！　シモン、お前には分からないのか？　あなたが軽蔑したこの女の人の愛は、不可解なほどの神の優しさに対する限りない感謝の表現であることを。お前は彼女と私に不正を行って、神の最上の賜物を見逃しているのだ！

福音そのものを扱ったたとえ話はすべて、福音の弁明である。罪人たちに対する福音の実際の告知を、イエスは別な仕方で、つまり赦しを与えたり、罪を犯した者を食事に招いたり、自分についてくるように呼びかけたりすることによって行われた。イエスがたとえ話を語ったのは、そうした罪人たちではなく、批判者たち――イエスは周りに軽蔑すべき連中を集めていると言って彼を拒絶した者たち――に対してであった。

天罰が下る日を期待していたために彼らは失望した。そして、神の道を歩もうと決心し、揺らぐことのない敬虔さで神に仕えようと心に決めた結果、自分自身をあまりにも高く評価しすぎていたがゆえに、彼らは福音に対して心を閉ざした。このような人々にとって福音はつまずきとなった。注意しなければならないのは、そのつまずきとは十字架のつまずき（コリントの信徒への手紙一の1章23節〔「私たちは、十字架につけられたキリストを宣べ伝えています。ユダヤ人にはつまずかせるもの……」〕）ではなく、十字架上のキリストの受難に先立つもの、すなわち、〔終末時の〕救いの教団の僕の形姿に対するつまずきである。これはイエスの言葉の真正性に関連する重要な点である。

彼らは、繰り返し繰り返し質問する。「なぜ、あなたはすべての立派な人々が遠ざけている人間のクズどもとつき合うのか？」。イエスは答える。「彼らは病んでおり、私を必要としているからだ」「心から悔い改めており、神の赦しを受けた子どもたちの喜びを感じているからだ」。そして「あなた方には愛がなく、独善的で、不従順で、福音を拒んでいるから〔私はあなた方につき合わない〕」。だが何よりも、神はそのような方だからである――貧しい人々に優しく、いなくなった者を見つけて喜ばれ、間違ったことをした子どもに父の大きな愛で接し、絶望した者や助けなき者や困窮している者に対して慈しみ深いからである。それゆえにだ！

注

（1）ギリシャ語版ではこのように書かれている。当時、普通の食事は座ってされていた。
（2）タルムードには、殺人で訴えられた男が、死刑を免れさせてくれた律法学者の足に接吻する様子が記されている。
（3）テキストについては、本書八四頁〜八九頁参照。
（4）このたとえ話の中心人物は「帰ってくる息子」ではなく、「父親」である。ここ以外にも至るところで、イエスのたとえ話について、不正確な、時には誤った呼称がつけられてきた（本書一七〇頁

注一二、一八八頁注六・注七、一八七頁注二、一七六頁参照）

（5）このたとえ話については、J. Schniewind, *Das Gkeichnis vom verulorenen Sohn*, Göttingen, 1940. J. Schniewind, *Die Freude der Busse*, Kleine Vandenhoeck-Reihe 32, Göttingen,1956 の三四頁～八七頁参照。

（6）ルカ18章18節と21節。

（7）「豚を飼う者は呪われよ」とタルムードは言う。

（8）マタイ20章1節～15節は本書三三頁以降参照、同22章1節～14節は本書七〇頁以降参照、ルカ16章19節～31節は本書二一七頁参照。

（9）「迷い出た羊」のたとえ話については、本書四二頁～四四頁参照。

（10）この言葉は「悔い改めを必要としない」ことを意味する。

（11）「神の天使たちの前で」は「神の前で」の婉曲的な表現であり、「神の前の喜び」について語るというのは、「彼が喜ぶ」の威厳を込めた言い方である。

（12）ここでは「主人」が中心人物である。このたとえ話に通常つけられている「ぶどう園の労働者たち」という見出しはその事実を分かりにくくしている（本書一四六頁以降参照）。

（13）マタイ25章14節以下、並行記事ルカ19章12節以下、ルカ16章2節、マタイ6章2節、5節、16節、同24章45節以下・並行記事ルカ12章42節以下、マタイ18章23節以下、本書二四八頁参照。

（14）一日は日の入りから始まる（金曜夕方に行われる安息日の「聖別」を参照）が、一日の時間は日の出から数えられた。当然ながら、時計というものがなかったからである。その一方で、夜は時間ごとにではなく、三つ（ルカ12章38節「主人が真夜中に帰っても、夜明けに……」の夜警時間に分けられていた（本書二四頁参照。士師記7章19節、外典ヨベル書49章10節、12節参照）。

（15）その実例を挙げると、ヨセフスは、神殿の建設が終わることで生じた失業者一万八千人に仕事を提供するためにエルサレムで実施された救済事業について伝えている。

（16）信じがたいが（「すべて」を強調している）――彼は律法で定められたことを超えて、どの品物にも、ハッカ、イノンド、茴香（ウイキョウ）のような園芸ハーブ（マタイ23章23節）、芸香（ウンコウ）（ルカ11章42節）にまで十分の一税を納めている。あるいは、慈善目的で収入の十分の一を拠出している。

（17）「蔑まれる」「高く上げられる」という受身形は、神の名の遠まわしな表現であり、未来形は終末論的表現である。

（18）クムランの賛歌（7章34節）を参照。「私はあなたをほめたたえます。主よ。あなたは、私を価値のない人々とともに穴に落ち込むようになさらず、隠された者たちの仲間にも加えられなかった」。

（19）12節も感謝の祈りである（上述を参照）。

（20）14節bが元々存在したものであるかは確定できない。

3　「大いなる確信」

たとえ話のこのグループには、一方では四つの対照的なたとえ話（「からし種」「パン種」「種をまく人」「忍耐強い農夫」）が属しており、他方では「やもめと裁判官」「夜中に助けを求める人」のたとえ話が属しているが、このグループはイエスの説教の中心的な要素の一つを含んでいる。

「からし種のたとえ話」（マルコ4章30節〜32節、マタイ13章31節以下、ルカ13章18節以下、トマス20項）と「パン種のたとえ話」（マタイ13章33節、ルカ13章20節以下、トマス96項）は内容が極めて似ており、それぞれ別の機会に語られたと思われるが、一緒に論じるのが適切であるだろう（本書一〇四頁以降参照）。

トマスによる福音者では、二つのたとえ話が次のようになっている。

弟子たちが言った、『天国は何に似ているか、私たちに言ってください』。彼が彼らに言った、『それは一粒のからし種のようなものである。（それは）どんな種よりも小さい。しかし、それが耕されている地に落ちると、大きな枝を張り、空の鳥の隠れ場となる』（20項）。

イエスが（言った）、「父の国は（ある）女のようなものである。彼女が少量のパン種を取って、粉の中に（隠し）、それを大きなパンにした。聞く耳のある者は聞くがよい」（96項）。

これらのたとえ話はともに、パレスチナ的色彩を強く帯びている。それを理解するうえで、「天の国は『一粒のからし種』、あるいは『少量のパン種』のようなものである」という表現が誤解を招きやすい、ということを確認する必要がある。実際、これら二つのたとえ話は、与格（間接目的語の格）で始まっており（本書一一三頁参照）、「神の国は『一粒のからし種』と同じ関係にある」、あるいは「『少量のパン種』と同じ関係にある」と訳さねばならない。

これらのたとえ話の狙いは、「〔一粒のからし種が基になった〕鳥たちに隠れ家を提供する高い潅木」、あるいは「〔少量のパン種が基になった〕パン種で充分に発酵した練り粉のかたまり」のように、神の国を「一連の過程の最終段階」と比較することにある。「鳥たちを護る木」は、「家臣たちを護る強大な王国」を指す周知の比喩であり、同様にローマの信徒への手紙11章16節の「練り粉」は、「神の民」を指す比喩である。この二つのたとえ話は、はっきりとした対照を述べている。そのパターンの一致こそ、マタイ福音書（13章31節〜33節）とルカ福音書（13章18節〜21節）がこれらを二重のたとえ話として伝えた理由であった。

こうして、人が目にする最も小さなものとして、針の頭ほどのからし種が示され、「地上のどんな種よりも小さい」（マルコ4章31節）――このどの言葉も、からし種がいかに小さいかを描写している。そして、それが成長すると、それは「どんな潅木〔新共同訳では「野菜」となっている〕よりも大きくなり、葉の陰に空の鳥が巣を作れるほどの大きな枝を張る（同32節）――このどの言葉も、潅木の大きさを描写している。ゲネサレト〔ガリラヤ湖北西の岸に接する地〕の湖畔にあるものは、高さが八フィート〔約二・五メートル〕から十フィート〔約三メートル〕にもなる。

そしてまた、「わずかなパン種」（コリントの信徒への手紙一5章6節、ガラテヤの信徒への手紙5章9節）――一ブッシェル〔約二十八キログラム〕以上もある粗挽き粉と比べると問題にならないほどの微量である。夕方になると、主婦はそれをパン粉に練り込み、布を掛け、一晩置いておく。朝になり、彼女が戻ってくると、かたまり全体が発酵して膨らんでいる。

この二つのたとえ話の狙いは、〔「からし種が木として成長する」、あるいは「パン種が粉を発酵させて膨らませる」という〕西洋人の思考方法によくある一連の過程を述べることではない。東方の人々は別の考え方をする。最初と最後の段階に注目し、両方の出来事の中に逆説的な要素を捉える。連続してはいるが、根本的に異なった二つの場面であると。タルムード（b. Sanh.90b）、コリントの信徒への手紙一（15章35節～38節）、ヨハネ福音書（12章24節）、そして第一クレメンス書簡（24章4節～5節）でも、「種」が「復活」の象徴、死と生の神秘の象徴となっているのは単なる偶然ではない。東方的思考では二つを完全に異なる状態と見る。一方は「枯れた種」、もう一方は「波打つ穀物畑」。こちらに「死」、あちらに「神の創造的な力による生命」というふうに、である。

実りに注目しよう。どのようにして種をまくのか？　種まき人が出かけ、それぞれの種を地に投げる。種は地に落ち、干上がり、露出し、腐ってしまう。それから、全能の神の偉大な摂理が、種を腐敗からよみがえらせる。たった一つのものから多くのものが生じ、それらが実を結ぶ（第一クレメンス書簡24章4節～5節）。

現代人は耕された畑を通りながら土の中で何が起きているかを考え、生物学的な成長を理解するが、聖書の人々は同じ畑を通りながら、同じ現象の中に神の奇跡を一つひとつ見出し、まさしく「死からの復活そのもの」として理解するのである。そのようにしてイエスの聴衆は、「からし種」と「パン種」のたとえ話を対照的なたとえ話として理解した。人の目には無に等しい、最も些細な事の始めから、神は世界の諸民族を包み込むような強大な王国を作られる。もしこのことが正しければ、この二つのたとえ話が語られた当時の状況として、イエスの使命について疑惑が表明されたと推論してよかろう。つまり、イエスが告げた救い主の時代の始まりは、多くの人々が期待したこととといかに異なっていたことか！　悪評のあった多くの人物を擁していたこの惨めな人々の群れは、神の救いにあずかった共同体の婚宴の招待客になりうるのか？　「そうだ」とイエスは言う。小さなからし種から大きな潅木が育ち、わずかなパン種が発酵してパンのかたまりを作りだしたのと同じ必然の確かさで、救い主の時代に、神の奇跡の力が私の小さな群れを、異邦人も取り込む形で強大な力を持つ神の民の主催者に変えるだろう。「あなたたちは聖書も神の力も知らないから、そんな思い違いをしているのではないか。」（マルコ12章24節）

このイエスの言葉のもたらす衝撃を充分に把握するためには、最後の要点を一つ加えなければならない。イエスの聴衆は、「丈の高い木」と「パン種」の意味するところをよく知っていた。すなわち、「丈の高い木」は、聖書（エゼキエル書31章、ダニエル書4章）において「世界を支配する力」の象徴であり、粉のかたまりを発酵させる微量の「パン種」は、過越祭のハガダー〔解釈書〕において「悪意と邪悪」の象徴であった。(1) だが、イエスは大胆にも両方の比喩を正反対の意味で使い、「サタンの力」ではなく、「神の王としての偉大さ」を示すものとしたのである。

「種をまく人」のたとえ話（マルコ4章3節〜8節、マタイ13章3節〜8節、ルカ8章5節〜8節、トマス9項、本書一〇頁以降参照）を、元の意味と思われる形で理解するためには、終末論的な要点を欠いた解釈を否定してからねばならない。その解釈とは、力点を元の終末論的なものから、心理学的、勧告的なものに移し、迫害の時に、また世俗性に対して、毅然とした態度を失わないようにとの勧告に変えた解釈である（本書八九〜九〇頁参照）。(2)

このたとえ話の理解は、話の始まりが話の終わりと異なる時点を記述しているという事実認識に基づいている。すなわち、話の最初の部分では「種まき」の一般的な記述が述べられているが、最後の節ではすでに刈り入れの時期になっている。ここでもまた、私たちは対照のたとえ話に出会う。それは一方で、種をまく人が労働で味わわされた数多くの挫折感を描いている。というのも、「まだ耕されていない休閑地（本書一〇頁以降参照）を記述するのが唯一の目的だからであって、その場合さらにイエスは、焼けつくような熱風（シロッコ）、イナゴの大群、そしてその他、種にとっての敵に言及することができただろう。トマスによる福音書（9項）は実際に虫について述べている（「……それが種をふさぎ、虫がそれらを食べてしまった」）。展望は絶望的だ！　だが、今や奇跡が起きる。わびしく休閑中だった土地が、すべての願いと理解を超える実りをもたらす波打つ穀物畑へと生き返る。しばしばそうであるように（本書一三四頁以降参照）、神の王国の出現は作物の収穫にたとえられる。通常では起こりえない収穫量についての（三十倍、六十倍、百倍という）東方の風習にならった三重の描写は、あらゆる人間的な尺度を超越する、終末時の神の充満を示している（マルコ4章8節（「また、他の種は良い土地に落ち、芽生え、育って実を結び、あるものは三十倍、あるものは六十倍、あるものは百倍にもなった」））。

人の目には、労働の多くは無益で成果のないもののように思われ、しばしば失敗に終わるかもしれない。だが、イエスは喜ばしい確信に満ちている。神の時が到来しつつあり、すべての願いと理解を超えた報酬としての収穫がもたらされるであろう。あらゆる失敗や逆境にもかかわらず、神は希望なき始まりから、最後に約束された栄光をもたらすのである。

もう一度言うが、イエスがこのたとえ話を語る動機となった状況を思い浮かべるのは難しくない。

それはまぎれもなく、「からし種」と「パン種」のたとえ話をイエスに語らせた状況と密接に関係している。つまり、福音のメッセージの成就が疑われたことである。だがその疑惑は、先の場合のように、イエスにつき従う人々の貧弱さによって引き起こされたのではなく、虚しい説教（マルコ6章5節以下）や、激しい敵意（同3章6節）や、増える離反者（ヨハネ6章60節）の形をとったイエスの失敗に向けられている。

このような動きはすべて、イエスの宣教の主張を否定したものだったのだろうか？　農夫に目をやりながら、イエスは言う。自分の播いた種が潰され、奪われたりするような多くの不利な事情に直面して、絶望してもよさそうなものだ。「信仰の薄い者たちよ」（マタイ6章30節）「まだ信じないのか」（マルコ4章40節）。

最後に、「成長する種」のたとえ話（マルコ4章26節～29節）――この話のタイトルをもっと正確に言えば「忍耐強い農夫のたとえ話」だが――これもまたこれまで述べた対照のたとえ話に属する。ここでも「神の王国の到来」が「収穫」に比較されている。(3)私たちは再び際立った対照と向き合うことになる。農夫が種まきをした後、何もしないでいることが生々しく描かれている。彼の生活は、寝て、起きて、夜と昼の決まりきった繰り返しばかりである。そのわけを知らず、何もしないのに、種は茎を伸ばし、茎から穂をつけ、穂から熟した穀物を実らせる。そうして、ある日突然、忍耐強く待っていた者が報われる時がやってくる。穀物は熟し、鎌が入れられ、歓声が沸き起こる。「収穫の時が来た」と。

神の王国もそのようなものである。農夫が長く待った後で収穫の時を迎えたのと同じ確かさで、神はご自身の時を迎え、終末の時（マルコ4章29節、旧約聖書ヨエル書4章13節も参照）が満ちると、最後の審判と神の王国をもたらされる。農夫と同じ（ヤコブの手紙5章7節〔「農夫は、秋の雨と春の雨が降るまで忍耐しながら、大地の尊い実りを待つのです」〕）ように、人は、忍耐強く待つ以外何もできないのである（ヤコブ5章7節）。

このたとえ話は、ローマのくびきを力で追い払うことで、救い主の救済をもたらそうとする熱心党（ゼロータイ）の努力と対立するものである、とこれまでしばしば考えられてきた。その場合、弟子たちの仲間にも熱心党の元メンバーがいたことを思い起こす必要がある。(4) イエスはなぜ、時の要請を受けて行動を起こさなかったのか？　なぜ、自分の集団から罪人たちを追い出し、清められた共同体を打ち立てる力強い歩みをしなかったのか？（マタイ13章24節〜30節、本書二六六頁以降参照）なぜ、イスラエルの人々を異邦人のくびきから解放するために、そのしるしを与えなかったのか？（マルコ12章14節、並行記事ヨハネ8章5節以下）イエスがこのようになすべきと考えられる行為を拒んだことは、自分が宣教活動で表明したことの否定にならないのか？

ここでもまた、イエスは対照のたとえ話を使って、自分の宣教活動への疑惑と失われた希望に対して答える。「農夫のことを考えなさい」とイエスは言う。「彼は収穫の時を辛抱強く待ったではないか。だから、神の時も否応なくやってくるのだ。神は断固として始められた。種はまかれたのである。神が何もなさらずに置いておくことはない（フィリピの信徒への手紙1章6節参照）。神が始められたことは成熟し、達成される。それまで忍耐強く待ち、神に先んじようとせず、全幅の信頼をもって、すべてを神に委ねなければならない」と。

以上四つのたとえ話に共通する特徴は、始まりと終わりを対比させていることである。何と鮮やかなコントラストだろう！　見栄えのしない始まりと、喜びに満ちた勝利としての終幕。だが、このコントラストがすべての真理を語っているわけではない。「実り」は「種」の結果であり、「終わり」は「始まり」に暗に含まれている。「限りない偉大さ」は「限りない小ささ」の中に、すでに動き始めている。今この時に、それは隠されているが、「大きな出来事」がすでに始動している。神の王国の明らかにされていない本質は、まだ何も知らされていない世界でもそれを信仰することにある。王国の秘密を理解するように定められた人々（マルコ4章11節）は、すでにこの隠された、目立たない始まりの中に、来たるべき神の国の栄光を見ているのである。

イエスの宣教の核心は、神の時が来る、という強烈な信頼（確信）にある。それどころか神の国はすでに始まっている。神の始まりの中には、終わりがすでに暗に含まれている。イエスの使命についてのどのような疑惑、嘲笑、不信仰、不忍耐も、イエスの確信、すなわち、神が何もないところから、すべての失敗を不問に付して、始まりを成就まで導いてくださるという確信を揺るがすことはできない。必要なのは神を真剣に受け止め、外的なあらゆる状況に気をもむことなく、神にのみ注意を向けることなのである。

このような神への信頼はどのような根拠に基づいているのだろうか？　この問いに対する答えは、二つの密接に関連したたとえ話の中に見出せる。まず第一に、「不正な裁判官（ルカ18章2節～8節）〔新共同訳では「やもめと裁判官」〕のたとえ話が挙げられる。

18章1節は、本書一八一頁参照。「不正な裁判官」（6節）という表現は、この裁判官が汚職にまみれていることを特徴づける狙いがあるようだが、**2節**（「神を畏れず人を人とも思わない裁判官がいた」）も同様に理解すべきである。「……人を人とも思わない」は、人々が彼について言う陰口を少しも気にかけないという意味。

3節　ここに登場する「やもめ」を、年を取った女性と考える必要はない。当時の結婚年齢の若さ（女性は十三歳から十四歳）から、未亡人がとても若いことはありえた。彼女が法廷ではなく、一人の裁判官に訴えていることから、その案件は金銭に関する問題だと思われる。つまり、借金か、抵当か、それか遺産の一部の相続が認められずにいる、といったような問題である。彼女はとても貧しくて、裁判官に賄賂を渡すことができない（旧約聖書では、未亡人や孤児は、無力で自分を守ることのできない者の典型とされている）。この場合、彼女が訴えた相手は、金持ちで社会的に影響力のある人と考えるべきであろう。ゆえに、「しつこく訴える」ことが彼女の唯一の武器だったのである。

4節　「裁判官は……取り合おうとしなかった」　これは、マルコ福音書6章26節（「……客の手前、少女の願いを退けたくなかった」）とルカ福音書18章13節（「目を天に上げようともせず……」）と同じ「あえてしようとしなかった」（この場合は、彼女の訴訟相手が社会的に影響力のある地位にいたから）という意味である。

5節　結局、彼は「あのやもめ――「あの」は、ルカ15章30節（「あなたのあの息子」）と同様に、見下げた言い方だ――は、うるさくてかなわない（いらいらさせられる）」ので、裁判に応じる。「さもないと、ひっきりなしにやって来て、私をさんざんな目に遭わすにちがいない」――裁判官が彼女の訴えに応じたのは、彼女が怒りを爆発させ、自分を打ち負かすのを恐れたためではなく、彼女の「しつこさ」のためであった――この裁判官は延々と繰り返される彼女の訴えに辟易している。静かにさせてほしいのだ。(5) これはやがて分かるように、たとえ話の18章7節～8節aの教訓への適用を理解する唯一の表現となっている。

7節　文章構造がかなり難しい。趣旨に即して訳せば、次のようになるだろう。「そして神は自分に向かって日夜叫び求めている選ばれた人たちを、たとえ彼らの忍耐を試すにしても、急いで助けようとしないだろうか?」

8節a　「速やかに」はここで、「突然」「思いがけない時に」神は彼らを救うだろう、との意味である。

8節b　このたとえ話はとても重大な、予想もしないような指摘で終わっている。「しかし、人の子が来る時、果たして地上に信仰を見出すだろうか」。

ルカは、正しい祈り方の指針とすることを意図(18章1節)して、このたとえ話を「ファリサイ派の人と徴税人」のたとえ話と明らかに関連させている。祈りは根気強く、謙虚でなければならない。それでも、「ファリサイ派の人と徴税人」のたとえ話は、元来決して祈り方の指示ではない。同じことが、ルカの特徴を示している導入句(18章1節「イエスは……絶えず祈らなければならないことを教えるために」)にもかかわらず、この「やもめと裁判官」のたとえ話についても言えるだろう。この解釈では、「やもめ」が中心人物になっているが、一方でイエスの解釈(18章6節～8節a)は「裁判官」に注意を向けさせようとしている。(6)

ではなぜ、イエスはこの物語を話したのだろうか？　18章7節～8節aにその答えが見出せる。イエスは、聴衆たちが裁判官についての話の結末を神に当てはめて考えることを期待していた。この思いやりのない裁判官は、やもめの訴えを聞くことを拒んだが、かなりの時間を経た後ではあったものの、最後には、彼女の執拗な訴えに悩まされ続けることから解放されるために、彼女の苦しい状況を心にとどめた。この男ですらそのような振る舞いをしたとするなら、なおのこと神はどれほどあなた方を心にとどめてくださるだろう！　神は貧しい人々の叫びを忍耐強く聞いてくださる。彼らは神が選ばれた民だ。神は、彼らの求めに深い思いやりで心を動かされ、そして予期しない時に、彼らの救いのために介在されるのだ。

18章8節bから推測されるように、もしこのたとえ話が弟子たちに対して語られたものだとすれば、それは明らかに「苦難の時」に直面した弟子たちの心配や不安によって呼び起こされたものである。イエスは弟子たちにその苦難の時について、はっきりと、言葉で飾ることをせずに、迫害、負傷、弾劾、裁判、殉教、そしてサタンが現れ、最終的な棄教の誘惑をもたらすものだと告げられた。その時はすでに始まっている。誰が最後まで耐え抜くことができるのか？　「迫害に直面しても心配するな」とイエスは言う。「あなた方は神が選ばれた民、あなた方の叫びをお聞きになる。聖なる意志の介在によって、神は苦難の時を短くされる」（マルコ13章20節〔「主は御自分の選んだ人たちのために、その（苦難の）期間を縮めてくださったのである」〕）。「神の力、優しさ、そして助けは、疑いない。それは決定的に確実なことだ。あなた方が心配しなければならないのは、別のこと――人の子が来られた時、地上に信仰を見出すか――である」。

以上のような不正な裁判官のたとえ話とほぼ対の形になっているのは、「真夜中に助けを求められた友達」のたとえ話（ルカ11章5節～8節）[7]〔新共同訳のこのたとえ話のタイトルは「祈る時には」〕である。

このたとえ話（ルカ11章5節以下）は、パレスチナの村の日常を生き生きと描いている。

5節　村に店はないので、家庭の主婦は日の出前に、家族が食べる一日分のパンを焼く。だが、村では夕方に誰がまだパンを残しているか、人に知られている。今でも、パン三個は一人分の食事とされている。ここに登場する人は、そのパンを借りるだけで、すぐに返すつもりである。

6節　東方では、客をもてなすのは欠かせない義務である。

7節　眠りを妨げられた隣人のいらだちは、呼びかけがされていないことでも明らかである（5節には「友よ」との呼びかけがあるにもかかわらず）。Now〔新共同訳では「もう」〕は「ずっと前に」（たとえばヨハネ19章28節のように）の意味である。東方の人々は早寝なのだ。夕方には家の中は暗い。一晩中ともされる小さな油ランプは、かすかな明かりにしかならない。

「戸はずっと前に閉めた〔新共同訳は「もう戸は閉めた」〕」は、入口の扉を閉じ、かんぬきを掛けたことを意味する。かんぬきは木製か鉄製で、戸板につけられた輪に通す形のものだ。かんぬきを引き抜くのはやっかいなうえに、大きな音をたててしまう。「子どもたちは私のそばで寝ています」。農家には一部屋しかなく、[8]その部屋の床より一段高いところに敷いた一枚のむしろの上で家族全員が寝ている。だから父親が起きて扉のかんぬきを外せば、家族全員が安眠を妨げられるのだ。「起きることができません I cannot get up」〔新共同訳では「起きて……わけにはいきません」〕――「できない I cannot」は、「したくないI won't」を意味することが多い。

8節　「しかし、言っておく。その人は、友達だからということでは起きて何かを与えるようなことはなくても、執拗に頼めば、起きて来て、必要なものは何でも与えるであろう」の「執拗に」は、アラム語の原資料とされている言葉を直訳すると、「彼（自身）の恥知らずのために」、つまり「そのことで面目を失わないように」である。

ルカは11章1節～13節の祈りについての教えの文脈の中で、このたとえ話を伝え、11章9節～13節で明確に示しているように、たえず祈るようにとの勧告として受け止めた。だがこの〔祈りについての教えという〕文脈は、他のケースで見られるように、後に作り出された二次的なものであり、たとえ話の元々の意味を明らかにしようとする試みの出発点と考えるべきではない。

それよりも、「あなた方のうちのだれか」（11章5節）という問いかけが、「だれもいません。無理です」あるいは「だれもが、もちろんそうします」という強い語調の返事を期待する「新約聖書の定形的な問いかけの導入句だということを確認するところから、このたとえ話の意味を探るべきである。

この「あなた方のうちだれか」は、「あなた方のうちだれがそうすると、あなた方は想像できるだろうか」と訳すのが最もよいだろう（マタイ6章27節、並行箇所・ルカ12章25節、マタイ7章9節、並行記事ルカ11章11節、マタイ12章11節、並行箇所・ルカ14章5節、ルカ14章28節、同15章4節、同17章7節）。

だがこの場合、その問いかけは、6節で終わることができない。なぜなら、6節は友を迎えた人が〔彼に食べさせるパンがない、という〕自分の置かれた状況を述べただけで、執拗に返事を求めてはいないからである。そうしたことから、5節〜7節は一つの連続した修辞疑問〔疑問文で強意の否定を表す技法〕と見なすべきだろう。つまりこうだ。「想像できるだろうか。あなた方のうちのだれかに友達がいて、真夜中にあなたのところに来て、次のように言ったとしよう。『友よ、パンを三つ貸してください。旅行中の友達が私のところに立ち寄ったが、何も出すものがないのです』と。そうしたら、あなたは『面倒をかけないでください……』と大声で叫ぶだろうか？　そのようなことを想像できるだろうか？」。答えはこうだろう。「考えられません。どのような場合だろうと、友達の求めに答えずに放っておくことはしないでしょう」。

このように、7節が「求めを拒否すること」ではなく、むしろ「拒否が全くできないこと」を述べているると受け止める場合に限って、このたとえ話は客をもてなす東方の常識的なルールに合ったものとなり、本来の狙いもはっきりするのである。

なぜなら、5節〜7節を一つのまとまった問いかけだとすると、8節は隣人の繰り返しの願いではなく、助けを求められた友人を〔求めに応じるように〕駆り立てる動機だけが問題になっている。願いを受け入れる動機が「友達だから」という理由でないなら、少なくとも執拗な求めから逃れるために〔あるいは、不親切と思われないために〕、そうするだろう。

こうして8節では、その願いに対して応えざるをえないことを改めて強調している。その結果、話の主役が〔ルカ福音書の文脈にあるような〕「〔パンを貸してくれるように〕求める人」ではなく、「眠りから起こされる友達」になる。

このたとえ話は、嘆願のしつこさではなく、その嘆願が叶えられることの確かさについての話である。さらに明らかなのは、このたとえ話が「不正な裁判官」のたとえ話と同様、「小さなものから偉大なものに向けて結論を引き出す」ことを聴衆に期待している、ということである。もし、夜中に起こされた友達が、かん抜きを外す音で家族全員の眠りを妨げるのも厭わず、困っている隣人の求めに一刻の猶予もおかず、ただちに応じるなら、神はそれよりもずっと快く振る舞ってくださるだろう！神は求める人々の叫びを聞き、助けに来てくださる。求められる以上のことをなさる。この神にあなた方は全幅の信頼をもって頼っていいのだ。

「裁判官」と「夜中に助けを求められた友達」の二つのたとえ話は、いずれも「助けを必要とする人々が叫び声を上げると、神はそれを聞いてくださる」という確信を述べている。これらの二つの話は、「だれでも、求める者は受ける」（マタイ7章8節、ルカ11章10節）という簡潔な言葉と結びつけて読む必要がある。この言葉は間違いなく、物乞いの経験から生まれたものだ。彼は辛抱強く求め続け、拒絶にひるまず、不当な扱いにもくじけない、ということしかできない。そうすることで、贈り物を受け取ることになるだろう。東方を訪れた人は誰でも、現地の物乞いの辛抱強さの話をする。(9)

イエスは、この物乞いの知恵を弟子たちに適用する。「物乞いが初めは厳しく拒絶されても諦めずに訴えることで、無情な人々に助けの手を開かせることを知っているとしたら、あなた方は絶えざる祈りが天の父の手を開かせるということを、もっと強く確信すべきである」と。

これまでに取り上げた対照をなす四つのたとえ話と、右に挙げた二つのたとえ話は、私たちの解釈が正しければ、異なる理由から語られたものである。対照をなす四つのたとえ話が、自らの使命に関わる疑惑に直面したイエスが〔神の救いを〕確信することを示した一方で、裁判官と友達の二つのたとえ話は、迫りつつある苦難から神が救い出してくださることを、弟子たちに確信させるのを意図してのものであった。こうした相違があるにもかかわらず、これら二組のたとえ話は、極めて密接に関係している。なぜなら、両者とも、同じ揺るぎない信頼がその基調になっているからである。いずれの場合も、イエスは言う。「真剣に神を受け止めなさい。神は奇跡を起こす。神の憐れみは何よりも確かなものなのだ」と。

注

（1）コリントの信徒への手紙一 5章6節～8節〔「……だから古いパン種や悪意と邪悪のパン種を用いないで、パン種の入っていない純粋で真実のパンで過越祭を祝おうではありませんか」〕。

（2）このたとえ話の表題「四種類の畑」（このような解釈が基になっている）は誤りである。

（3）「収穫」であって、「種」ではない。マルコ4章29節b〔「早速、鎌を入れる。収穫の時が来たからである」〕は旧約聖書ヨエル書4章13節〔「鎌を入れよ、刈り入れの時は熟した」〕からの引用。

（4）マルコ3章18節以下、並行記事マタイ10章4節で、熱心党のシモンと（おそらく）イスカリオテのユダの名が合わせて記されているのは、偶然ではないだろう（マルコ6章7節参照）。

（5）H. B.Tristram, Eastern Customs in Bible Lands, London, 1894は、二二八頁で「ニシビス（メソポタミア）の法廷」について生き生きと描いている。法廷入口の向かい側に、カーディ（回教国の裁判官）がクッションに身を沈め、秘書たちに囲まれて座っている。法廷の大広間の前列には人々が群れをなし、それぞれ自分の訴えを先に聴いてくれるように求めている。〝賢い者〟たちは秘書たちに耳打ちをし、こっそりと賄賂を渡し、要件を手早く済ませた。そうしている間に、貧しい女性が正義を求めて大声を上げ、〝秩序正しく〟進んでいた訴訟手続きを打ち壊した。彼女は静かにするよう厳しく注意され、「毎日ここに来ているではないか」と非難がましく告げられた。これに対して、彼女は大声で叫ぶ。「これからもそうします。カーディが私の訴えを聞いてくれるまで」と。カーディは、訴えの聴き取りが終わる段になってたまりかねて尋ねる。「この女は何を求めているのか?」彼女の訴えの内容はすぐに説明された。彼女の一人息子は軍務に就いているのに、徴税人が税の支払いを要求したのだ。判決はたちまち出され、彼女の根気強さは報われた。だが彼女に裁判所の職員に払う金があったら、もっと早く判決が出ただろう。これはルカ福音書18章2節以下の描写の、そっくりそのままの一九世紀版である。

(6) したがって、「要求のしつこいやもめ」のたとえ話、というような通常使われているこのたとえ話の表題は不適切である(本書一六九頁注四を参照)。

(7) このたとえ話の、「しつこい友達」という一般的に使われている呼称は誤解を招きやすい。

(8) マタイ福音書5章15節(「……そうすれば、家の中のものすべてを照らすのである」)に描かれている家も同様。

(9) ついでながら、このようなしぶとさは単なる貪欲ではなく、もっと深い理由がある。貧しい人は神の法によって特別に守られており、神に保証された贈り物を受ける権利がある。だから物乞いの「呼びかけ」を軽視すべきではない。また、物乞いは法にかなった贈り物を求める粘り強さから、善を行う力を持つことができる。「施しで暮らす貧乏人でさえも、慈悲深くなれる」とタルムードに書かれている。

4　災厄を目前にして

イエスのメッセージは、救いの告知だけでなく、裁きが迫っていることも告げている。危機が恐ろしい勢いで近づいていると警告し、悔い改めを呼びかけている。この類型に入るたとえ話の数は、驚くほど多い。繰り返し繰り返し、イエスは警告し、目の見えない人々が目を見開くように、必死に声を上げげた。

「広場に座っている子どもたち」の短いたとえ話（マタイ11章16節以下、並行記事ルカ7章31節以下）が、古い伝承から取られたものであることは、マタイの11章19節aの（「見ろ、大食漢で大酒飲みだ。徴税人や罪人の仲間だ」という）イエスに対する酷く悪意に満ちた指摘で、すでに明らかにされている。イエスを「大食漢で大酒飲み」とする中傷は、申命記21章20節（「……この息子は……放蕩にふけり、大酒飲みです」）に由来しており、この引用による結びつきを盾にして、イエスを「石打ちの刑」（同21節「町の住民は皆で石を投げつけて彼を殺す」）に処すべき強情で不逞な息子として、汚名を着せる。イエスはこれに答えて言う。「あなた方は、広場にいるこの子どもたちのようだ」と。彼らは仲間の者にこう叫ぶ。「楽しみを台無しにしたやつらめ！　楽しみを台無しにしたやつらめ！　笛を吹いたのに、踊らなかった。葬式の歌をうたったのに、悲しまなかった」（マタイ11章17節、ルカ福音書7章32節）と。「俺たちは結婚式の踊りをしたかった（結婚式の円舞は男性の踊り）」「それなのに、お前たちはそうしなかった」と男の子たちは遊び仲間に大声を上げる。「お弔い遊びをしたかった（弔いの歌は女性のたちの受け持ち）のに、あんたたちはしなかった」と女の子たちが遊び友達に泣きながら叫ぶ。

そしてイエスは言う。「あなた方は、このように傲慢で、不愉快な言葉を発する子どもたちと全く同じである」。彼らは自分たちの笛の音に合わせて仲間が踊ろうとしないので、「楽しみを台無しにしたやつらめ」とののしっている。神は使者たち、最後の使者たちを、破局を前に最後の世代の人々に送る。しかし、あなた方は命令と批判をするだけである。

あなた方は、自分たちが酔って騒ぎたい時に洗礼者ヨハネが断食しているといった理由で、彼が狂人だと決めつけ、自分たちが罪人たちから厳格に距離を置くことに一生懸命になって、私を「徴税人たちと食事をしている」という理由で咎める。悔い改めも、福音の宣言も、あなた方には気に入らない。だから、あなた方は神の使者たちに難癖をつける。「ローマが燃えている」（C・H・ドッド）。

あなた方は、知恵がその「わざ」によって正しいと証しされる（マタイ11章19節）のが分からないのか？　その「わざ」は、決定的な瞬間が訪れたという合図であり、神の正しさを立証しているのではないか？　悔い改めの呼びかけと福音の宣教は、神の、最後の最後となる警告ではないのか？

何と、ものを見る目のない人たちよ！「あなた方は天候のしるしを見分けることができるのに、どうして時のしるしを解することができないのか」（ルカ12章54節〜56節）。「死体のある所には、はげ鷹が集まるものだ」（マタイ24章28節、並行記事ルカ17章37節）。はげ鷹が「何もない所」（リルエ司教）を飛び回ることはない。空に何かあると思うのか？　そうではない。あなた方は、ともしびの燃料が不足して部屋の中が暗くなった家のようなものだ。あなた方は目が見えない。目が濁っている（マタイ6章22節以下、ルカ11章34節～36節)。あなた方は大いに飲み食いし、踊る。しかし、火山はいつ何時でも、爆発するのだ。ソドムとゴモラの恐ろしい運命が繰り返されるだろう(ルカ17章28節以下)。〔ノアを襲った〕大洪水はすぐそこに迫っている(マタイ24章37節～39節、ルカ17章26節以下)。[1]

「火と水の巨大な襲来の組み合わせ」が、ルカ福音書12章49節以下の二重の比喩《メタファー》の背後にある。「私が来たのは、地上に火を投ずるためである。その火がすでに燃えていたならと、どんなに願っていることか！　しかし、私には受けねばならない洗礼《バプテスマ》がある。それが終わるまでは、私はどんなに苦しむことだろう！」。この二重の比喩《メタファー》の中に、悲劇的な闘争が反映しており、その激しさは聖書において預言者エレミヤの自己啓示の中で、使命の委任とそれを避けたいと思う自然な感情との葛藤として見出されるだけである。

イエスは、新しい時代をもたらす方だ。だが、新たな創造への道を歩むには、災危と破滅、巨大な火と水の襲来を通り抜けねばならない。「私に近い者は火に近い。そして、私から遠い者は御国から遠い」(トマス82項)。[2]

神の呪いが「実のならないいちじくの木」(ルカ13章7節)にかけられている。その木は「切り倒されて火に投げ込まれる」(マタイ7章19節)。「枯れた木」の運命は生木よりもさらに悲惨だ(ルカ23章31節)。油断した鳥を罠が捕らえるように、災厄が突然、あなた方に襲いかかるだろう」(ルカ21章34節以下)。

旅人の比喩は「一日のうち明るいのは十二時間しかない」と注意を促している。夜になるまでに、明るい時間は少ししか残っていない。暗闇で旅人は石ころにつまずき、道に迷う（ヨハネ12章35節、同11章9節以下参照）。「盗賊に押し入られたのに、ぐっすり寝込んでいる家の主人」の話を、警告と受け止めなさい（マタイ24章43節以下、ルカ12章39節以下、トマス21項b）。[3]「愚かな金持ち」のたとえ話（ルカ12章16節～20節、トマス63項）[4]に耳を傾けなさい。金持ちは豊作で潤った後、さらにたくさんの収穫を得ようと準備したが、神は一夜のうちに彼の安泰な暮らしを打ち砕いたのである。

ルカ福音書では、12章の「愚かな金持ち」の導入部の〔イエスと群衆との〕対話（13節～15節）が、16節からのたとえ話のきっかけを提供している。〔13節で〕群衆の中にいた兄弟の弟の方が「兄が遺産を自分に分けてくれない」と不満を述べる。[5]彼がイエスに訴えたということは、イエスが法律の専門家でないにもかかわらず、人々の間で「権威ある者」として振る舞っていたことを示している（13節〔「先生……兄弟に言ってください」〕）。イエスは彼の訴えに対して判断を下すのを拒むが、それは単に、自身の職責ではないから（14節）だけではなく、何よりも財産を持つことが来たるべき時の〔天の国の〕暮らしにそぐわない（15節）からであった。このたとえ話は、なぜイエスが「地上の富を完全に無視すべきもの」としたのかを説明している。このイエスと群衆との対話（ルカ12章13節以下、ただし15節の言葉を除いて）は、トマス福音書72項に独立した断片として保持されていることから、この箇所は元々このたとえ話に属していなかった、と判断できる。

18節　ここに出てくる「barns〔新共同訳は『倉』と訳している〕」は、「脱穀作業をするまで穀物を置いておく納屋ではなく、穀物を貯蔵する倉庫か保管所を意味している」（W. Mchaelis〔ドイツのプロテスタント神学者、一九五三年没〕）。

20節　「しかし神は彼に言われた」。神は（おそらく死の天使を通して、夢の中で）彼にメッセージを送った。「今夜、お前の命は取り上げられる」＝「神はお前の魂を要求される」。つまり、命は神から借りたものであり、まさにその夜、神は返済を通告したのだ。

これから先、何年も不作を心配しなくていい、と考える金持ちの農夫（19節）は「愚か者」（20節）である。「愚か者」とは、聖書の用語によれば、神の存在を実際の行いの中で否定する者〔詩編14章1節〕という意味である。彼は神を考えに入れず、頭上にあるダモクレスの剣――死の前兆――を見逃している。

だが、あまりにも明白な結論は避けるべきである。イエスが聴衆に「死は突然、襲ってくる」という古くから言われてきたことを印象づけようとしたかのように考えてはならない。むしろ、訴えと警告のたとえ話は、二つ合わせて、個人の避けようのない死ではなく、迫りつつある終末論的破滅と審判を、差し迫った危機としてイエスが捉えていたことを示している。

ここでも同様に、〔「ある金持ちの畑が豊作だった」で始まる〕ルカ福音書12章16節〜20節は終末論的なたとえ話である。イエスは聴衆たちがこの話の結論〔「愚かな者よ、今夜、お前の命は取り上げられる……」〕を自分達が置かれている状況に当てはめて考えるように期待していた。つまり、洪水に脅かされる時に財産をため込むのであれば、自分たちも死の脅威のもとで「愚かな金持ち」と全く同じ愚か者になるのだ、と。

何が起こるのか？　最初に予兆的な攻撃がある。屍を食らうジャッカルが洗礼者ヨハネを貪った後で人の子を襲おうと狙っている（ルカ13章32節〔この箇所ではなく、22章2節以下「……イエスを殺すにはどうしたらよいかと考えていた。……ユダは……イエスを引き渡そうと、良い機会を狙っていた」の誤りかと思われる〕）。次に、大きな誘惑の時が来て、邪悪なものの最後の激しい襲撃があり、神殿の破壊、そして筆舌に尽くしがたい大災害（ルカ23章29節〔「人々が、『子を産めない女、産んだことのない胎、乳を飲ませたことのない乳房は幸いだ』という日が来る」〕）が起こる。それに続いて「神の審判」が起こる。人々が分けられる時が来る。「賢いおとめ」と「愚かなおとめ」、「忠実な管理人」と「不忠実な管理人」の区別がはっきりするだろう。「言葉を聴くだけの者たち」は、「言葉を行う者たち」と分けられ、「羊」は「山羊」と分けられるだろう。畑に二人、粉引き場に二人、あちらの男とこちらの女。見たところ外見は全く同じようで、人間の目には区別がつかない。だが分けられる時には、とても大きな差異が明らかになる。一人は「神の子ども」、もう一人は「滅びの子ども」に分けられるからである（マタイ24章40節以下）。

「来たるべき審判」に関わりを持つ数多くのたとえ話の特徴は、その多くが極めて限られた人々の群れに対して警告を発しているということである。イエスの敵対者たちに対しては、ルカ（19章12節、14節以下、17節、19節、27節）から推察できるように、「王位を受けようとする人」のたとえ話が語られている。「財産管理を委ねられた僕」〔新共同訳では「忠実な僕と悪い僕」〕（マタイ24章45節〜51節a、ルカ福音書12章42節〜46節）、(7)「タラントン」（マタイ25章14節〜30節、ルカ19章12節〜27節）、(8)そして「門番」（マルコ13章33節〜37節、ルカ福音書12章35節〜38節）のたとえ話は、すでに見たように明らかに人々の指導者たち、特に律法学者たちに向けられている。

神は、国民の霊的指導、神の意志を知ること、神の王国の鍵など多くのことを彼らに任された。今や神の審判がそこまで来ている。律法の専門家たちに判決が下されるだろう。神の大いなる信頼を正しく受け止めたか、それとも踏みにじったか。神の賜物を十分に生かしたか、それとも自分自身のために利用し、同胞たちに重荷を押しつけるのに使ったのか。神の王国の扉を開いたのか、それとも閉じたのか。彼らの受ける審判は特別に厳しいものとなるだろう。「二人の僕」（ルカ12章47節〜48節a）の比喩で、神の意思を知っている者は、律法を知らない一般の人々よりもはるかに厳しく罰せられるとイエスは彼らに語っている。

福音書の著者たちは、「邪悪な農夫」（新共同訳では「ぶどう園と農夫」）のたとえ話（マルコ12章1節以下）を、サンヘドリン（ローマ時代に設置されたユダヤ人議会＝岩波『キリスト教辞典』）[9]の議員たちに向けて語っている（同11章27節参照）。これは正しいに違いない。なぜならイエスがこのたとえ話の基にした「ぶどう畑の歌」（イザヤ書5章1節以下）は、ぶどう畑がイスラエルの象徴とされている[10]ことから、「神の民」を「ぶどう畑」になぞらえているからである。これに対して、イエスはこのたとえ話で「ぶどう畑」ではなく、「借り手の農夫たち」について語っているので、神の民全体に対してではなく、その指導者たちに語りかけていると見てよい。

さらに、極めて可能性が高いのは、このたとえ話が現在の文脈が示すように、神殿の浄化との関連で語られているということである。この件では、たとえ話の語る恐るべき脅威が向けられているのは、神殿の権力者たち、特にサンヘドリンの祭司職議員だろう。神の家が強盗の巣になっている。神は大いなる忍耐で〔回心するのを〕待っておられたが、今や支払いを求めようとしておられ、最後の世代の人々は積み重ねた罪を償わなければならない。

マタイ福音書15章12節――「盲人の道案内をする盲人たち」についての話によれば、盲人と一緒に穴に落ちた道案内の盲人たちは、「ファリサイ派の人々」になぞらえられている（マタイ15章14節、ルカ6章39節、トマス34項）。さらに言えば、「おが屑と丸太」の比喩《メタファー》（マタイ7章3節～5節、ルカ6章41節以下、トマス26項）も本来、ファリサイ派の人々に対して語られたものであろう。マタイ福音書12章33節の「良い木と悪い木」の話（並行記事マタイ7章16節～20節、ルカ6章43節以下）や、これと内容的に対をなす「良い宝と悪い宝」の比喩（マタイ12章35節、ルカ6章45節、トマス45項b）も同様である。あなた方の行いと言葉は、あなた方が本質的に邪悪であり、神の審判を受けることを示している、と。

同じように、ヨハネ福音書9章40節（同10章6節、19節～21節参照）によれば、「羊飼い」のたとえ話は、「ファリサイ派の人々」に対して語られたものである。民の指導者たちは、盗賊や強盗のように神の群れを台無しにしたことで責めを受け、良き羊飼いが来て、彼らの破壊的な行為を白日の下にさらされた。

マタイ福音書23章37節、並行記事ルカ福音書13章34節――「雌鶏と雛」の話――では、都中にイエスの嘆きが発せられる。この話は、旧約聖書・イザヤ書31章5節の「翼を広げた鳥たちのように、万軍の主はエルサレムの上にあって守られる。これを守り、助け、かばって救われる」が基になっている。この大胆な比喩《メタファー》は、神を「雛鳥を守る羽を広げてはばたく鳥たち」になぞらえているが、イエスはこれを、神の指名した代理者である自分自身に移して語っている。

雛の群れに猛禽が襲いかかるように、エルサレムが脅かされている。切迫した破滅を前にして、覆いを広げ、助け、逃れさせ、守ることを切望しながらイエスは見守っていた。「それなのに、あなた方は〔私の警告に応えようと〕しなかった」。それで「神はあなた方が汚した神殿を見捨て、放棄し、あなた方を裁きにかける」（マタイ23章38節、ルカ13章35節）。

そして最後に、「実のならないいちじくの木」（ルカ13章6節〜9節）と、「塩気をなくし外に投げ捨てられ人々に踏みつけられる塩」（マタイ5章13節、ルカ14章34節以下、マルコ9章50節a参照）の話に込められた厳しい警告は、イスラエル全体に向けられたものである。「あなた方は、『神の民に属している』という理由だけで神の審判を免れることはできないだろう」。

「If the salt becomes foolish（もしも、塩が馬鹿になるなら）」（マタイ5章13節、ルカ14章34節）[11]というおかしな表現は、誤訳に基づいている〔新共同訳では「塩に塩気がなくなれば」となっている〕。マルコ福音書では、この箇所は、「If salt becomes saltless（9章50節）〔新共同訳は「塩に塩気がなくなれば」となっている〕」と正しく訳されている。「もしも、塩が馬鹿になるなら」というマタイ、ルカと同じ表現になっているマタイ福音書とルカ福音書が基にした伝承による表現は、明らかにこの言葉が「愚かな弟子たち」あるいは「愚かなイスラエル」を指すように考えてのことである。イエスは「塩気をなくした塩」という当時よく使われていた言い方に、「役に立たない」あるいは「意味のない」という意味を込めたと思われる。

この箇所に続く、AV(12)で「Where with shall it be salted?」(マタイ5章13節)と訳されている個所は、おそらく、「Through what shall it (the salt) regain its saltness?」(マルコ9章50節参照)〔新共同訳では「塩に塩気がなくなれば、あなた方は何によって塩に味をつけるのか」〕ではなく、「With what are (the foods) to be salted?」(ギリシャ語テキストによるルカ14章34節の翻訳)〔新共同訳は「その塩は何によって味がつけられようか」〕を意味するのだろう。

「Except」(マタイ5章13節)〔新共同訳では「だが」〕は「例外」を表現したのではなく、反意的接続語(「but =だが」。ルカ4章26節、27節、マタイ12章4節、ガラテヤの信徒への手紙1章19節参照)として使われたと考えられる——塩気をなくした塩はそれ以上、使われることはなく、外に投げ捨てられるだろう。

イエスの聴衆の日常生活において、どういう場合に塩が塩気をなくし、外に投げ捨てられたのかという問いに対して、よく言われる答えは次のようなものである。「アラブ人のパン屋は、かまどの床に板状の塩をかぶせ、その触媒効果で少ない燃料(たとえば、乾燥させたラクダの糞)でもパンを焼けるようにするが、十五年も経つと塩は触媒効果を失い、外の通りに投げ捨てられる」。

だが、この説明は、イエスが明らかに食品用に使われた塩について語っていることを見過ごしている(先の記述を参照)。日々の経験に基づく、もっと分かりやすい次のような説明にとどめておくべきだろう。塩は工業的に作られるものではなく、死海沿岸にある水分が蒸発した溜池か、夏に干上がるシリア砂漠の端の小さな湖から得られる、ということも思い起こす必要がある。地面から掘り出された硬い薄板状の塩は純度百パーセントではなく、(マグネシウム、石灰、植物性の物質などの)異物が混ざっている。この塩が湿気で溶けると、役に立たないごみとして残る。

マタイとマルコはこの塩についての話を、弟子たちに向けて語られたものとしているのに対し、ルカはこれを群衆に語った警告と見なしている（14章25節〔「大勢の群衆が一緒についてきたが、イエスは振り向いて言われた」〕）。後者の見方は標準的な解釈にもっと近いかもしれない。なぜならタルムードでは塩に関する話が、イスラエルに対する危機の警告として理解されているからである。イエスは彼らに、あなた方が神の民であることは、見せかけの信頼の土台にはならないと警告しているのである。

神に選ばれた民の最後の世代、救い主の世代は、「すべての罪を負う」（マタイ23章35節、ルカ11章50節、マルコ12章9節も参照）のか、それとも、「完全な赦しの受け手となる」（ルカ19章42節）のか、決定的な判断が下される世代である。だが、「危機が差し迫っている」というイエスの警告は、〔世代全体ではなく〕救い主の出現を信じる共同体に向けたものだった。その共同体の中でも、最終的な選別が行われようとしている、と。

イエスの二人の弟子がそれぞれの家を建て、外観に違いはない。だが、終末に起こる試練の洪水が、家を「岩の上に建てた者」と「砂の上に建てた者」の違いを明らかにする（マタイ7章24節～27節、ルカ6章47節～49節）。

これらのたとえ話を理解するためには、それぞれが特定の具体的な状況の中で語られたということを承知していなければならない。いずれの狙いも、道徳的な指針を示すことではなく、破滅に飛び込もうとしている民、特にその指導者たち、律法学者たち、祭司たちに対して、危機を認識するようシヨックを与えることにあった。だがそれ以上に、何よりも悔い改めを迫るのがその狙いにあったのである。

注

（1）マタイ福音書7章24節～27節、並行記事ルカ福音書6章47節～49節も参照。

（2）新約聖書にはないイエスの言葉だが、トマスによる福音書には載っている。J. Jeremias, *Unknown Sayings of Jesus*, second English edition, London, 1964, pp.66-73 参照。

（3）本書五二頁以降参照。

（4）イエスが言った、「ある金持ちが多くの財産を持っていた。彼は言った、『自分の財産を使って、種をまき、刈り入れ、植えつけ、自分の倉を収穫物で一杯にしよう。そうすれば、欠乏に悩まされることがなくなる』。これが、彼の心の中で考えたことである。そして、その夜に彼は死んだ。聞く耳のある者は聞くがよい」。

（5）兄は遺産を分けたくないようだ。

（6）本書六四頁以降。

（7）本書六二頁以降。

（8）本書六五頁以降。

（9）本書八一頁以降。

（10）イザヤ書27章2節～6節、エレミヤ書12章10節、詩編80章8節～17節。

（11）これは、RSV〔米国で二十世紀中期に編纂された Revised Standard Version, 改訂標準訳聖書〕では「If the salt lost its taste」と訳されている箇所のギリシャ語版逐語訳である。

（12）Authorized Version の略。英国王ジェームズ一世の名を受けて一七世紀に完成した欽定訳聖書。

5　「遅すぎるかもしれない」

最後の時だ。神の恵みの支配が訪れた。だが、大洪水がすぐそこに迫っている（マタイ24章37節～39節、同7章24節～27節も参照）。斧が実のならないいちじくの木の根元に置かれている。しかし、驚くべきことに、神はその聖意の達成を先延ばしにし、悔い改めに再度の猶予を認めた（いちじくの木のたとえ話＝ルカ福音書13章6節～9節）。最後の難局の中でさえも、神は聖意の達成を再度延期し、選ばれた人々のために反キリストが猛威を振るう期間を短くされる（マルコ13章20節）。

ルカ福音書13章6節　「このぶどう園に」――パレスチナでは、ぶどう園に他の果樹も一緒に植えるのが普通だったので、正確には「果樹園」である。

7節　いちじくの木の実は「聖なるものとなる前、植えてから三年間は食べてはならない」（レビ記19章23節）ことになっている。〔実が食べられるようになって三年経っても実がならないのだから〕この木は植えられてすでに六年経っており、実がなる見込みはない、ということになる。「なぜ、この木が土地を疲れさせているのか？」――いちじくの木は栄養分を特にたくさん吸収してしまうため、周りのぶどうの木が必要とする栄養分を奪い取ってしまうからである。

8節　「木の周りを掘って、肥やしをやってみます」――ぶどう畑に肥やしをやることは、旧約聖書のどの部分にも述べられていない。まして、普通のいちじくの木にそのような手入れを義務としてする必要はない。だから、この園丁は最後の可能な方法、つまり普通でないことをする、と申し出ていることになる。

アヒカルの物語（紀元前五世紀以前に書かれた〔アラム語で書かれた物語詩。紀元前六一二年から五九九年にかけてアッシリアが滅亡する前に書かれたといわれている〕）に、次のように父親が子に語る話が出ている。

「息子よ。お前は、水辺に植えられているのに実をつけない木のようだ。持ち主はその木を切り倒さなければならない。木は答えた。『私を植え替えてください。それでも実をつけなかったら、切り倒してください』。だが、持ち主は木に言った。『お前は水辺に植えられていて実をつけなかった。他の所に植え替えられて、どうやって実をつけるのか？』」

イエスは、おそらく様々な形で語られていたこの民話を使っていると思われるが、民話とは別の締めくくり方をしている——申し出は拒絶されず、受け入れられた——審判の告知は悔い改めの呼びかけに改められている。神の慈しみは、すでに言い渡されていた刑の執行猶予を認めることにまで及ぶのだ。

イエスはこの話に、執り成しをする「園丁」をつけ加えた。この人物は、叙述をもっと生き生きとしたものにするために取り入れられたものなのか？　さもなければ、その裏にもっと深い意味があるのだろうか？　「刑の執行猶予を嘆願する園丁」という新たな登場人物に、イエス自身が隠されているのか？

この問いと関連して思い起こすべきなのは、弟子たちが、これらのたとえ話を群衆や敵対者と異なる仕方で理解しなければならなかったということである。そして、弟子たちがそれをどう理解したかに関しては、第二の選択肢――たとえばルカ福音書22章31節以下〔「サタンは、あなた方を小麦のようにふるいにかけることを神に願って聴き入れられた。しかし、私はあなたのために信仰がなくならないように祈った……」〕が的を得ているかもしれない。

しかし神が与えられたこの恵みの猶予は、その期間を超えることはない。もしこの最後の悔い改めの時が虚しく過ぎるならば、神の忍耐は尽きよう。その時、どんな人の力もその猶予期限を先に延ばすことはできない（ルカ13章9節）。そして祝宴の式場への扉が閉じられ、入ろうとする人々は「遅すぎた」と告げられるだろう。

二つの関係するたとえ話は、「遅すぎた」が何を意味するかについて述べている。いずれも、招待客で一杯になった祝宴の式場への閉じられた扉に言及している。この二つは「十人のおとめ」のたとえ話（マタイ25章1節～12節、ルカ13章25節～27節）と「大宴会」のたとえ話（ルカ14章15節～24節、並行記事マタイ22章1節～10節）である。

マタイ福音書25章1節以下　ここで書かれている「十人のおとめ」のたとえ話は、与格で始まるたとえ話の一つである（本書一一三頁以降参照）。「神の王国」は、「おとめたち」ではなく、「婚宴」と比べられる（本書一一四頁参照）。「十」は、2節の「五」と同じようにおおよその数字である。「ともしびを持って……出て行く」。これは物語の始まりと慣例上見なされる――おとめたちは、ともしびを持って歩き始める――たとえ話はこれに続く箇所で、彼女たちにその後、たとえば途中で何が起こったのかを語っている。このような見方に対しては、次のようないくつかの反論がある。

まず第一に、東方の娘たちが戸外で、しかも（9節の「店」から推定されるように）「町中で眠り込む」（5節）ことは想像し難い。第二に、彼女たちが花婿を待っていて眠ってしまった場所がどこなのかが語られていない――娘たちが歩いていった途中のどこかの場所だとすると、それを示す手がかりがなければならないだろう。第三に、「ともしび」は通常は粘土で作られた、小さくて戸外では使えないような家庭用のランプ（マルコ4章21節その他）でも、ランタン〔手提げランプ・ヨハネ福音書18章3節〕でもなく、たいまつ〔先端に油を染みこませた布切れか麻を巻いた棒〕を指す。だがそれでは、娘たちが眠っている間、たいまつが燃え続けることは不可能である。

マタイ福音書22章2節の終わりにある関係節が、「婚宴」のたとえ話の頭書きの一部であるように、この25章1節の終わりの関係節が、事の起こりの初めの行為ではなく、このたとえ話の頭書きの代わりに使われた導入部の一部と考えれば、これらの反論すべてに納得がいく。つまり、「ともしびを持ったおとめたちが花婿を迎えに出る時と同じように、神の国の到来も、そのようにされるのだ」というのが、1節の意味なのである。

このたとえ話の始まりの状況がどういうものなのかは、次の注釈で理解できるだろう。「花婿を迎えること」――花婿が花嫁を彼女の家から連れてきて、二人が花婿の両親の家に入る時に、結婚の祝いは最高潮を迎え、終わる。たいまつやその他のともしびを持って花婿を迎えることは、現在のパレスチナでも習慣になっている。その細かい点は村々によって異なっており、地方ごとの異なる記述は複雑なイメージを私たちにもたらす。だが、ほとんどすべての地域に共通していることが一つだけある。それは花婿が夜半、自分の両親の家へ入ってくることで、婚礼が最高潮に達し、終わるという事実である。

私の亡父は、一九〇六年にエルサレムで行われた結婚式に招かれた時のことを、次のように書いている。「夜遅く、客たちは花嫁の家に招かれ、歓待された。何時間か過ごした後、真夜中の半時前に、花婿（彼の到着は何度も繰り返し、使者から伝えられる）が花嫁を連れに来た。彼は燃えるろうそくの光の海の中を友人たちに先導されて進み、外に出た招待客に迎えられた。そして再び光の洪水の中を花婿と花嫁は、荘厳な行列とともに、花婿の父親の家に向かった。そこで婚宴が催され、再び飲み物が供された」。たとえ話については、花嫁の家のたち――全員が表に出て、花婿の到着の合図を待っている――を頭に描く必要がある。

3節　「愚かな乙女たちは……油を用意していなかった」――彼女たちは、ともしびを十五分以上燃やす時に必要となる予備の油を入れた壺（4節参照）を持つのを怠った。

4節　「壺」は細い首のついた小さな入れ物。

5節　「花婿の来るのが遅れたので」――パレスチナにおけるアラブの結婚式に関する最近の報告でも、人々が花婿の到着を何時間も待つ、ということが頻繁に伝えられる。到着が遅れる原因で最近の通例となっているのは、花嫁の近親者たちに渡すことになっている贈り物について、意見が一致しないことである。

古代には、結婚の契約書の内容で言い争いがよくあった。契約書には、離婚か夫の死で結婚が解消された場合に、妻に支払われる金額が明記されることになっていた。往々にして激しい言い争いになるこのような契約を避けることは、花婿の親族たちから花嫁に対する悪意のある冷淡な振る舞いと見なされるだろう。一方で、将来、花婿の親族となるはずの花嫁の側が、花嫁になることを嫌々諦めるそぶりを示すならば、それは花婿に対してのお世辞を意味する。

7節　「(おとめたちは) それぞれのともしびを整えた」――彼女たちはたいまつをつかみ、おそらくそれに油をかけて、火をつけたのだろう。

10節　「〔用意のできている五人は花婿と一緒に〕婚宴の席に入り」――婚礼が行われる屋敷に行き、ともしびが消えるまで踊った。

12節　「私はお前たちを知らない」は、教師が七日の間、弟子との絶交を言い渡す叱責の決まり文句で、「私はあなたと何の関係も持ちたくない」の意味である。

このたとえ話は、危機のたとえ話（本書五七頁以降参照）の一つである。婚礼の日を迎え、祝宴の用意もできている。「全能者であり、私たちの神である主が王となられた。私たちは喜び、大いに喜び、神の栄光をたたえよう。小羊の婚礼の日が来て……小羊の婚宴に招かれている者たちは幸いだ……」（ヨハネの黙示録19章6節、7節、9節）。このたとえ話の初め（マタイ25章1節）の「喜びの調べ」に注意を払う者だけが、それが伝えようとしている「厳しい警告」をはっきりと理解できる。つまり、それだけ一層、救いの成就に先立つ審判と判決の時に備えることが何よりも求められている。花婿が真夜中に到着するように、その時は突然やってくる。

ああ、何と哀れな、あまりに愚かな、予備の油を持たず、宴会場に入ろうとして扉を閉められたおとめのような者たちよ。彼らは手遅れだ。なぜなら、マタイ福音書25章1節~12節の結語に並行して記された、ルカ福音書13章24節～30節の「閉じられた扉」のたとえ話（新共同訳では「『狭い戸口』のたとえ話」）で説明が追加されているように、彼らが不義を行っていたなら、イエスと親しくつき合っていたことは何の役にも立たないからである（ルカ13章27節）。

「遅すぎて間に合わない」はまた、「婚宴」のたとえ話（マタイ22章1節～10節、ルカ14章15節～24節）のもう一つのメッセージでもある。トマスによる福音書64項には次のように書かれている。

――イエスが言った。

「『ある人に客があった。そして、彼は晩餐を用意して、客を招くために、彼の僕を送った。僕は最初の人のところに行って、彼に言った。『私の主人があなたを招いています』。彼は言った。『私は商人たちに（貸した）金があります。彼らは今夜私のところに来るでしょう。私は出て行って、彼らに指図を与えるでしょう。晩餐をお断りします』。

僕は他の客のところに行って、言った。『私の主人があなたを招きました』。彼は僕に言った。『私は家を買いました。人々は一日中私を必要としています。私には時間がありません』。

僕はまた他の客のところへ行って、言った。『私の主人があなたを招いています』。彼は僕に言った。『私の友人が結婚することになっています。そして、私は祝宴を催すでしょう。私は行くことができません。晩餐をお断りします』。

僕はまた他の客のところへ行って、言った。『私の主人があなたを招いています』。彼は僕に言った。『私は村を買いました。私は行って小作料を受け取らなければなりません。私は行くことができないでしょう。お断りいたします』。
僕は戻り、主人に言った。『あなたが晩餐にお招きになった人々は断りました』。主人は僕に言った。『道に出て行きなさい。お前が見出した人々を連れてきなさい。彼らが晩餐にあずかるように、あの買主や商人は私の父の場所に入らないであろう』』。

すでに見てきたように、「大宴会」のたとえ話はマタイ福音書において劇的に編集されており、まさに救済計画の寓喩へと変わってしまっている。[1] これに対して、ルカ福音書とトマスによる福音書では（ルカ[2]では招かれていない人に対する招待が重複していたり、トマス[3]では弁解を拡大していたりと若干の拡張を除けば）、このたとえ話の元の形が本質的に変えられずに残されている。

ルカ福音書14章16節　召使を一人しか持たないこの民間人は、「王」（マタイ22章2節、本書七二頁、七八頁以降参照）よりも古い表現である。招かれた客は金持ちや大地主たち（19節参照）である。

17節　宴会は「用意ができた」。宴会の際に、招待を繰り返すのは、エルサレムの上流階級でされていた特別の儀礼的な行為である。

19節　「二頭ずつ繋いだ雄牛」――パレスチナ地方のアラブ人の間ではフェダン（feddan）が土地の測量に使われる最も一般的な単位。一フェダンは通常、二頭一組の雄牛で一日に耕すことのできる土地の広さのことを指す。これとは別に法律上のフェダンがある。この場合の一フェダンは、二頭一組の雄牛の年間の作業量、良質の土地なら平均で九～九・四五ヘクタールに相当する。一般の農民は、二頭一組か二組の雄牛が耕すことのできる広さの土地、およそ十～二十ヘクタールを所有している。たとえ話にあるように、二頭ずつ五組の雄牛を買ったということは、この人は少なくとも四十五ヘクタール、おそらくそれよりももっと広い土地を所有しており、大地主であった。

20節　「妻を迎えたばかり」は、婚姻の手続きがつい先頃完了したことを示している。これは「私は結婚したばかりです」と同義である。男性だけが宴会に招かれたが、結婚したばかりの男性は新妻を家に一人にして出席したくはない。

21節　「体の不自由な人、目の見えない人、足の不自由な人」は、オリエント世界では事実上、「物乞い」を指す。（13節にあるように）そうした人々を招いたのは、熱情によるのではなく、宗教的な動機からでもなく、〔最初に招いた人々に拒否されたことによる〕怒りによるものだった。

23節　物乞いに加えて、僕は「大通りや小道」にいる浮浪者を連れてこようとする（本書七〇頁参照）。「無理にでも連れてきなさい」――極貧の人々であっても、手を取って、ていねいに屋敷に連れていってもらうまでは、東方的な礼儀で、宴席への招待に控えめに抵抗する。「この家をいっぱいにしてくれ」――宴会を催す主人にとって何より大事なのは、最後の一席まで埋めることである。

24節　ここでの「私」が誰を指しているのか（「私はあなた方に言っておくが」「私の食事」）については議論のあるところである。本節の「あなた方」という複数形は、主人が前節で一人の僕に命じた言葉とは一致しない〔新共同訳では、24節の出だしは「言っておくが」となっており、主人が語っている相手である「あなたに」が省かれているので、新共同訳ではこの説明は分からない〕。

したがって、ルカ福音書11章8節、15章7節、同10節、16章9節、18章8節、同14節、19章26節〔新共同訳では、以上すべての出だしが「言っておくが」となっており、「あなた方に」が省略されている〕

と同じように、本節はイエスの最後の審判の序言であるように思われる。イエスは「私の食事」という言葉で、救い主の食事について語ったのであろう（ルカ22章30節参照〔30節では「あなた方は、私の国で私の食事の席に着いて……」となっている〕）。ルカはそのように理解して、このたとえ話の中に、救い主の食事の寓喩を見ていたと思われる。トマスによる福音書64項もまた、最後の箇所はイエスの言葉と考えられており、「天の食事」と関係づけられている——「買主や商人は私の父の場所に入らない」。

それでも24節は本来、家の主人が語った言葉であろう。その理由は、①「for」（なぜなら）〔この表現は新共同訳には見られない〕の言葉によって、23章の命令は基礎づけられており、②「私の食事」は23章の「私の家」に対応するからである。だが、たとえ24節が家の主人の語った言葉だとしても、この物語の枠を打ち破っている。つまり、24節は、「私の食事」を「救い主の食事」に当てはめる場合に限って、実際の威嚇の言葉となるのである。

もしこの物語が私たちにあまりぴんとこないのだとしたら、私たちはこの物語の非現実性をさらに強く感じることであろう。特に現実の生活では常識に反すると思われる特徴が二つある。①招かれた客が皆、申し合わせたように、全く同じように招待を断っていること、②主人は、彼らの代わりにわざわざ物乞いやホームレスを招いていること。つまり、物語全体が寓喩であるとの結論は避けがたいように思われる。にもかかわらず、この結論は誤りであろう。それどころか、イエスは当時この地方でいくらかよく知られた物語資料、パレスチナのタルムードにアラム語で記された「裕福な徴税人バル・マヤンと貧しい律法学者」の物語を採用していたのである。イエスがこの物語を知っていたことは、彼がその話を繰り返し使っている事実から確認できる。後で見るように、彼はその物語の結語を「裕福な人とラザロ」のたとえ話の中でも使っている（本書二一八頁以降参照）。

裕福な徴税人のマヤンが亡くなり、立派な葬儀が行われたそうだ。皆が彼を最期の休息の場所まで見送ることを望んだので、町全体の人々の仕事が休みになった。時を同じくしてある貧しい律法学者が亡くなったが、彼の埋葬には誰一人として注意を払わなかった。このようなことを許すとは、神はそれほどまでに不公平な方なのか？

その答えはこうだ。バル・マヤンは敬虔とは程遠い生き方をしたが、一度だけ善い行いをし、その最中に不意に亡くなった。彼のその善行はそれまでのいかなる悪行によっても帳消しにされないものであることが彼の死の瞬間に確定したので、彼の善行は神から報いられねばならなかった。そして、あの立派な葬式を通してその報いをうけたのだと。では、その彼の善行とは何であったのか？　彼は市の評議員たちのために宴会を準備したが、彼らは来なかった。そこで彼は、食べ物が無駄にならないように、貧しい人々に来て食事を取るようにと命じた。[4]この物語について考えることで、ルカ福音書14章18節〜20節で招かれた人々がとった不思議な行動を理解できるようになる。

ここに登場する主人は金持ちになった徴税人と考えるべきである。彼は、自分が上流社会に完全に受け入れられたいと願って招待状を出した。だが、招待を受けた全員が申し合わせたように、彼によそよそしい態度をとり、あまりにも見え透いた言い訳をして招待を断る。それに腹を立てた彼は、物乞いたちを家に招き入れる。町の有力者たちに好かれようとは思わないし、関係を持ちたくもないということを意思表示するためである。

イエスは嘘つきの召使の振る舞い（本書四九頁、二一五頁以降）をもって、決断的行動の必要性を説き、あるいは非良心的な裁判官の行い（本書一八〇頁以降）と貧しい女性の諦めることのない訴え（本書一八〇頁以降）をもって、神の限りない慈しみを説くのをためらわなかったように、この場合も、徴税人の振る舞いをもって、神の怒りと慈しみをともに説くことを少しもためらわなかった。

平穏を得るために女性の執拗な申し立てを受け入れた裁判官のように、この金持ちの徴税人の動機も「利己的で卑しかった」ことは、イエスが説教の材料に使うのを妨げるものではなかった。むしろ、その引き合いに出すものとして、これらの人物を選ぶ気にさせたのである。それでこそ24節の結語が非常に重要な意味を帯びてくるからである。私たちはこう想像せざるをえない。

イエスの聴衆たちは、成り上がり者が次から次へと無礼な扱いを受けて、次第に怒り出したという描写にくすくす笑いをしたこと。そして、派手に飾り立てた徴税人の家に向かって進んでいく貧しい招待客の奇妙な行列を、上流階級の人々が自宅の窓から軽蔑の目で眺めているのを思い浮かべて、大笑いしたのではないかと。しかしイエスが、家の主人として「家はいっぱいになった。招待客が全員揃った。最後の席もふさがった。扉を閉めなさい。これ以上、誰も宴会に参加することは認めない」と厳しく宣言した時、彼らは大きな衝撃を受けたに違いない。

このたとえ話を正しく理解するためには、「すべての用意が整った」（17節）との呼びかけを通して響き渡る「喜びの調べ」に注意を払わなければならない。「見よ、今は迎え入れられる時、見よ、今は救いの日だ」（コリントの信徒への手紙二6章2節）。神はその約束を果たされ、もはや隠されてはいない。だが、もし「御国の子ら」（マタイ8章12節）、神学者たちと信心深い仲間たちが神の呼びかけを無視するならば、軽蔑されている者たちや無信仰の者たちが、彼らに取って代わるだろう（本書七〇頁を参照）。前者に対しては、宴会場の閉ざされた扉の内側からの「遅すぎる」という声しか聞けないだろう。

注

（1）本書七〇頁以降、七七頁以降参照。
（2）本書七〇頁以降参照。
（3）本書七〇頁以降参照。
（4）この物語は本書二一八頁以降に続く。

6　時間の挑戦

「遅すぎるかもしれない」――この言葉でほのめかされている脅威は、時間の要請（挑戦）を告げている。それは、今こそ断固として行動すべき時であるとの意味である。それは、「借りのある人」のたとえ話（マタイ5章25節以下、ルカ福音書12章58節、本書四五頁参照）が伝えようとしているメッセージである。

マタイ福音書5章25節　「あなたを訴える人」――あなたに貸した物か金を取り返そうと、裁判所に出向いた人のこと。ここでは、不定の未来に起こるかもしれないという意味で、「lest some day（いつか……ないように）」（マルチン・ルター）と訳すべきではなく、「……でないように（つまり、あなたが何が起きているかを知る前に）」という意味でなくてはならない。「そして、あなたは牢に投げ込まれる」――「借金」による投獄と「一般の刑罰」としての投獄について、ユダヤの法律に定めがあったことは知られていない〔つまり、定めがなかった、と考えられる〕。したがってイエスは、「審判の恐ろしい姿」を強く印象づけようとしたがために、聴衆が非人間的と感じたようなユダヤ以外の法的慣行をわざと引き合いに出したのだと推論しなければならない。

26節「最後の一クァドランス〔を返すまで〕」――ここで意味しているのは四分の一アサリオン〔パレスチナで使われていた。一アサリオンは百分の一デナリオン〕。ローマ通貨の最小単位。それほどの少額でも、返済は免除されないだろう。このような清算の厳格さは、刑罰の遂行がどれほど仮借なきものであったかを示している。

イエスは言う。「あなた方は、すぐにも裁判官の前に立たされる被告人だ。裁判所に行く途中で、いつ捕まるか分からない恐れを抱いて、自分を訴えている相手に出会う」。そして、ここに描き出された情景によって心がかきたてられ、懇願するように叫ぶ。「まだ時間があるうちに、問題を片づけなさい。あなたの負債を認めなさい。相手に返済を猶予し我慢してくれるように頼みなさい（マタイ18章26節、29節参照）。それがうまくいかなければ、恐ろしい結果になるだろう」。

このたとえ話は「不正な管理人」のたとえ話（ルカ16章1節～8節）と密接に関連している。

16章1節　「ある金持ち」は、おそらくガリラヤの事情が前提になっている。この金持ちは広大な土地の所有者で、管理をそこに住む管理人に任せていたと思われる。「この男が主人の財産を無駄使いしていると、告げ口する者があった」。東方では、帳簿をつけることも会計監査をすることも、知られていない。

3節　「[He]said to himself〔新共同訳では「人は考えた」と訳されている〕」は、「He reflected」と同義（ユダヤ人などが話すセム語系の言葉には、英語の「think（考える）」「reflect（思考する）」「consider（熟考する）」に相当する単語がない）。「土を掘る〔力もない〕」――管理人は畑で働くのに慣れていなかった。

4節　「I have decided〔新共同訳は「そうだ、こうしよう」〕」は「今、思いついた（It occurs to me now）」と同義。

5節～7節　管理人は〔主人に対する負債の返済を約束した〕証文を不正に書き換えることで、横領（1節）を隠蔽しようとする。負債があるのは、土地を借りて耕作し、そこから得られた収入の一定の割合――半分、あるいは三分の一、四分の一――を主人に支払う借地人か、もしくは借用証書と引き換えに品物の交付を受けた卸商人である。「油・百単位〔新共同訳では百バトス〕」（ギリシャ語テキストではbaths、約八百ガロン）は百四十六本のオリーブの木から採れる量[1]に相当し、負債額にして約一千デナリオン――「小麦百単位〔同コロス〕」（ギリシャ語訳ではcors。およそ百二十クォーター）は五百五十クォーターで、約百エーカーの畑の収穫量に相当し、負債額にして二千五百デナリオンに相当する。つまり極めて多額の負債を抱えていることになる。負債の減免額（それぞれ油は四百ガロン、小麦は二十四クォーターに相当）は、油が小麦よりもずっと高価なので、いずれの場合もほぼ同額の価値、通貨換算するとおよそ五百デナリオンとなる。このたとえ話でイエスは、大きな数字を好む東方の語り部の手法を使っている。

6節以下　管理人は、主人あての証文を自分のところに保管している。彼は同じ筆跡で詐称が気づかれないようにと願いながら、債務者本人に証文を書き換えさせるか、あるいは新しい証文を作らせる。

7節　同じようなやり方で、他の債務者と取り引きをする（5節）。

8節　おそらく「主人」は、元々イエスを指したものであろう――本書四八頁以降参照。

犯罪者を模範的な人物として立てているように見えるこのたとえ話[2]によって、早い時期から引き起こされてきた衝撃は、この話を元の形（1節〜8節）の中で考え、拡張部分（9節〜13節）[3]を無視するならば、消え去るかもしれない。

「目を覚ましている僕」のたとえ話〔マタイ24章43節以下、ルカ12章39節以下〕[4]にあるように、イエスはおそらく、人々が憤激して語るのを聞いた実際の事件にちなんで、このたとえ話を語ったのだろう。イエスがこの事件を例として選んだ理由は、この事件をまだ知らなかった聴衆にも二重の注意が必要であると確信したからである。聴衆たちは「イエスが、（不正な管理人のやり方を）強く否定するような表現で物語を締めくくる」と予想していた。だが、全く驚いたことに、イエスはそうした予想を裏切って、この詐欺師を褒めたたえたのである。

あなたは腹立たしく思うだろうか？　しかしこのことを自分自身に当てはめてみるといい。あなたは、破綻に直面したこの管理人と同じ立場に置かれており、人生が破滅に追いやられているのである。あなたを脅かしている危機――事実すでにその渦中にあるが――は、比べようもなく恐るべきものである。

だが、このたとえ話に出てくる男は「抜け目がなかった」（8節a）、つまり、彼は自分の置かれた状況が危機的だということを認識していたのである。事を成り行き任せにせず、恐ろしい災難に打ち負かされようとする最後の瞬間に行動した。それが不正で無法なやり方だったことは疑いもない。イエスは彼の行動については弁明しないが、この場合、注意を向けるべきなのは、男の行為の不正さではなく、大胆に、断固として、抜け目なく行動し、新規巻き直しを図ったことなのである。あなたも、時の挑戦に打ち勝つのに、抜け目のなさが必要である。すべてが危機に瀕している。「差し迫った時の挑戦から逃れることはできない」――それが「金持ちとラザロ」のたとえ話（ルカ16章19節～31節）が伝えようとするメッセージである。

細部の点でも全体としてもこのたとえ話を理解するためには、このたとえ話の最初の部分が、来世における運命の逆転を主題にした〔当時〕よく知られていた民間物語の材料にちなんでいるということを認識する必要がある。その資料は、「オシリス〔古代エジプト神話の生産の神〕とその父セトメ・シャモイスの黄泉の国への旅」という古代エジプトの民話である。それは次のような言葉で話が終わる。「地上において善良であった者は、死者の王国において恵まれるであろう。地上において邪悪であった者は、死者の王国で苦しむであろう」。この物語は、アレキサンドリアのユダヤ人によってパレスチナに持ち込まれ、「貧しい律法学者と金持ちの徴税人バル・マヤンの話」として広く知られるようになった。イエスがこの話をよく知っていたことは、これが「大宴会」のたとえ話〔ルカ14章15節以下〕（本書二〇八頁以降参照）でも採用していることで分かる。その箇所はこの物語のはじめにすでに記しておいた。つまり、その律法学者は一人の会葬者もなく埋葬されたが、徴税人は壮麗な葬列と葬儀で見送られた。

ここではその結末が問題である。貧しい律法学者の同僚の一人が、来世でのこの二人の運命がどうなるのかを夢で見ることが許された。「葬儀の後間もなく、同僚は亡くなった律法学者が天国のように美しい庭園にいて小川の水を浴びるのを見た。そしてまた、徴税人のバル・マヤンが小川の岸に立っているのを見た。彼は水を浴びようとしているが、できずにいる有様を見た」。

16章19節　この金持ちは働く必要がなく、上等なエジプト綿の下着に華麗な毛織のマントを羽織って、毎日宴会を催していた。だが、彼の運命が示しているように、彼は不信心で道楽者の典型として扱われているにもかかわらず、彼の犯している罪に重きを置いていないのは、イエスが聴衆たちに対して周知の物語を引用したことから説明がつく。

20節　このたとえ話では、ラザロが名前のある唯一の人物である。だから、この名前――「神は助けてくださる」を意味する――は特別な重みを持つ。彼は手足が不自由で、皮膚病を患っていた（21節b）。物乞い（ヨハネ13章29節参照）の彼は、路上が居場所で、金持ちの邸宅の門のそばで通行人に施しを求めている。

21節　「腹を満たしたいものだ、と思っていた」（言い換えれば、「彼は食べ物をもらいたかったが、もらえなかった」）。「（金持ちの）食卓から落ちる物で」は、アラム語では、「金持ちの食卓に座っていた者たちが地面に投げ捨てた物で」という表現になる。それは「パンくず」ではなく、彼らが皿に浸し、手を拭うために用いてから、食卓の下に投げ捨てた「パンのかけら」を思い浮かべるといい。ラザロはそれで喜んで腹を満たすだろう。犬たちは凶暴な、街をうろついている野良犬である。ほとんど裸で手足の不自由なこの男は、犬を追い払うこともできなかった。古代ユダヤ教の報復思想によれば、彼の悲惨な状態は「神に罰せられる罪人」ということを意味していた。それゆえ聴衆たちは、次に来る言葉を予想することができなかったのである。

22節　「アブラハムのすぐそば」は、宴会で、家長アブラハムの席の右隣の（ヨハネ13章23節参照）栄誉ある席を意味する。この栄誉ある席、望むことのできる最高の席に就く、ということは、ラザロがすべての義人の集まりの中で最高の地位に立っていることを示している。彼は運命の完全な逆転を体験する。つまり、地上にいる時は食卓に就く金持ちを見上げていたが、今や自分自身が宴席に就くのを許されている。地上にいる時は蔑まれたが、今や最高の栄誉を受けている。彼は、神がいちばん貧しく、必要なものをいちばん欠いている人々の神だということを身をもって知らされる。「金持ちも死んで、埋葬される」――この葬儀は、先に見た民間物語が示しているように壮麗なものだった。

23節～31節　「兄弟たちがこの世にまだ生きている」と述べられていることから分かるように、この箇所は「最終的な運命」ではなく、「死の直後に訪れる運命」と関係している。

24節　この金持ちはアブラハムと親しい関係にあること、つまり、アブラハムの功績にあずかってい

（家柄ゆえに、それが自分のことであるように思っている）ことを主張している。その控えめな要求は、彼の苦痛がどれほど厳しいものかを示している。義人の住まいを通って流れる小川の水の一滴でも舌に落ちれば、苦痛は和らぐだろう。アブラハムとの親しい関係は（「子よ」という言葉で）確かめられたが、救いの資格を与えるものではない。(5)

25節 本節によれば、ここで説明されている報復の教えは、外見的な事柄（地上での富に対し来世での苦しみ、地上での貧困に対し来世での安らぎ）のみに適用されているように思われるかもしれない。だが、文脈の矛盾（14節以下参照）を除けば、イエスはこれまで、一度でも富そのものが地獄に値し、貧困そのものが楽園で報われるという見解を示唆したことがあっただろうか？ 25節が実際に意味したのは、むしろ不信仰と不親切は罰せられ、信仰深さと謙遜は報われるということである。これは、イエスが使った民間物語の資料と比べることではっきりする。この資料がよく知られていたので、イエスは、詳細な描写を省いて、単に示唆するだけにとどめたのである。一方で、「神は助けてくださる」を意味するラザロ（20節参照）の名によって、もう一方では、27節以下の金持ちが悔い改めなかったことを認めた嘆願によってである。

26節 「深淵」は、「神の審判が取り消せない」ことを表わしている。この点からも、イエスが「煉獄」についての教義を知らないことは明らかである。

27節 「Send him〔新共同訳では『ラザロを遣わしてください』〕」は亡くなったラザロが、おそらく金持ちの夢か幻の中に現われることを示している。

28節 「Warn〔新共同訳は『よく言い聞かせてください』〕」は「entreat〔懇願する〕」と同義（すなわち、

死後の報復を引き合いに出して）。

31節　本節でたとえ話はクライマックスを迎える。これまでは、亡くなったラザロの出現についてのみ語られていたが、ここで彼の「肉体的な復活」という見解が明らかになる。だが、神の力の日々の証しすべてを超える偉大な奇跡でさえも、「モーゼと預言者たちに耳を傾けようとせず、従おうとしない者たち」には何の感銘も与えない。実質的な啓示である「モーゼと預言者たち」に聞くようにとの指示（29節、31節）は、復活以前のものである（これはルカ13章28節にも当てはまる）。この言い回しは、ルカ24章27節、44節にあるように、救い主の到来によって完結する啓示への服従を排除するものではなく、むしろそれを包含している。なぜなら後者の啓示は、律法と預言における啓示を完成させるものだからである（マタイ5章17節）。

このたとえ話は、二つの頂点を持つ四つのたとえ話の一つである（本書四〇頁参照）。最初の頂点は、来世における運命の逆転（19節〜23節）であり、第二の頂点は、アブラハムに対して、ラザロを自分と五人の兄弟のところに遣わしてくれるようにとの金持ちの懇請に対する拒否（24節〜31節）である。この第一部は、周知の物語資料から採られているので、イエスが締めくくりに加えた新たな箇所に力点が置かれている。二つの頂点を持った他のたとえ話すべてに共通するのは、後半部を強調している点である。すなわち、イエスは社会問題について意見を述べたかったのではなく、死後の生命についての教えを示そうとしたのでもなく、この金持ちと五人の兄弟のような人々に対して、危機が迫っていることを警告するために、このたとえ話を語っている。

したがって、ラザロは〔たとえ話に込めたメッセージの〕対象をはっきりさせるために使われた脇役にすぎず、話の主題は六人の兄弟の方であり、タイトルも「金持ちとラザロ」ではなく、「六人の兄弟」とするのが適当であろう。

大洪水時代の人々によく似た、金持ちの死後に残った兄弟たち――気楽に暮らし、迫りつつある洪水の轟音を気にもとめない兄弟たち（マタイ24章37節～39節に並行記事）は、亡くなった金持ちと同じように、この世の人々である。この金持ちと同じように、この世の人々は「死ねばすべてが終わる」と信じていたので（28節参照）、自分本位な贅沢な暮らしをし、神の言葉を聞く耳を持たない。イエスはこのような懐疑心を持つ俗人たちから、お前の警告をまともに受け止めてもらいたいなら、死後の生命についての有効な保証をしてくれ、と冷笑された。イエスは彼らの目を開こうとしたが、彼らの要求に応じることは正しいやり方ではないだろう。奇跡を起こすことも無駄だろう。最も偉大な奇跡である死者の復活でさえも、役に立たないだろう。[6] なぜなら、神の言葉に従おうとしない者は奇跡によって回心することがないであろうから。「われわれは聴くことで救われる」（ベンゲル＝訳注＝十八世紀のドイツのプロテスタント牧師でギリシャ語学者、ギリシャ語新約聖書の編集で知られる、ヨハン・アルブレヒト・ベンゲル）。「しるし」の要求は、回心を避ける逃げ口上であり、その表明である。「今の時代の者たちには、決してしるしは与えられない（神はしるしを与えないだろう）」（マルコ8章12節）。

では、何をすべきなのか？　イエスはいつも新しい比喩で答える。「目を覚ましていなさい」（マルコ13章35節）、「衣服を腰の裾の帯にはさみ、[7] ともしびをともしていなさい」（ルカ12章35節）。「婚礼の礼服を着なさい」（マタイ22章11節～13節）。これらの比喩と類似の比喩の意味はマタイ福音書の「婚

礼の礼服を着ていない客」のたとえ話（マタイ福音書22章11節～13節）で最もよく示されている。(8)

22章11節　正式の宴会では、主人は食事を共にしないのが特別の礼儀作法とされている。彼は招待客に自分たちで食べてもらい、自分は食事の間、ただ姿を見せるにとどめる。「婚礼の礼服」は、宴会の時だけ身につける特別の衣服ではなく、「洗いたての衣服」と考えるべきである（黙示録22章14節、19章8節参照）――汚れた衣服を身につけることは主人に対する侮辱になる。

12節　「友よ」の呼びかけのしかたについては、マタイ20章13節（本書一五九頁以降）を参照。「どうやって……ここに入って来たのか？」は、「何の権利があって（「どういう方法で」ではない）……ここに入ったのか？」の意味である。この詰問に対して「この者は黙っている」とされていて、「なぜ、この男が婚礼にふさわしい衣服を来ていなかったのか」は語られていない。彼は招待されなかったのに入り込み、見つかったので恥ずかしく思ったのか？　あるいは、許可なしの侵入は、主人を意図的に侮辱しようとするもので、〔主人の問いかけに〕黙っていたのは反抗のしるしだったのか？

すぐ後に引用したラビ文書の並行記事は別の答え方を示している。「彼は招待されたが、愚かだった」「そこへ婚宴の招待状が予想していたよりも早く届いたので、準備ができていなかった」のだと。したがって、このたとえ話は多くの危機のたとえ話（本書五二頁～七〇頁参照）の一つである。招待状はいつ来るか分からない。備えなき者に災いあれ！

ではイエスは、婚宴への出席を認める必要条件だった清潔な衣服で、一体、何を言おうとしたのだろうか。ここで私たちは、ラビと福音書、いずれかの答えを選ばねばならない。ラビの答えは、タルムード（b. Shab.153a）の中で次のように書かれている。一世紀末のパレスチナの神学者、ラビ・エリエゼルは語った。「死ぬ前のいつの日にか、悔い改めなさい」と。そこで彼の弟子たちが尋ねた。「自分が死ぬ日をどうやって知ることができるのですか」と。彼は答えた。「明日死ぬかもしれない。だからいっそう、今日、悔い改める必要がある。そうすれば、一生を悔い改めの状態で送ることができるだろう。ソロモンは『（ソロモンの）知恵』〔旧約聖書の外典の一つ〕でこう言っている。『衣服はいつも白くしておきなさい。頭につけた油がなくならないようにしなさい』と」〔伝道の書9章8節〕。

この言葉を説明するために、ラバン・ヨハナン・ベン・ザッカイ〔紀元後八〇年頃〕の「時間を決めずに宴会の招待状を出した王」のたとえ話が、これに続いて次のように語られている。「賢い者たちは着飾っていたが、愚か者たちは仕事を続けていた。そこに突然、宴会の招待状が来て、清潔な衣服を身につけていなかった者たちは、宴会への出席が認められなかった」。

ここで意味するところは明白である。「礼服」は「悔い改め」である。「手遅れになる前に、着ておきなさい、死ぬ前の日に」――すなわち、それは今日だ。危機〔のたとえ話〕が求めているのは「回心」である。

しかしこれとは別に、婚礼の衣服の隠喩についての、旧約聖書に由来する別の解釈がある。そしてイエスの言葉全体は、この第二の解釈がイエスの念頭に浮かんでいたことを明らかに示している。旧約聖書のイザヤ書61章10節〔この章はイエスが特別に重視していた。マタイ5章3節以下、11章5節、並行記事ルカ7章22節、本書一二八頁以降参照、ルカ4章18節、本書一三〇頁以降参照〕には次のように書かれている。

主は救いの衣を私に着せ、恵みの晴れ着をまとわせてくださる。
花婿のように輝きの冠をかぶらせ、花嫁のように宝石でかざってくださる。

神は罪をつぐなった者に、救いの婚礼の衣服をまとわせてくださる――ヨハネの黙示録は、神が与えられる「終末の衣服」について、「白い衣」（3章4節、5節、18節）、「輝かしい汚れなき亜麻の衣」という言葉で繰り返し表現している。これらの箇所で、白い衣、あるいは命と栄光の衣は、神から与えられた正義の象徴（特にイザヤ書61章10節参照）であり、その衣をまとわされるということは、罪をつぐなわれた者の共同体の一員であることを象徴している。

このことは、イエスが「新しい衣服」としての救いの時について語られたこと（マルコ2章21節、並行記事本書一三〇頁以降参照）や、「赦し」を放蕩息子に父親が着せた「最良の服」（ルカ15章22節、本書一四八頁参照）にたとえたことを思い起こさせるだろう。これらのたとえが、マタイ福音書22章11節〜13節の背後にあることは疑いがない。「神はあなた方に、赦しと約束された正義の清潔な衣を与える。それを身につけなさい、洪水がやってくる前の日に、婚宴の客たちが綿密に調べられる前の日に。つまりそれは今日なのだ！」

イエスは「回心」を、「婚礼の衣服」と「輝く光」（マタイ5章16節）、「油をつけた頭」（同6章17節〔本書の英語は「the face anointed with oil」＝油をつけた顔となっているが、新共同訳では「あなたは、断食する時、頭に油をつけ……」と訳されている〕で象徴している。それは「音楽と踊り」であり（ルカ15章25節）、「喜び」を意味する。すなわち、息子が帰ってきたことの「喜び」、九十九人の正しい人にもまさって、一人の罪人が回心したことに対する「神の喜び」である。ただし、そのような喜ばしい帰還は、「生き方が刷新される」場合に限って本物になるのだ。

家路に向かう旅の第一歩は、「子どものようになる」（マタイ18章3節）ことである。この言葉の重要な点について異なった見方があることはよく知られている。関係者の間で多くの解釈がなされてきたが、いずれの場合も、「子ども」は「とても幼い子ども」を意味する、と見てよいだろう。トマスによる福音書22項は「この授乳された幼子たちは、御国に入る人々のようなものだ」という言い方をしている。

子どもは受け入れる準備をしているとか、子どもは性来謙遜である、などのように西洋の思考方法が基になった解釈、東方的なもの、特に聖書的な用法で支持されない解釈は無視せねばならない。そうすることで、「子どものようになる」について三通りの解釈が可能になる。一つ目は、ユダヤ教の洗礼用語としての確立した用法であって、異邦人の改宗者は、洗礼を受けるや否や、洗礼によって神から罪を赦されるので、「新しく生まれた子」になぞらえられる。この場合、この「子ども」、つまり「とても幼い子ども」は純粋さの典型である。この比較について、マタイ18章3節は次のような意味を持たせているようだ。「（生まれ変わった）子どものように（神の赦しによって清く）ならなければ、決して天の国に入ることはできない」。

これよりも可能性の高いのは二つ目の解釈である。なぜなら、マタイがその福音書の文脈の中で述べており、もっと明らかだからである。マタイは、「回心して子どものようになる」とは「自分を低くして、この子どものようになる」（18章4節）ことだと説明している。罪の告白を通して、神の前にへりくだることによって、子どものようになるのだ。4節には「（神の前に）自分を低くして、（そうすることで）子どものようになる人が……」とある。マタイの解釈では、子どもとの比較の重要な点は、「子どもの幼さ（小さいこと）」にあり、「再び子どものようになる」ことは神の前に「再び小さくなる」ことを意味するであろう。

だが、マタイ福音書18章3節をマルコ福音書とルカ福音書の並行記事と比べると、この言葉は本来独立した形で伝承されていたことが分かる。4節〔「自分を低くして、この子どものようになる人が、天の国でいちばん偉いのだ」〕（おそらくマタイ23章12節b〔「へりくだる者は高められる」〕の変形だろう）は、伝承の後の方の段階になって、現在の文脈の中に置かれたのだろう。

それゆえに、三つ目の解釈を試みる必要が出てくる。イエスは、神への呼びかけに「アッバ」（マルコ14章36節）という言葉を使っているが、どのユダヤ教の文献にもそのような用例はない。これに対しては、「アッバ（愛するお父さん）」は日常的に家庭で使われていた言葉で、誰も神への呼びかけには使おうとしなかった、という事情から説明される。だがイエスはその言葉を用いた。つまり、天の父に対して、子どもが父親に話しかけるように信頼を込めて話しかけたのである。

ここで私たちは、マタイ福音書18章3節の問題を解く手がかりをおそらく得たことになる。すなわち、「アッバ」と言えるのは「子ども」である。「もしあなたが『アッバ』と呼びかけることを学ばなければ、神の国に入ることはできない」。「再び子どものようになる」ことについてのこのような解釈は、その簡明さと、福音書の核心に根を下ろしている、という事実によって支持される。

こうして回心と新たな生命の始まりは、人間が神の保護によって守られていることを知り、神の限りない愛に気づくことで、子どものような全き信頼の心で、神に「アッバ」と呼びかけることを学ぶことである。だが、「再び子どものようになる」（マタイ18章4節）には、それだけでなく、罪の告白（ルカ15章18節参照）、屈辱、へりくだり、そして再び小さな者になることも含まれているのを、知っておかねばならない。

同じように、「僕の報い」についての比喩（ルカ17章7節〜10節〔「……命じられたことを果たしたからといって、主人は僕に感謝するだろうか……」〕）では、ファリサイ派の人々のように独善的な生き方をすることを一切謙虚に捨て去るよう求めている。

ここ（ルカ17章7節〜8節）に登場する農場主の仕事は、大規模なものではない——家事と畑仕事を行わせる僕を一人しか雇うほどの余裕しかない。イエスはこう尋ねる。「（7節）あなた方のうちだれかに、畑を耕すか羊を飼うかする僕がいる場合、その僕が畑から帰って来た時、『すぐ来て食事の席に着きなさい』と言う者がいるだろうか？（8節）むしろ、『夕食の用意をしてくれ。腰に帯を締め（本書二三四頁注七参照）、私が食事を済ますまで給仕してくれ。お前はその後で食事をしなさい』というのではなかろうか？（9節）命じられたことを果たしたからといって、主人は僕に感謝するだろうか？（10節）あなた方も同じことだ。自分に命じられたことをみな果たしたとしても、（本書一八頁注二参照）『私どもはpoorな〔新共同訳は「取るに足らない」[9]〕僕です。しなければならないことをしただけです』

と言いなさい」。[10] つまり、私たちは神の賞賛に値することは何もしていないし、私たちのどのような善い行いも、神に申し立てをする権利を与えられることにはならないのだ。

だが、「回心〔英語原文ではconversion〕」には、次のことがさらにつけ加えられる。それは行為として表現される。すなわち、罪の放棄、「二人の主人に使えること」の拒否（マタイ6章24節、ルカ16章13節、トマス47項a）、[11]「神の戒めへの従順」（ルカ16章29節〜31節）、「イエスの言葉への従順」である。ちょうど運搬人がくびきを首と肩に載せ、両端にかけた鎖か綱で荷物を引っ張るように、イエスの弟子たちは、彼らの師のくびきを肩に掛けることになる。[12] イエスの荷は、彼らが以前に負っていたものよりも軽い（マタイ11章28節〜30節）。

「すべては行動にかかっている」。それが「家と土台」のたとえ話（マタイ7章24節〜27節、ルカ6章47節〜49節）のメッセージである。嵐を伴った、激しい秋雨が家の土台を試すように、突然洪水が起き、命を試練にさらすだろう。山上の説教〔マタイ5章1節以下〕は、「最後の審判」で終わる！（同7章24節以下）　だれが試練を耐え抜くだろうか？　「賢い人」とは、この終末論的な状況を認識した人のことである。聖書は語る――シオンに据えられた洪水の岩の上に建てた家だけが、押し寄せる洪水に耐えることができる（イザヤ書28章15節）。「信じる者は慌てることはない」（同28章16節）。

イエスと同じ時代に生きていた人々は「トーラー（律法）を知り、従う者は動揺させられることがない」と教えた。イエスは聖書へ遡るよう指示するが、彼自身の権威に対する深い意識から新しい答えを示す。「私のこのような言葉を聴き、従う者はだれもが……」と。イエスの言葉を「知る」だけでは永遠の滅びにつながる――すべては「従順」にかかっている。

この「従順」は完全なものでなければならない。救いの宴が開かれる会場の入口は狭く、入場を認めてほしい者は、時間が残されている間に認めてもらうよう努めなければならない。多くの者は入場を希望するだろうが、それに必要な努力をしないだろう（ルカ13章23節以下）。

特にそれは金持ちには難しい。「金持ちが神の国に入るよりも、らくだ（パレスチナで知られていた最大の動物）[13]が針の穴を通る方がまだやさしい」（マルコ10章25節と並行記事）とイエスが語った時、彼が念頭に置いていたのは、東方の残酷な金持ちである。[14]なぜなら、イエスに従うためには、完全に身を委ねる覚悟が必要だったからである。

「終末論的な危機」は過去との完全な決別を迫り、必要な場合には肉親との決別さえも求める（ルカ14章26節と並行記事〔「……父、母、子ども、兄弟、姉妹を……憎まないなら……」〕）。それが、「自分たちの死者を葬らせよ」とされた「死者」（マタイ8章21節以下、ルカ9章59節以下）と、「まっすぐ前だけを見なければならない」と言われた「農夫」（ルカ9章61節以下）の比喩が意味することなのである。

パレスチナの鋤はとても軽く、片手で使われる。片手、通常は左手で鋤をまっすぐに立てながら掘り込み具合を調節し、道にある岩や石ころがあれば避けるように鋤を持ち上げる操作をしなければならない。もう片方の手では鉄の棘のついた長さ二ヤードほどの追い棒を使い、[15]言うことを聞かない牛を駆り立てる。[16]それと同時に、牛の間に見える畝から常に目を離さないようにしなければならない。こうした原始的な耕作には、機敏さと集中力が必要である。農夫が周りを見回したりすれば、畝が曲がってできてしまう。これと同じように、イエスに従おうとする者は皆、過去との一切の関係を断ち切って、来たるべき神の国にひたすら目を凝らさねばならないのだ。

イエスは繰り返し、熱狂者たちに対し、弟子となることの難しさを気づかせることで、自分につき従うのを思いとどまらせようとする――その例が、マタイ10章37節以下（並行記事ルカ14章26節以下）、「人の子には枕するところもない」という比喩（マタイ8章19節以下、ルカ9章57節以下、トマス86項、ここでは導入部がない）と、トマス82項に残されている「火」についての次の言葉に見られる。

トマス82項でイエスは次のように語っている。

私に近い者は
火に近い。
そして、私から遠い者は
御国から遠い。

この言葉は、イエスの近くにいることは危険である、との抑止を意味する。イエスの近くにいることは、地上の富を約束するものではなく、かえって困難の火を浴び、苦難の試練を受けることを伴うものである。だが、そのことでおじけづき、イエスの呼びかけを拒む者は「皆、神の国から締め出される」ことも、知っておかねばならない。実に「火」は「栄光に通じる唯一の道」なのだ。(17)

弟子となるのを思いとどまらせようとする、こうした言葉と同じ方法で、「塔を建てようとする者と戦いを始めようとする王」（ルカ14章28節〜32節＝新共同訳の見出しは「弟子の条件」）のたとえ話によって、イエスは「自分自身で〔試練に耐える意志と力があるかどうかを〕考える」ように求めている。農業用の建物を完成できずに「あざ笑われた農場主」の重要度の低い例と、戦いの計画の段階で敵を見くびり「無条件降伏せざるを得なかった王」のより重要な例を引いて、イエスはよくよく熟慮せよと説いた。中途半端にするのは、全くしないよりももっと悪いことだからである。

「汚れた霊が戻ってくる」のたとえ話（**マタイ12章43節〜45節b**、ルカ11章24節〜26節）も同じ警告を含んでいる。

この言語と内容の点からも間違いなくパレスチナ的なものである。

12章43節　「汚れた霊」はユダヤ人にとって「悪霊」と同義語。この悪霊たちは、その通常の住み家である荒野では安らぎをえない。なぜなら、彼らは災いを起こすことのできる所でしか、満足を得られないからだ。

44節　悪霊にとりつかれた者を、悪霊の「家」にたとえることは、東方では現在も普通に行われている。「空き家になっており、掃除をして、整えられていた」は、客を仰々しく迎える準備ができていることを意味している。

45節　彼は「……他の七つの霊を一緒に連れて来て」は、彼にとって、たやすい「いけにえ」だ！「七つ」は完全を意味する数字であるから、七つの悪霊は、考えられる悪魔的な誘惑と邪悪さのすべてを表わしている。

右のたとえ話は、大きな難問を提示している。一見それは、経験による普遍的な事実として、無条件の「逆戻り」を描いているように見える。しかしそう理解すると、イエスの悪霊追放が無意味になってしまうだろう！　だが、44節bが次のような条件を意味していると考えれば、その難問は解消する。もしも彼（悪霊）が家に戻ってきて、「空き家になっており、掃除をして、整えられていた」ことを知れば、「自分よりも悪い他の七つの霊を一緒に連れてきて、中に入り込んで、住み着く」。そうして、「その人の後の状態は、前よりももっと悪くなる」（マタイ12章44節～45節a）。だから、この「逆戻り」は運命づけられたものでも、避けがたいものでもなく、その人自身の誤りによるものなのである。

神に敵対する霊が追い出された時、その家を空いたままにしてはならない。新しい主人がその家を治め、イエスの言葉がその家の暮らしの規則とならねばならない。そうすれば、神の国の喜びが、家に満ち溢れるにちがいない。その家は、必ずや「霊の働きによって神の住まい」（エフェソの信徒への手紙2章22節）とならなければならない。

注

（1）パレスチナ地方のオリーブの木一本当たりの平均採取量は、オリーブの実で百二十キログラム、油にして二十五リットルである。

（2）「不正な管理人」の取り繕うような様々な試みはすべて失敗している。

（3）テキストの拡張については、本書四八頁以降参照。
（4）本書五二頁以降参照。
（5）マタイ福音書3章9節参照。並行記事ヨハネ福音書8章37節以下。
（6）ヨハネ福音書11章46節以下参照。ラザロのよみがえりはユダヤ人たちの頑固さを完全なものにした。
（7）35節の「腰に帯を締める」は、裾の長いゆったりとした衣の端を巻いて腰帯にはさみ、動きを妨げず、衣を汚さないようにすること。
（8）文脈については、本書七〇頁以降参照。
（9）AV〔欽定訳聖書〕ではこの箇所が「unprofitable（無益な）」となっているが、原文の意味を正しく伝えていない。むしろ「miserable（みじめな）」と訳すべきである。原文は「義務を果たすことが価値のないことだ」や「弟子たちが怠慢で頼りにならない僕だ」との意味ではない。ここで使われた言葉は、謙虚さを言い表す。
（10）〔英語の本文では think となっている〕ここでは「say」と「think」は同義。マタイ9章3節、並行記事14章26節参照。〔当時のユダヤ人が使っていた〕セム語系の言葉では、厳密には「think」に相当する言葉がない。
（11）一人の奴隷が二人の主人に仕えることは、当時はまれではなかった（使徒言行録16章16節、19節参照）。特に、兄弟が父親の死後、財産を分けないままにしておいた場合、そういうことがあった。
（12）「イエスのくびきを担う」は、「実際に彼に従う者の一人になる」ことを意味する。
（13）マタイ23章24節参照。そこでは、パレスチナの動物で最大と最小のものとなる、「らくだ」と「ぶよ」が対比されている。
（14）不十分にしか立証されないが、「kamilos（船索）」は「kamelos（らくだ）」の代わりに、針の穴の比喩によく合うかもしれない。この説は立証が薄弱だが、研究者の間で再び取り上げられている。たとえば、G. M. Lamsa の *The Four Gospels according to the Eastern Version*, 1933 である。このとても弱い論拠に反するのが、ラビの言葉だ。「あなたはきっと、針の穴をくぐることができる象（メソポタミアで最大の動物として知られていた）がいる、というプンベディタ〔古代バビロニアの町。ユーフラテス河沿いにあり、キャラバンルートに近いことから商業で栄えた〕から来たに違いない」。

（15）使徒言行録26章14節。

（16）通常、雄牛が農耕用に使われていた。ルカ福音書14章19節と本書二〇八～二〇九頁以降参照。

（17）エレミアス著 *Unknown Sayings of Jesus* 英語版第二版、ロンドン、一九六四年発行の六六頁～七三頁参照。

7　明確にされた弟子の役割

この点に関する私たちが扱う課題は、「畑の中の宝」（マタイ13章44節、トマス109項）と「真珠」（同45節以下、同76項）のたとえ話から始める必要がある。この二つは密接に関連しているが、異なる機会に話されたようだ（本書一〇三頁以降参照）。

トマスによる福音書にあるこれらのたとえ話の最初の部分の完全に誤って伝えられたバージョンは、本書二一九頁以降に示しておいた。

マタイ福音書13章44節　「天の国は次のようにたとえられる」と、与格で始まっている（本書一一三頁以降参照）。「宝が隠されている」は、イエスは銀貨か宝石の入った壺を考えていたようである。パレスチナ全域で起きた数多くの戦いは、メソポタミアとエジプトの間にあるこの地方の位置が原因となったものであり、深刻な危機に直面した人々はたびたび貴重な品々を土の中に埋めることを余儀なくされた。隠された宝物は、東方の民話で人気のある題材になっている。その一つが、クムランの銅製の巻物にある「隠された素晴らしい宝物」に関する記述である。

「ある人が見つけた」――この「人」は間違いなく、貧しい日雇い労働者で、畑を耕している最中に彼の牛が穴に落ち込んだ。「そして、そのまま隠しておき」――彼は見つけた物を再び密かにその場に隠した。そうすることで、彼は三つの目的を果たそうとする。つまり、その宝物は畑の一部にしておくこと、同時にそれを安全に確保しようとすること（埋めることは、盗難を防ぐ最上の方法と考えられていた）、そしてその秘密を守ろうとすることである。彼の行いが法にかなったものかどうかは考慮されていない。このような対応は普通の人がとるものだろう。同時に、発見した彼が、所有者が誰なのか分からない宝物をすぐには着服せず、それが埋まっている畑をまず買うという正式に法に従った行動をしていることは注目に値する。

トマスによる福音書76項では、次のように書かれている。「父の国は、荷物〔販売目的の商品のこと〕を持ち、一つの真珠を見出した商人のようなものである。この商人は賢かった。荷物を売り払い、自分のためにただ一つの真珠を買った」。

マタイ福音書13章45節がこのたとえ話を〔前節に続いて〕与格で始め（本書一一三頁以降参照）、「商人が良い真珠を探している」のに対して、トマスによる福音書では「荷物を持っている……商人」となっており、その商人がどのような商品を扱っているのかはっきりしない。もしマタイ福音書が、この商人を真珠商人とすると、驚きの要素を先に予測しているので、それは明らかに二次的な特徴である。

真珠は古代を通じて非常に価値の高いものだった。特に紅海、ペルシャ湾、インド洋で潜水夫によって採取され、装飾品、特に首飾りに加工された。古代ローマでシーザーは、後に自分を殺すことになるブルータスの母親に六百万セステルティウス（古代ローマの通貨単位で青銅貨で流通。この額は現在の十五万ないし二十万英ポンドに相当）の真珠を贈り、クレオパトラは一億セステルティウス（二百五十万英ポンドに相当）の真珠を持っていたと言われている。

46節　「高価な真珠を一つ見つけると」で、力点が置かれているのは（他の真珠すべてよりも価値のある一個の真珠がある、というように）「一つ」という数ではなく、「高価な」という形容詞である。[1]「持ち物をすっかり売り払い」は、これもトマスによる福音書の「彼は荷物を売り払い」が基になっている。これが唯一の正確な解釈である。マタイは44節の影響を受けてこの意味を強めている。

44節と45節では、商人が真珠の専門家ではないように、いずれの場合も発見の仕方には本質的な差がない（44節では農夫は思いがけず畑に埋まった宝を見つけたが、45節では長い時間をかけ、苦労して探した末に真珠を見つける）。どちらの場合も発見は驚きであった。

二つのたとえ話は、東方の民話の語りで好まれる主題を用いている。聴衆が畑に埋まった宝の話で語られると期待するのは、「宝を見つけた者が建てた素晴らしい城」か、「彼がバザールで、これみよがしに連れ歩く奴隷の行列」（本書三二一頁参照）か、もしくは「自分の息子は畑の持ち主の娘と結婚すべきだ、という賢い裁判官の判断」などのことである。真珠の話について、聴衆が期待するのは「真珠を見つけたのは、特別に神を敬ったことの報いであった」とか、あるいはその真珠が「盗賊の手にかかった商人の命を救った」というようなものである。

イエスはいつもそうであるように、よく知られている物語を使い、聴衆がいちばん予想しなかった側面を強調するやり方で彼らを驚かせる（本書二一〇頁以降、二一六頁以降）。それはどのような側面だろうか？

これらの二つのたとえ話は、イエスの「完全な自己放棄の求め」を示したものと一般に理解されている。だが仮にこれらのたとえ話を「英雄的な行いをせよ」との命令的な呼びかけと考えるならば、そのような受け止め方は全くの誤りということになる。

この場合のキーワードは、「喜びながら」（44節のような表現は、45節の真珠を見つけた商人の話では繰り返されていないが、この商人にも当てはまる）である。大きな、法外な喜びが人を捉えた時、喜びは彼を興奮させ、心の底まで染みわたらせ、頭をいっぱいにする。それが持つ至上の価値に比べれば、他のことはすべて価値のないものに思われ、それにはいくら払っても高すぎる、ということはない。最も価値の高いものを得るための〝無条件降伏〟は、当然のことだ。

二つのたとえ話に見られる決定的な点は、二人の男が（宝を得るために）「何を手放したか」ではなく、その手放した理由の方である。つまりは、自分たちが見つけた宝の素晴らしさに圧倒されたことである。神の国はそのようなものだ。神の国出現についての喜ばしい知らせの効果は、圧倒的な力を示す。大きな喜びが心を満たし、全生涯を神の共同体の完成に向かわせ、全身全霊をかけた献身を作り出すのである。

このような大きな喜びをわがものとした人々の人生にとって、欠かせないことは何だろうか？　それは「イエスにつき従う」ことである。その特徴的な行為は、「給仕する者」（ルカ22章27節、マルコ10章45節、ヨハネ13章15節以下）として主が手本を示した「愛」である。そのような愛は、ラッパを吹き鳴らさず（マタイ6章2節）に、静かに表わし、地上の富を貯めることをせずに、心から信頼する神の手に委ねる。(2)

それは無制限な愛であり、「善いサマリア人」のたとえ話（ルカ10章30節〜37節）で語られているような「愛」である。

ルカ福音書10章25節から始まる「善いサマリア人」のたとえ話の導入部、25節〜28節は、「最も重要な掟」についての（イエスと律法学者の）問答（マルコ12章28節〜34節、並行記事マタイ22章34節〜40節）と単に対比したものだとする通常の見方に対し、異議を唱えるのに十分な理由がある。

その証拠に、この二つの箇所をつなぐのは「愛に関する二重の掟」だけである。それ以外のものはすべて全くずれている。イエスがこの愛の二重の掟のような中心的思想をしばしば語ったことは、十分に考えられる。本書一二七頁ですでに見た通り、「偉大な教師たちは、いつも自分自身を繰り返す」（T・W・マンソン）という命題は、イエスに当てはまる。〔イエスと問答をした〕この律法学者が〔イエスの示した〕掟を繰り返し、イエスの言葉の一つを引き合いに出していたとするのが正しいとすれば、彼が

「自分を正当化したいと切望している」のを理解できよう。つまり、その律法学者はイエスが何を考えているのか知っているにもかかわらず、イエスに問いを投げかけたことを正当化しようとしているのである。

25節 律法の専門家が永遠の命について素人に質問しようとするのは、今日と同様、全く常軌を逸したことだった。ありそうな説明は「その学者がイエスの説教で良心の平静さをかき乱された」というものである。

28節 イエスは意外なことに、彼に「それを実行しなさい。そうすれば命が得られる」と告げたのだが、これは実際の状況を基にしていると理解すべきである。イエスに問いかけたこの学者の生き方が、神と仲間（companion）〔新共同訳では「隣人」〕(3)への愛に従ったものでないのなら、彼の神学的な知識は何の役にも立たない。

29節 〔イエスの答えに対する〕「仲間（companion）」という言葉は聖書では何を意味しているのか〔新共同訳では「では、私の『隣人』とはだれですか」〕、という再度の問いかけは、もっともなことであった。なぜならその答えは、はっきりとは定まっていなかったからである。一般には、これは改宗した者すべてを含んだ同胞を指すという点では確かに一致していたが、しかし例外については見解が一致していないものもあった。

ファリサイ派の人々は「自分たち以外の人々を排除」する傾向があり、エッセネ派の人々は「すべての闇の子たちを憎むべきだ」と主張し、ラビの言葉は「異教徒、密告者、裏切り者は穴に突き落とし、引き上げてはならない」としており、一般に広く言われていたのは「個人的な敵は除く」ということだった（マタイ5章43節「あなた方は、神が[4]『同郷の仲間を愛しなさい。だが、あなたの敵を愛する必要はない』と言ったのを聞いている＝新共同訳は「あなた方が聞いている通り、『隣人を愛し、敵を憎め』と命じられている」）。

このように、イエスは「仲間（companion）をどう定義するか」ではなく、「社会集団の中で、愛の義務の境界をどこに置くのか」について問いかけている。「私の責任範囲はどこまでなのか」、それが問いの意味していることである。

30節　〔隣人について〕イエスが答えとして語った話は、少なくともその状況設定としては、おそらく実際に起きたことを基にしている。「ある人が……追いはぎに襲われた」――エルサレムからエリコに下る十七マイルの寂しい道は、今でも盗賊が出没することで悪名高い。「追いはぎは……その人を殴りつけ」――「傷」（34節）は、襲われた人が自分自身を守ろうとしたことを示している。

33節　三つの要素を組み合わせる民間物語の手法に従って、聴衆は（祭司、レビ人の後に）第三の人物として「イスラエルの平信徒」が登場するのを期待する。したがって彼らは、このたとえ話が反聖職者の視点を持つのではないかと期待したことだろう。

だから、第三の登場人物として愛する義務を全うするのが「サマリア人」と告げられたのは、全く予想外だったに違いない。当時のユダヤ人とサマリア人の関係は、非常に激しい動揺を続けており、特にイエスの時代には、けわしい緊張関係にあった。それはサマリア人が、紀元六年から九年にかけて過越祭の真夜中に死者の骨を撒き散らすことによって神殿の庭を汚した事件以来のことであって、両者の間には和解不可能な敵意が渦巻いていた。それだけにイエスが意図的にこのような極端な例を取り上げたのは明白である。忌み嫌うサマリア人の無私の行為と神の僕たちの過ちを比べることで、聴衆たちは愛する義務の無条件にして無制限な本質を知ることになったのだ。

34節　このサマリア人は包帯を携行していない。おそらく頭に巻いていた布を使ったか、麻の下着を破いて包帯代わりにしたのだろう。「油とぶどう酒」――油は痛みを和らげるために（イザヤ書1章6節）、ぶどう酒は消毒に用いたようだ（順序が逆と考える者もいるだろう）。「自分のロバに乗せ」――おそらくこのサマリア人は商人で、荷物をロバかラバ（雄ロバと雌馬の雑種）に載せ、自分はもう一頭に乗っていたのだろう。彼がその道をよく通る商人だということは、宿の主人と知り合いで、「すぐに戻ってくる」と約束していることから分かる。

35節　「デナリオン銀貨二枚」――当時の一日の宿代は、だいたい十二分の一デナリオンだった。

36節　よく議論されてきたのは、「盗賊に襲われた人にとって、だれが『隣人』だと思うか」というイエスの問いかけ方である。律法学者の問い（29節）は、「愛を施す相手（object）」に関するものだった（「私はだれを隣人として扱うべきでしょうか」）にもかかわらず、イエスは36節で、愛を施す相手ではなく、「愛を施す当事者（subject）」について問いかけている（「だれが隣人として振る舞ったのか」）。その律法学者はイエスに問う時にこう考えている――私の（愛すべき）責任の範囲はどこまでなのか？イエスは彼に答える。「苦しんでいる人の立場からものを考えよ、その人の立場に身を置いて、熟慮しなさい、だれが私の助けを求めているのか？　その時、あなたは愛が求めるものは際限がないことを知るだろう」。

しかしながら、ここで解釈のしすぎに注意しなければならない。「問いかけの形の変化」は、より深い意味を隠している、と言うことはほとんどできない。イエスと律法学者はともに同じ事柄に顔を向けている。二人とも「仲間（companion）」の定義ではなく、その言葉の「範囲」に目を向けている。ただ唯一の違いは、律法学者がそれを理論的に見ているのに対して、イエスは実際の例と関連させて解明している点である。

37節a　「その人を助けた人です」――律法学者は、「サマリア人」という嫌な言葉を避けた。

37節b　（「行って、あなたも同じようにしなさい」）。意味を強調する形で、28節（「それを実行しなさい」）を繰り返している。

以上のたとえ話で、イエスは問いかけた人にこう言っている。「『仲間（companion）』は確かに、まず第一に『同郷の仲間』を指すが、この言葉にはそれ以上のものが含まれている。つまり、『助けを必要としているすべての人』だ」。イエスは、この蔑まれた混血の人（アッシリアがイスラエル王国を滅ぼした後、アッシリアからの移民と旧王国に残った人々との間に生まれた人が、「サマリア人」と呼ばれた）をたとえ話に登場させることで、律法学者に「愛の対象とならない人はいない」と教えようとしている。愛の掟は、「他の人が必要としている時にいつでも応じられるようにすること」を求めているのである（本書二六二頁注三参照）。

「限りない愛」は、イエスの挙げる例にならって「貧しく、蔑まれ」（ルカ14章12節～14節）、「無力な」（マルコ9章37節。〔新共同訳では「このような子ども」〕）、そして「小さな」（マタイ18章10節）、まさにそうした人々に向けられているという事実でも言い表わされている。「助けを求め、苦しんでいる人々に対する愛」にイエスが価値を置いていることは、「最後の審判」（マタイ25章31節〜46節〈新共同訳の見出しは「すべての民族を裁く」〉）で言い渡される判決の描写から明らかである。

31節　救い主の「栄光の座」はシオンにある。

32節　「集められる」は、羊飼い特有の用語である。この受動形は、天使たちによってなされる神の行動を表わしている（マルコ13章27節、マタイ24章31節参照）。「散らされた羊の群れを集める」のは、救いの時の特徴（ヨハネ10章16節、11章52節参照）を示す。

「すべての国の民」――この箇所が「世界のすべての国の民についての審判」を指していることは、「すべて」という言葉ではっきりと示されている。「より分ける」、これもまた羊飼い特有の用語である。救い主が「羊飼い」（本書一三七頁以降参照）とされ、彼は「羊と山羊を分けるように」、彼らをより分ける。パレスチナの羊飼いは、雌の羊と雄の羊を分けることはせず、羊と山羊を分ける。パレスチナでは混ざり合った畜群が普通である。昼間は羊と山羊を一緒に放牧するが、夕方になると羊飼いは羊と山羊を分ける。なぜなら、山羊は夜を暖かく過ごせるようにする必要があるので洞窟に連れていくが、羊は新鮮な空気を好むので野外の囲いに置いておくからである。

33節　「羊を右に」――羊は〈山羊よりも〉価値のある動物である。さらに〈山羊の黒さと対照的に〉その白さは羊を正義の象徴にする。より分けは「最後の審判」の前触れである。

34節以下はすべて、判決の言い渡しについて記述している。

34節　「天地創造の時からお前たちのために用意されている国」に言及することで、約束の確かさを強調している。

35節以下　愛の「六つの行い」は、あらゆる行為を包括しているのではなく、行為の例として挙げられたものである。これらの行為の五番目（「病気の時に見舞い」）について言えば、「病気の人」は「誰からも世話してもらえない、貧しい、蔑まれた人々」のことである。最後の六番目の行いは「罪人のところへの訪問」だが、これはユダヤ教の善行のリストには見出されない。

37節〜39節　マタイ福音書7章22節と同じように、すでに言い渡された判決に対する異議の申し立てである。正しい人たちは、自分たちがいつ、王に対して愛を示すべきであったのかを知らない。

40節で、その説明がされる。イエスが問題にしているのは、自分自身に対して示された愛の行いではなく、「私の兄弟」に対して示した愛の行いが問題なのであり、それが彼らを通して間接的にイエスに対して愛を示したことになる。ここでの「兄弟」は、「弟子たち」のことではなく、「すべての苦しむ人々、貧しい人々」である。キリスト教の初期、特にマタイ福音書に見出されるこの「兄弟」という言葉については、本書一二六頁注三を参照されたい。

44節　37節〜39節と同様、この箇所も判決に対する異議申し立てである。申し立てをする正しくない人たちは、悩み苦しむ王に会ったことも、助けを求める王の声を聞いたことも全くなかった。

45節　彼らが有罪とされたのは、「犯した罪の総計」ではなく、「善い行いを怠ったこと」による（ルカ16章19節〜31節参照）。

このたとえ話の注解は、エジプトの文書とラビの文書にある類似した記事について言及している。そこでは同様に、審判の基準となる憐れみのわざについて語られている。しかし、大きな違いが認められる！　エジプトの『死者の書』でもタルムードでも、死者は自らの善行を自信たっぷりに誇っている（「私は神の愛することをして神を満足させている――飢えた者にはパンを、渇いた者には水を、裸の者には着る物を与えた」とエジプトの『死者の書』に書かれている）。これは、マタイ福音書37節～39節にある〔王から判決とその理由の説明を受けての〕「正しい者」の驚きに満ちた問いかけとは、何と相違していることであろう。正しい者は、どのような助けを施したかについて意識したこともないし、貧しい人や疲れ果てた人を介して隠れたメシアがその人に出会っているという考えすら頭の中にはない。

このような〔自らを最も小さい者たちと等置するという〕発想は、マルコ福音書9章37節と41節の言葉〔「私の名のためにこのような子どもの一人を受け入れる者は……」「キリストの弟子だという理由で、あなた方に一杯の水を飲ませてくれた者は……」〕によって、イエスの説教の特徴であり、古い伝承に属するものであることが証明される。

以上で見たように、元々語られた内容に、細部では忠実でないかもしれないが、実際に「それらを主ご自身以外の誰かに帰することが困難なほどに、驚くべき独創性の特徴」（T. W. Manson〔一八九三年～一九五八年、英国の長老派教会の牧師、聖書学者、オックスフォード大学などで教鞭を取った〕の言葉）を持っている。

マタイ福音書の25章31節～46節では、異邦人（32節）がどのような基準で裁かれるのか、という具体的な問題が取り扱われている。イエスはいつも明らかに、「現在の義認」と「終末の義認」〔神が人を神の前で義なる存在である、と認めること〕とを明確に区別していた。「現在」において、イエスは戻ってきた罪人、道に迷った者、絶望した者、「神に願いを求める乞食」（マタイ5章3節〔新共同訳では「心の貧しい人」〕）に対して、神から赦され、罪の重荷が取り除かれるように執り成す。[6]

その一方で〔「終末の義認」に触れ〕、イエスは弟子たちに対し、最後の審判における神の義認について約束する。人々の前で、自分がイエスの仲間だと告白すること（マタイ10章32節以下と並行記事）と服従（同7章21節、22節以下、並行記事）、赦しを与える心構え（同6章14節以下）と憐れみ深い愛（同5章7節）、そして最後まで耐え忍ぶこと（マルコ13章13節と並行記事）によって証明されたならば、〔あなた方を義とされる〕最後の審判で、神は「生きた信仰」を待ち受けておられるだろう。

だが、この「生きた信仰の義認」でさえも、あくまで「神の自主的な恵み」によるものであり、人間の功績とは何の関係もないものである。義とされるには、罪はそれでは償えないほどあまりに重いものなのだ。

おそらく、マタイ福音書の10章32節以下でイエスは、人々の前でイエスを告白した弟子たちのために、最後に審判で執り成しをするだろうと語ったが、その言葉を受けて、「では、あなたを全く知らない人は、どのような基準で裁かれるのでしょうか」、「彼らは救われないのでしょうか」（それが当時の見方だった）と問うたかもしれない。

それに対してイエスはこう答える。「〔私を知らない〕異邦人たちは、私の仲間の中で私と出会っている。貧しい者は私の仲間だからだ。彼らに愛を示す人は、貧しい者の救い主である私に愛を示したのである。だから最後の審判で、異邦人たちは、痛み苦しむ私に示した愛の行いについて問いただされれた時、『隣人を自分のように愛しなさい』という救い主の律法（ヤコブの手紙2章8節）にかなう行いをしているなら、神の国に入る恵みを授かるだろう、つまり異邦人も愛の行いによって義認を受けることができる。なぜなら、彼らにも身代金（マルコ10章45節）が支払われているからである」。[7]

弟子であることの特徴1

弟子であることの特徴となる「愛の行い」の最も深い秘密は、「赦すことができる」ということである。それにより、弟子たちは自らが体験したすべての理解を超える神の赦しを、他の人々に伝えていくのである。「仲間を赦さない家来」のたとえ話（**マタイ18章23節〜35節**〈たとえば「心から兄弟を赦さないなら、私の天の父もあなた方に同じようになさるであろう」〉）は、このことを語っている。

この文脈に関しては、本書一一一頁以降を参照されたい。

18章23節　これも与格の導入部を持つたとえ話（「これは神の国の到来と同じ関係にある」、本書一一四頁以降を参照）、神の国の到来はまた「貸した金の決済」と比較されている。「彼の家来たちとともに」――聖書と東方では、「王の家来たち」は王に仕える高官を意味する言葉である。

24節　王の前に連れてこられた家来は一万タラントン、つまり一億デナリオンを借金していた。その金額の大きさは、家来が担当地域から得られる収入に責任を持つ「サトラップ（知事）」と考えられることを示している（31節参照）。たとえばプトレマイオス朝エジプトでは、財務担当の役人が担当地域の全税収について個人的な責任を負っていたことが知られている。とはいえ、この金額は実際に考えられるよりもずっと大きい。「一万」は、当時勘定に使われる最も大きな数字であり、タラントンは近東全域で使われていた最高額の通貨単位である。想像を絶したこの巨額の借金の規模にしたのは、百デナリオンというわずかな借金（28節）との差を際立たせることで、聴衆に強い印象を与える狙いがあった。このたとえ話には、次のような解釈が暗に含まれている。王の背後に「神」が暗示され、債務者の背後に「赦しの言葉を聞くことを許された人」を見出すことができる。「王の前に連れてこられた」——この受身形の表現は、債務者が牢獄から引き出されたことを示している。

25節　まず彼の持っている土地と家財は売り払わねばならない——ユダヤの法律はイスラエル人に対して、本人が盗んだ物を返済できない場合に限り、本人自身が売られることを認めていた。またユダヤの法律では、妻を売ることは完全に禁じていた。つまり、この「王とその家来たち」は、「異邦人」を指している。

「子どもたち」——ラビによるたとえ話は、王がどうして債務者に息子たちと娘たちを売らせたかについて述べている。「それで、彼の持ち物は何も残っていないことがはっきりした」からである。つまり、子どもたちはこの男が売ることのできる「最後の財産」なのである。家族を売ることに意味があるのだろうか？　奴隷一人の平均売買額は、約五百デナリオンから二千デナリオンだったので、家族全員を売って得られる金額は、一億デナリオンという巨額の借金に全く見合わない。それゆえ、25節にある王の命令は何よりもまず、王の怒りの表現として理解されるべきである。

26節　王の家来が「ひれ伏す」のは、王の憐れみに自分自身のすべてを委ねることの意思表示であり、嘆願の最も緊迫した形である。「きっと全部お返しします」——彼はその借金を働いて返すことを約束する。

27節　「主君の憐れみは、家来の（返済延期を求める）嘆願をはるかに上回る」（M. Doerne）。

28節　外に出て、その家来は仲間の一人に出会い（31節参照）、捕まえて首を絞める。その仲間がどのようにしても逃げられないようにするためである。もし彼がその場で借金を返さないなら、牢に入れられるか、さもなければ逮捕の命令が出されるだろう（マタイ5章25節以下参照）。

29節　彼は下級役人であり、少額の借金返済さえ難しい。彼の返済猶予の嘆願は、王に借金していた家来自身の言葉（26節にある「全部」は除いて）そのままだ。だが両者の違いは、26節が実行不可能な窮余の約束であるのに対し、29節は実行可能な約束という点にある。

30節　「牢獄に」――債務者である最初に登場する家来（25節にあるように）が財産を全部売り払うようなことは、ここでは起きていない。それは（ユダヤの法律による場合ではあるが、この法律はその他の点でも確かに有効であった）、借金額が債務者が持ち物を売り払うことで得られる額を超える場合に限って認められたけれども、この場合は借金額が百デナリオンを超えていないので該当しなかった。このような時、近東の国々では債務者は拘留され、借金を払い切るまで働くか、近親者が代わりに返済して釈放されるか、のいずれかである。だがユダヤの法律の下で、そのような債務者の身柄の拘留がされたことは知られていなかった（本書二一四頁以降参照）。

31節　「仲間（の家来）たち」――旧約聖書のギリシャ語訳では、このような表現はエズラ記の4章7節、9節、17節、23節、5章3節、6節、6章6節、13節だけにあり、パレスチナとシリアの総督も含んだ「位の高い役人」を意味する言葉として使われている。これは、「servants」〔新共同訳では「家来」と訳されている」が普通の「奴隷」ではないという見方を肯定するものである。「They were greatly distressed〔新共同訳は「仲間たちは、事の次第を見て非常に心を痛めた」〕」、すなわち「They were shocked（……憤慨した）」（T. W. Manson）。

34節「jailers（〔新共同訳は『牢役人』〕）」（「tormentors（痛めつける者）」の方が直訳に近い）、拷問による懲罰はイスラエルでは認められていなかった。ここでもまた、非パレスチナ的な状況が語られている（25節、30節参照）のは明らかである。それは、ユダヤ法を無視して拷問を繰り返したヘロデ大王の場合も考えられない。どうして彼が27節のような寛容さを行ったと信じられるだろうか？

拷問は忠義に欠けたり税金の上納を怠った地域総督に対して、金の隠し場所を見つけ出すため、あるいは近親者や友人から相当分の金を払わせるために、東方ではよく行われた。法的な手続きでユダヤ人が「非道」と見なす（マタイ5章25節に関する本書二一四頁参照）非ユダヤ的慣行を採るのは、「懲罰の恐ろしさ」を強く印象づけようとするためである。「借金をすっかり返済するまで」は、借金額の大きさから判断して、どうみても「懲罰に際限がない」ことを意味している。ここでも（24節参照）解釈がこのたとえ話の中に入り込んでいる。

35節「あなた方の一人ひとりが、心から兄弟を赦さないなら、私の天の父もあなた方に同じようになさるであろう」。ここでは、「心からの赦し」を「口先だけの赦し」（マタイ15章8節＝イザヤ書29章13節参照）と暗に対比させることで注意を引いている。すべては、赦しが「心からのものであるか」どうかにかかっているのである。

これは「最後の審判」についてのたとえ話で、「勧告」と「警告」を結びつけたものとなっている。すなわち、「神は福音のうちに、赦しの提示を通して『想像を超えた憐れみの賜物』をあなたに与えた。それなのに、兄弟のささいな借金の返済を免除しようとしないのか？　神の賜物は、義務を果たすことを条件に与えられるものなのだ。あなたが自分の権利を主張しようとし、心を冷たくして、神から受ける赦しを、他の人に与えるのを拒むのは禍である。すべてが危機に瀕している。神はあなた方に対する罪の赦しを撤回し、裁きを完全に実行するだろうから……」と。

他の箇所でも、イエスは二つの尺度についてのユダヤの教義を借用しながら、その主旨を完全に作り変えている（このたとえ話に類似したものがユダヤ教にないのは偶然ではない）。ユダヤ教の教義によると、神は「憐れみと裁きの二つの尺度」で世界を治めているが、最後の審判では裁きの尺度だけを使う、と教えている。「そしていと高き方が、裁きの座に姿を現す。もはや憐れみはなく、寛大さは跡形もない。そこには『裁きがあるだけ』だ……」（第四エズラ〔新共同訳では「エズラ記（ラテン語）」〕7章33節、34節a）というものである。[9]

このようなユダヤ教の教えに対して、イエスは「憐れみの尺度は最後の審判においても有効だ」と教えている。「神は最後の審判で、いつ憐れみの尺度を使い、いつ裁きの尺度を使うのか？」という決定的な問いに対して、イエスは答える。「神の赦しが真に赦しを与えようと働く場合には、神の憐れみによる赦しがある。だが神の賜物を乱用する者は、彼が赦しを受けなかったかのように（マタイ6章14節以下）厳しい裁きに直面する」と。

弟子であることの特徴2

イエスの比喩で最も強調されている弟子であることの二つ目の特徴は、弟子たちが神の手の中で完全に守られているということである。ヨハネ福音書8章35節の「奴隷」と「子」の比喩は、弟子たちが現在属している神の家族の中で、息子として扱われる特典についての永遠の権利を、彼らに保証することを示している。彼らは今や「下級役人」ではなく「王の息子たち」（マタイ17章24節以下）のような存在であり、「入浴した者」（ヨハネ13章10節）のように清潔な存在である。

天の父の完全な保護の下にあることを、イエスは「空の鳥」（マタイ6章26節、ルカ12章24節）、「野の花」（マタイ6章28節～30節、ルカ12章27節以下）の、比類なき描写によって印象深く語られた。これらの描写が語っている完全なる保護は、文脈をはっきり理解することによってのみ、判断することができる。

イエスは私たちが「思い悩む」のを禁じる。ここで使われているギリシャ語の動詞merimnān は、二つの意味に取ることができる。一つは、「不安な思いに身を委ねる（心配する）」、もう一つは「骨の折れる努力をする」である。マタイ福音書の6章25節～34節とその並行記事で、この後者の意味だけが意図されていることは、マタイの6章27節、並行記事ルカ福音書12章25節から推察できる。この箇所では「思い悩む（心配する）」では意味が通らない。そして、二つの比喩的な表現で「思い悩み（心配）」ではなく、「努力」について語っていることを示している。

そうして、イエスは弟子たちが食料や衣服を手に入れることに精を出すことを禁じている。働くことを禁じている！　それがどうして可能であろうか？　弟子たちに労働を禁じるイエスの言葉は、マルコ6章8節と類似している。それは、イエスが彼らを宣教に送り出す際の、彼自身の責務の一部となっている。宣教の場は広大だが、最後の危機、試練の時が迫っており、時間が足りない。権限の委任によって、弟子たちに最大限の働きを求め、妨げになることは「道の途中で挨拶を交わすことさえも」してはならず（ルカ10章4節b）[10]、ましてや「衣食を得るための努力」はさらに抑えねばならない。神は、あなた方が必要なものを与えてくださるだろう。したがってイエスが弟子たちに禁じたのは「働くこと」ではなく、「二重に働くこと」である。だが、それは「食べるもの、あるいは着るものを持たず、凍えて、飢えなければならない」ということを意味するのか？　そのような不安に対して、イエスは「鳥」と「花」という二つの比喩で、ユーモアを少々加えて答えている。

「信仰の薄い者たちよ」とイエスは語りかける。あなた方は、カラスくんが牛を鋤につないだり、耕したり、種をまいたり、刈り入れたり、脱穀したり、納屋に収穫した物をしまうのを見たことがあるだろうか？　カラスはそのようなことはしないが、神は必要なものを十分に与えてくださる。信仰の薄い者たちよ、あなた方はアネモネさんが糸車や織機で仕事をしているのを見たことがあるだろうか？　にもかかわらず彼女の衣装の壮麗さの前には、高貴な衣装も色を失う。結局のところ、あなた方は神の子どもたち（マタイ6章32節、ルカ12章30節）であり、天の父はあなた方が必要としているものをご存知だ。父は、あなた方を飢えさせはしない！

イエスは言う。鳥や花には、世話をしてくださる父がおり、さらに羊飼いが羊の名を呼ぶように（ヨハネ10章3節）[11]名前を呼んでくれ、そして祈ってくれる父がいる。

大きな危機が迫っている。イエスの受難がその訪れを告げようとしている。闇の力が、最も恐ろしい類の誘惑の中に明らかにされようとしている。それから逃れる道は一つしかない。逃げなさい、あなたの魂を救うために（マルコ13章14節以下）。だが、イエスの弟子たちさえも逃れることはできないだろう。サタン――神の民を責め立て滅ぼす者――が神に求めた。「農夫がふるいで麦から殻を分けるように、辛苦の嵐の中で民をふるいにかけるのを認めるように」と（ルカ22章31節以下）[12]。そして神は認めた。それは神の意志である。

しかしイエスは「信仰をしっかりと保ち、迫りつつある最後の選別の時に同志たちを力づけるように」とペトロのために祈る。イエスは指導者である彼のための祈りの中で、弟子たちすべてのために祈る。そしてイエスの「神への執り成し」が、彼らを救う。キリストはサタンよりも強いからである。

弟子であることの特徴3

弟子であることの三つ目の特徴は、「神の賜物とイエスの思し召しによって、行動へと駆り立てられている」ということである。イエスは、ある特別の衝動（本書一三六頁以降参照）の下に救済の使命を描くことを好んだが、弟子たちの任務についても同様の手法で述べている。イエスは、マルコ福音書の1章17節の「ペトロの召命」において、漁をしているシモン（のちのペトロ）に対し「人間をとる漁師にしよう」と言っている。また別の箇所で、律法学者が神の国の弟子になると仮定して、その弟子を自分の倉から古いものと新しいもの――以前学んだ事と新たに得た知識（マタイ13章52節）を取り出す家の主人にたとえている。

「収穫は多いが、働き手は少ない」（マタイ９章37節、トマス73項）。弟子たちは「イスラエルの家の失われた羊」のところに派遣される（マタイ10章６節）、たぶんその任務は羊飼いとして。少なくともマタイ福音書の18章12節～14節はそのように解釈している。

ペトロは、イエスから任命された管理人として神の国の鍵を授かる（マタイ16章19節）。福音の宣言にあたって、ペトロと仲間の弟子たちは、解いたり、結んだりする権限、つまり赦しを告げるとともに、福音が拒まれた場合には裁きを宣言する権限を手にしている。したがって彼らはイエスの使者として、裁く全権を持っている（マタイ18章18節、16章19節）。[13]

その責任は計り知れないほど重く、残された時間はわずかである。無数の魂が、「幸せか苦しみか」「救済か破滅か」という賭けの対象になっている（マタイ10章12節～15節、ルカ10章５節以下、10節～12節）。このように重大で危険に満ちた任務の遂行には、完全な献身は当然のこと、誠実さと神から与えられた賢明さが求められる。そのことをイエスは、内容が密接に関係した二つの比喩で表現している。「蛇のように賢く、鳩のように素直になりなさい」（マタイ10章16節、トマス39項）、そして「自分自身の内に『塩（prudence ＝分別・賢さ）』を持ちなさい。そして、互いに平和に過ごしなさい」（マルコ９章50節ｂ）。

「分別・賢さ」とは、霊的に冷めた状態であって、正典外ではあるがたびたび引用されている「賢い両替屋になれ」という主の言葉[14]がそれを勧めている。経験を積んだ両替屋が一目で偽の貨幣を見分けるように、イエスの弟子たちは大勢の人々の賞賛を受ける偽預言者たちに騙されてはならない。弟子たちは与えられた任務にふさわしいだろうか？　イエスは、彼らがふさわしい者となるように、敵意にさらされ、能力不足を痛感しても、気落ちしないようにするだろう。

「山の上にある町」の比喩（マタイ5章14節b）は、トマスによる福音書の32項には次のように書かれている。「イエスが言った、『高い山の上に建てられ、固められた町は、落ちることもできないし、隠されることもできない』」。この言葉は、弟子たちを勇気づけ、失望しないよう意図されたものである。彼らは、実に高いところに建てられた終末時の神の町の民（イザヤ書2章2節～4節、ミカ書4章1節～3節）である。その町は、地震や敵意に満ちた攻撃、あるいは陰府のあらゆる力（マタイ16章18節）によっても揺るがず、その光は人の手を借りることなく、闇に隠されることなく輝いている。彼らが福音を持っているならば、必要なものをすべて持っている。信仰を持っていれば、植物の種で最も小さい「からし種」のように小さくても、彼らにとって不可能なことは何もない（マタイ17章20節、ルカ17章6節）。

それでも、彼らは一つのことについて自覚しているだろう。それは「イエスが直面する憎悪を、自分たちも避けることができない」ということである。イエスは「預言者は故郷では敬われない」（マルコ6章4節、マタイ13章57節、ルカ4章24節、ヨハネ4章44節、トマス31項a）ことを経験した。福音はつまずきを生じるからである。「弟子は師に勝るものではなく、僕は主人に勝るものではない」（マタイ10章24節以下、ルカ6章40節、ヨハネ15章20節）。

弟子たちの使命には、命を危険にさらすことも含まれる。イエスは彼らを「オオカミの群れに羊を送り込む」（マタイ10章16節、ルカ10章3節）ように、無力なまま宣教の旅に送り出す。弟子たちのうち少なくとも幾人かは「イエスが飲む苦難の杯」（マルコ10章38節以下、マルコ9章1節参照）を飲まねばならない。[15]なぜなら、イエスの弟子であることは「命を捨て、十字架を担う覚悟」を伴うからである（マルコ8章34節並行記事）。

「十字架を負う」という言葉で表現される人について、私たちが普通考えるのは、神が課せられるどのような試練をも、忍耐強く受け入れる人だろう。だが、「十字架を負う」ことについてのこのような解釈を支持する典拠はなく、またこの言葉には「殉教の用意ができている」という意味もない。むしろこの言葉は全く具体的な出来事に注目している。すなわち、十字架の刑を宣告された人が肩に十字架の横木を負わされ、群衆から侮辱と呪いのこもった激しい罵声を浴びながら歩いてくる瞬間である。その道行の苦痛は、ユダヤ人の共同体から情け容赦なく排斥され、無力なまま、虐待と屈辱にさらされたという実感にある。イエスは言う。「私に従う者は皆、処刑場へ向かう者の via dolorosa（受難の道）のような辛い人生を覚悟しなければならない」と。

だが、死に際してさえも、弟子たちは「その許可がなければ雀[16]が地に落ちることさえもない方」の手の中にある（マタイ10章29節、ルカ12章6節）。彼らは、自分たちを待つ無上の喜びによって、あらゆる苦難の記憶がどのようにしてぬぐい去られるかを、母親が体験していること（ヨハネ16章21節以下〔「女は……子どもが生まれると……世に生まれ出た喜びのために、もはやその苦痛を思い出さない」〕）から学ぶ。しかし、犠牲と成功がどれほど大きかろうと、神の賜物の偉大さは彼らを常に謙虚にし、ファリサイ派の人々のような独善に陥らないように守られるだろう（ルカ17章7節～10節）。

注

（1）この言葉の言語学的な論拠については、学術版の *The Parables of Jesus*, London and New York, 1963, 1972[3], 二〇〇頁参照。

（2）マタイ6章19節～21節、ルカ12章33節以下。これは地上の宝と天の宝を比べているのではない。宝が蓄えられる保管場所について述べている。

（3）仮にルカ10章29節ですでに「隣人」という訳語が使われているとすると、この物語の意味は曖昧なものになる。「隣人」というキリスト教的概念は、この物語の出発点ではなく、結果である。

（4）「it was said（言われた）」と言う受身形は、神の名の婉曲的表現。

（5）ルカ6章27節以下は、これが個人的な敵を意味することを示している。

（6）イエスは赦しを得られるように仲介している。同じように、マルコ2章5節で赦しを与えるのは究極的には神であり、イエスは言う。「子よ、あなたの罪は赦される（神の名前を呼ぶのを避ける表現として受身形が使われている）」と。

（7）義認についてのパウロの定めが、イエスの教えと細部にわたるまで一致しているのは驚くべきことである。パウロはまた、洗礼によって付与される（コリントの信徒への手紙一の6章11節、ローマの信徒への手紙6章7節）信仰のみによる罪人の義認（ローマの信徒への手紙3章28節）と、愛の実践を伴う信仰（ガラテアの信徒の手紙5章6節）の働きによって最後の審判で与えられる義認とを区別している。また、パウロは「書かれていない律法を実行（ローマの信徒への手紙2章12節～16節）した場合に最後の審判で異邦人に与えられる義認」についても知っている。

（8）本書一二〇頁以降参照。

（9）マタイ7章1節以下、並行記事ルカ6章37節以下、ヤコブの手紙2章12節。マタイ5章7節と25章

31節以下も参照。

（10）東方の人は時間に余裕があり、急ぐのを嫌う。挨拶は長話になる。旧約聖書の列王記下4章29節でエリシャはゲハジに「通常の用法と礼儀と異なること」を命じている。「だれかに会っても挨拶してはならない。またたれかが挨拶しても答えてはならない」。これは極端に急ぐことがあったからである。イエスが禁止事項を弟子たちに示した時、彼は具体的に盗賊から身を守るために隊商の列に加わるという時間のかかることを念頭に置いている。

（11）現代のパレスチナでは、名前は、形や色や特徴（たとえば、「灰色の耳」「短い耳」）によってつけられる。子羊や幼児につけられた名前は、小さい時から馴染んでいるので、大きくなるまで変わらない。名前は、生き物を呼ぶ手段であるだけでなく、所有していることのしるしでもある。羊の群れを導く時、パレスチナの羊飼いは、羊たちを呼び集めたり、追い立てたり、止まらせたりするのに、声をかける。

（12）殻と麦のより分けは、最後の審判を象徴している（マタイ3章12節、本書二六六頁以降参照）。

（13）「解いたり、結んだり」は、学識者の権威ある判断によるものでも、規律に基づく措置によるものでもなく、無罪か有罪かを宣告する裁判官の権威を意味する。その最もよい例は、マタイ福音書10章12節～15節にある。イエスの弟子たちは平和をもたらし、判決を言い渡すのである。

（14）エレミアス著 *Unkown Sayings of Jesus*, second English editon, Lonodon, 1964 一〇〇頁～一〇四頁。

（15）杯を共にすることは、運命――それが良かろうと悪かろうと――をともにすることを意味する。

（16）一般に、価値のない動物を意味する。マタイ10章29節では、二羽の雀は一アサリオン〔日本円換算で三百円ほどと思われる〕の価値しかない――ルカ12章6節の並行記事によると、五羽の雀が二アサリオン――十二羽買うともっと安くなる。

8　人の子のたどる苦難の道と大いなる喜び

ペトロの信仰告白は、イエスの活動にとって大きな分岐点となるものである。公の説教の後に、今や弟子たちにだけ明らかに示された、人の子の苦難と勝利に関する告知が語られる。[1]イエスはそれまでの公の宣教活動で、比喩の形で自身の via dolorosa（苦難の道）について語っていた。「人の子には枕するところもない。住む家はなく、鳥や狐が持っている隠れ場さえもない」（マタイ8章20節、ルカ9章58節、トマス86項）。これはイエスがあらゆるところで拒絶されたことの比喩である。カイザリアでのペトロの信仰告白以降、イエスの受難が切迫していることが弟子たちに完全に明らかにされる。この場合も、イエスはしばしば比喩を用いた。飲まねばならない杯（マルコ10章38節、14章36節）と受けねばならない洗礼（同10章38節）について語っている。

自らの死によって救いの共同体を作り上げる――羊飼いは、羊のためにその命を捨てねばならないからである（ヨハネ10章11節、15節）。[2]羊飼いは剣で打たれねばならないからである（マルコ14章27節＝ゼカリヤ書13章7節〔「剣よ、起きよ、私の羊飼いに立ち向かえ……」〕）。それは彼が清められた羊を家に連れ戻すためである（マルコ14章28節）。[3]この石は捨てられねばならない（マルコ8章31節、参照同12章10節＝詩篇118編22節〔「家を建てる者の退けた石が隅の親石となった」〕）、神の神殿の要石となるためである。麦の種は死なねばならない。そして、こうつけ加える必要がある。それは神によって再び生き返らされねばならない。神の賜物の豊かな実りがもたらされるためである（ヨハネ12章24節、本書一七四頁以降参照）。イエスの死はそのような力を持っている。なぜなら、それは罪ある者のための罪ない者による死であるからであり、失われた無数の群れのための身代金（マルコ10章45節、マタイ20章28節）であり、犠牲（マルコ14章24節）だからである。

だが人の子の受難は、最後の試練の始まりであり、神の最終的な偉大な勝利の前触れにすぎない（本書五五頁参照）。三日のうちに、イエスは新しい宮を完成するだろう――その土台と建築は、イエスの地上での活動を通して始められ（マタイ16章18節）、自らがその要石となる（マルコ14章58節、並行記事）。稲妻が、暗闇を昼間のまばゆい明るさに変えるように、人の子も突然、思いがけない時に来て、すべてを照らし出すだろう（マタイ24章27節、並行記事ルカ17章24節）。

注

（1）イエスによる受難予告の歴史性については、これまでも頻繁に疑問が提示されてきた。だが、個々の描写が受難物語を考慮に入れて、事後に形式化されたことが確実であればあるほど、その一方で私の見解としては、イエスが暴力による死を予期し、イザヤ書53章で前もって示された自身の受難の必然性を見出していたことの歴史的蓋然性は極めて高いと思われる。参照・エレミアス著 "The Sacrificial Death" in *The Central Message of the New Testament*, London, 1964, 三一頁〜五〇頁。

（2）K. E. Wilkem, *Biblisches Erleben im Heiligen Land 2*, Lahr-Dinglingen, 1954, 一六二頁に、三十頭以上のハイエナの夜襲について羊飼いから聞いたことが出ており、闘って殺された仲間たちの名前も挙げられている。

（3）マルコ14章28節で羊飼いの比喩が続く。そして、ゼカリヤ書13章8節以下で、「羊飼いの死後、清められた羊の群れが再び現れる」との予告が取り上げられている。

（4）東方の言い回しによく見られるように、ヨハネ12章24節の「一粒の麦」の比喩では、「死ねば、多くの実を結ぶ」と、全体の流れの最初と最後の段階だけが述べられている。重要な中間の段階（復活）を補う必要がある。

9　救いの業の完成

イエスが救いの完成について語る時、常に象徴的な言葉を使う。

神は王であり、新しい神殿で礼拝される（マルコ14章58節）。人の子が王座の右に坐し（マルコ14章62節）、聖なる天使たちに囲まれている（マルコ8章38節）。人の子には敬意が表される（マタイ23章39節）。彼は良い羊飼いとして、清められた羊の群れを養う（マルコ14章28節、マタイ25章32節以下）。

悪は取り払われる――汚れた神殿は取り壊され（マルコ13章2節）、邪悪な世は過ぎ去り（マタイ19章28節、ルカ17章26節～30節）、死者と生者の審判が行われ（マタイ12章41節以下）、最終的な選別が完了する（マタイ13章30節、48節）からである。悪魔は天から落とされ（ルカ10章18節）、その手下たちとともに永遠の火に投げ込まれた（マタイ25章41節）。もはや死が支配することはなく（ルカ20章36節）、苦しみと悲しみは終わった（マタイ11章5節、マルコ2章19節）。

事態は逆転する――隠されていたものは現され（マタイ6章4節、6節、18節、10章26節と並行記事）、貧しい者は富み（ルカ6章20節）、後にいる者が先になり（マルコ10章31節）、小さき者が大きくなり

（マタイ18章4節）、飢えている者は満たされ（ルカ6章21節）、疲れた者は安らぎを得（マタイ11章28節）、泣いている者は笑い（ルカ6章21節）、悲しむ者は慰めを受け（マタイ5章4節）、病者は癒され、目の見えない者は見え、足の不自由な者は歩き、らい病を患っている者は清くなり、耳の聞こえない者は聞こえ（マタイ11章5節）、捕らわれている者は解放され、圧迫されている者は自由になり（ルカ4章18節）、へりくだる者は高められ（マタイ23章12節、ルカ14章11節、18章14節）、柔和な者は地を受け継ぎ（マタイ5章5節）、小さな群れの者たちはそれぞれ王となり（ルカ12章32節）、そして、死者は生き返る（マタイ11章5節）。

過ちを犯した者は赦される（マタイ6章14節）――主の僕は多くの人のために身代金を支払った（マルコ10章45節と並行記事）。心の清い人は神を見（マタイ5章8節）、新しい名が授けられ（同5章9節）、天使の衣が与えられる（マルコ12章25節）。彼らは永遠の命を得（マルコ9章43節）、神によって生きる（ルカ20章38節）。

神は報いてくださる（ルカ14章14節）――神の大きな報いがある（マタイ5章12節）。押し入れ、揺すり入れ、あふれるほどに量りをよくして、[1]懐に入れてもらい（ルカ6章38節）、相続財産を受け継ぎ（マタイ19章29節）、天に積んだ富を分け与えられ（同6章20節）、王座と支配の職権が授けられる（同19章28節）。

栄光を受けた共同体が、神の玉座の前に立つ――ノアやロトのように、破滅から救われた（ルカ17章27節、29節）。刈り入れた物が永遠の倉に納められ（マタイ13章30節）、新しい神殿が建てられ（マルコ14章58節）、散らされた神の選民が集められ（同13章27節）、神の子たちが父の家でくつろぎ（マタイ

5章9節)、婚礼が祝われる(マルコ2章19節)。
艱難の後に、大いなる喜びが始まった(ヨハネ16章21節)――彼らは永遠の住まいに迎え入れられ(ルカ16章9節)、異邦人たちが丘の上の町に押し寄せ、イスラエルの族長たち(アブラハム、イサク、ヤコブを指す)と祝宴を楽しみ(マタイ8章11節)、人の子の食卓に就く(ルカ22章29節以下)。人の子は彼らのために救いのパンを裂き(マタイ6章11節)、新しい世のぶどう酒を注いだ杯を彼らに手渡し(マルコ14章25節)、飢えと渇きは満たされ、そうして、救い主の世の喜びの笑いがこだまする(ルカ6章21節)。罪によって壊された神と人との親しい交わりが回復される。

「なぜあなたは、罪人たちを排除して純粋なメシア的共同体を創設しないのか」という質問(おそらく挑戦を意図したものであったろう)をイエスに投げかけた、信心深い熱心な人々が誰であったかを、私たちは知らない。だが、このような問いかけが「後世の教会になって重大な問題になった」と主張すべきではないだろう。むしろ真実はその反対である。すでにイエスの時代に「メシア的な共同体を作ろう」とする試みが随所で起きていたのである。

まず第一に、ファリサイ派の人々の動きが想起される。ファリサイ派の人々は、自分たちを律法を知らないで(ヨハネ7章49節)神の呪いを受けている人々から分離された聖なる共同体――神の真正な人々の代表者であることを主張した。彼らはメシアを待望しているが、そのメシアは自身も「罪に汚れていない」者であり、「力ある言葉をもって罪人たちを遠くに追いやる」(ソロモンの詩篇17章36節)ような存在であった。

次に、エッセネ派(現在ではクムラン資料にある彼ら自身の証言を通して知ることができる)の人々である。彼らは汚れなき共同体の創設を試みたファリサイ派の人々の試みさえも超えて、「〔神とイスラエル人との〕新たな契約の教団」を作ろうとした。彼らは「汚れた聖所」（ダマスカス文書4章18節）の町から移り住み、そのような呼び名を自分たちの集まりにつけたことは、このように早い時期に「メシアの世における神の民を体現するものとなる」ことを強く求めていたことを示している。

最後に、洗礼者ヨハネに言及しなければならない。彼はその行動のすべてを救われた共同体を集めることに捧げ、脱穀場を清掃して、もみ殻と麦を分けるような方としてのメシアを告知した（マタイ3章12節）。

イエスがしたのは、これらすべての試みとは正反対のことだった。彼はファリサイ派の「聖なる残りの者」の共同体〔「すべての者が滅ぼされる時に、わずかの例外が残され、新しい時代の基礎になる」というイザヤが歴史観にまで発展させた思想＝岩波『キリスト教辞典』を持つ人々〕にあからさまに挑戦し、「律法を知らない」（ヨハネ7章49節）という理由で呪われている、まさにその人々をまわりに集めることで、憤りをかき立てた。彼につき従う者たちの中には、ファリサイ派の基準だけでなく、イエス自身の基準から見ても、神の前に立つにはふさわしくない人々がいた。

なぜ、そのようなことを認めたのだろうか？　なぜ、イスラエルから汚れのない共同体を分離することを求めなかったのか？　イエスの振る舞いでかき立てられた憤りが、またしてもイエスにたとえ話で語らせる契機となっている。「毒麦」（**マタイ福音書13章24節～30節**）と「引き網」（**同13章47節以下**）の二つのたとえ話によって、イエスはその答えを与えた。

これら二つのたとえ話が一対として語られたとは言いがたい（本書一〇二頁以降参照）が、その内容は密接に関係している。二次的な状況設定（マタイ13章36節、本書九三頁以降参照）によって、この毒麦のたとえ話を群衆に対して語られたものと見なしたり（分離は終末を待たねばならないことを示している）、引き網のたとえ話を弟子たちに対する教えだと見なしたりすべきではない（網を投げなさい。人を漁る漁師たちよ！）。なぜならこの第二の解釈は、たとえ話が与格で始まっている（同47節参照〔「天の国は次のようにたとえられる」〕）ことから、誤りだと証明されるからである。

麦に含まれた毒麦のたとえ話は、トマスによる福音書57項では次のように語られている。

「イエスが言った。『父の国は、（良い）種を持っている人に比べられる。彼の敵が夜来て、良い種の中に毒麦をまいた。その人は彼ら（僕たち）に毒麦を引き抜かせなかった。彼は彼らに言った、『お前たちが毒麦を引き抜きに行って、それと一緒に麦を引き抜かないように。なぜなら、収穫の日に毒麦が現れ出るであろうから。それらは引き抜かれ、焼き尽くされるであろう』』」。

マタイ福音書に比べて、特にこの結語が短いのが分かる。マタイ福音書は比喩的な解釈を見越して（本書八九頁以降参照）、毒麦から麦を選り分けること（13章30節）を念入りに表現し過ぎたのだろう。

13章24節　「神の国はある人の場合と同じ関係にある」。神の国は「人」と比較されているのではなく、「刈り入れ」と比較されている（本書一一四頁参照）。

25節　似たようなことが、現代のパレスチナでも起きていると報告されているので、イエスは実際の出来事を念頭に置いていたのだろう。この害草は有毒な芒のある毒麦で、植物学的には毒のない芒のついた麦に極めて近く、発育の初期の段階では同じように見える。

26節　毒麦は普通の麦よりもはるかに早く育ち、たくさん実をつける。

28節　「それは敵の仕業だ」。ここまでの部分、すなわち24節～28節ａにかけての導入部すべては、雑草（毒麦）がたくさん茂っているのは、所有者の責任ではないことを明らかにしようとするだけである。僕の問いかけ（28章ｂ）「では、行って抜き集めておきましょうか」によって初めて、本来の問いが述べられる。この二度目の問いかけは決して馬鹿げたものではない。それどころか毒麦を抜くのは当たり前のことであり、何度も抜くことさえある。

29節　家の主人は毒麦をそのままにしておかねばならない、という考えだが、その理由は、毒麦の量が異常に多いからである。その結果、正常な麦の根と毒麦の根がからみ合ってしまっていることを意味する。

30節　「刈り取る者」——収穫期には、刈り取り専用の人が常雇いの僕とは別に雇われる。「まず毒麦を集め」——毒麦を集めるというのは、麦を収穫する前に急いで毒麦を抜くこととは考えられない。刈り取り人が鎌で麦を刈る時、毒麦を倒れたままにして束にしない。「束にし」——毒麦を束にするのは不必要な仕事ではない。それを乾燥させて燃料にするためである。なぜならパレスチナ地方には森林が少なく、燃料が不足しているからである（マタイ６章30節参照）。

「引き網」のたとえ話（マタイ13章47節以下）を理解するためには、これが与格で始まるたとえ話であることを知るのが重要である。したがって、神の国は「良い魚と悪い魚をとって保存する網」とは比較されない。むしろこの導入句（47節）は次のように訳す必要がある。「神の国の到来は、こういう事情と関係する」。つまり、魚を選別するのと同じ関係にある（本書一一五頁参照）。この網は「地引き網」で、二隻の舟で引き上げるか、一隻の舟で網を張り、長いロープで岸に引き上げるようにして使う。「あらゆる種類」は、単に48節で述べられているように選別の必要があることを説明しているだけである。網の中には「すべての種類」、食べられる魚も食べられない魚も入っていた（これは異邦人への伝道を比喩的に言及したものではない）。ゲネサレト湖〔ルカ5章1節に出てくる表現。ガリラヤ湖のこと〕では二十四種類の魚が確認されている。

48節　「悪いもの」は、①汚らわしい魚（レビ記11章10節以下――ヒレとウロコのない魚すべて）と、②たとえばカニのような彼らにとって食用に適さない水生生物であり、それらは価値のないものと考えられた。

以上の二つのたとえ話は、その性格において終末論的である。ともに、神の国の到来の先駆けとなる「最後の審判」に関係しているからだ。前者のたとえ話では「麦」と「毒麦」、後者では「食べられる魚」と「食べられない魚」のより分けに比較されている。より分けられる前は、良いものも悪いものも混ざっている。「毒麦」のたとえ話では、実が熟さないうちに選別することをはっきりと否定し、収穫期まで忍耐強く待つように命じている。

なぜ、そのような忍耐が必要なのか？　イエスはその理由を二つ挙げる。まず、〔実が熟さない段階では〕選別作業を適切に行うことができないからである（マタイ13章29節）。生育の初期段階では毒麦と麦が外見上とてもよく似ているように、救世主の「神の民」も、偽信者の間に秘密として隠されている。人間は心の中まで見分けることができない。それでも選別をしようとすると、間違いなく誤っ

た判断をし、毒麦と一緒に良い麦を抜いてしまうだろう。(2)

第二の理由は、それどころか神が選別の時を定めているからである。神が定めた「時の升」は必ず満たされなければならないし（マタイ13章48節〔「網がいっぱいになると……」〕）、種は必ず収穫の時期を迎える。そして「終わりの時」が来て、(3)毒麦と麦の分離、良い魚と悪い魚を分ける魚の選別の時が来る。その時には、「僕」ではなく、「神の聖なる共同体」――すべての邪悪な人々、偽りの信仰者、見せかけの告白者が取り除かれた人々の集まり――が、遂に姿を現すだろう。だが、その時はいまだ来ていない。悔い改めの最後の機会がまだなくなってはいないのだ（ルカ13章6節～9節）。それまではすべての偽りの熱意は押し止められねばならず、畑は実るまで忍耐強くそのままにされねばならず、網は広く投げられなければならない。そして、その他すべてを神に信頼して委ねなければならない。「神の時」が来るまで。(4)

注

（1）これらの四つの売り手が使う口上には、それぞれに特徴がある。今日でも、穀物売りは「升がこぼれるほどサービスするよ」と声を上げ、客の気を引こうとする。穀物の計量は決まったやり方で行われる。売り手は、升を両足に挟んで地面にしゃがみ込む。そしてまず、升の四分の三のところまで穀物を入れ、升を回しながらよく振って落ち着かせる。それから、穀物を升のいちばん上まで継ぎ足して、また振る。次にその穀物を両手で強く押し込む。最後に、穀物を山盛りにし、押しつけるように強くたたく。時には、升に入った穀物の山に穴を開け、さらに一粒の隙間もなくなるまで、もう少しばかり穀物を継ぎ足す。こうして、買い手は「升が一杯になった」ことを保証される。これ以上は足せない。イエスは言う。「神の升は、そのようなものだ」と。
（2）コリントの信徒への手紙一 4章5節「主が来られるまでは、先走って何も裁いてはいけません」。
（3）本書一三一頁以降参照。
（4）イエスの態度は、伝承の中にしっかりと根をおろしている。彼は「弟子たちの集団は清められた共同体ではない」、そして「終わりの日に必ず選別される」と繰り返し警告している（マタイ7章21節～23節、24節～27節、22章11節～14節）。イエスはまた、忍耐するように求めてもいる（マルコ4章26節～29節、本書一七七頁以降参照）。

10　イエスの比喩的な行為

私たちが扱ってきたテーマの表題の側面について、ここでは短い補足の形で扱うにとどめておこう。イエスは自らが語ったたとえ話の枠にとどまらず、比喩的な行為をした。そうした行為で最も重要なのは、「社会ののけ者にされていた人々に温かく接し」（ルカ19章5節以下）、「彼らを自分が泊まっている家に迎え入れ」（同15章1節以下）、それればかりか「弟子たちの仲間に加えた」（マルコ2章14節と並行記事、マタイ10章3節）ことである。

「徴税人たちのための祝宴を開く」という行為は預言的なしるしであり、今こそ救い主の時が来ており、それが赦しの時であることを、言葉よりもはるかに印象深く、聞き漏らしえないように告げている。(1) イエスは、自らに待ち受ける死という贖いの力を弟子たちに分け与えることによって、その生涯の最後の象徴的な行為を成し遂げるために、その死の前夜に弟子たちとともに食事を取った。

イエスはいつも新しい仕方で、自身の行為によって救い主の時の到来を告げ知らせる——病人を癒し、断食を否定し（マルコ2章19節以下、並行記事）、ヨナの子シモンにペトロという新たな名を与えて、すでに始まった終末時の神殿の土台となる岩とした（マタイ16章17節以下）。

そして、弟子たちの象徴的な数を用いて、終末時の神の民の主としての自らの主権（失われた九氏族半も含めて）を表した。また、エルサレムに王として入城し、神殿を清める（いずれの行為も到来しつつある新たな時のシンボルとして密接につながっている）ことで、自らの王としての権威を示した。そしてエルサレム入城にろばを選ぶ（ゼカリヤ書9章9節）ことで、自らの使命が平和的な目的を持っていることを表現したのである。

また、イエスは小さな子どもを弟子たちの真ん中に立たせ、〔だれがいちばん偉いかで議論して〕権力欲をむき出しにする彼らを厳しく叱り（マルコ9章36節、並行記事〔「私の名のためにこのような子どもの一人を受け入れる者は……私をお遣わしになった方を受け入れるのである」〕）、弟子たちの足を洗う（ヨハネ13章1節以下）ことで、人に奉仕する愛の模範を示した。

「姦通の女」の話（ヨハネ7章53節以下）が古い伝承を基にしていると認めた場合、「地面に何かを書く」（同8章6節、8節）も、比喩的な行為の一例である。女性を告発した人々に対して、あからさまに侮辱することなく、「あなたを離れ去る者は地下に行く者として記される」（エレミヤ書17章13節）という聖書の言葉を思い起こさせ、「律法に背いているのは、あなた方だ」と言おうとしている。[2] つまりは、無言のうちに悔い改めを求めたのだろう。[3] イエスがエルサレムの運命を嘆き悲しむのも、その預言者的洞察から迫り来る運命についての悲しみを先取りした象徴的行為に含めることができるだろう。

このように、イエスの象徴的な数々の行為の圧倒的な大部分が「救い主の時が始まった」ことを告げている。イエスは、福音のメッセージを数々のたとえ話で宣言するだけでなく、生き様そのものによって宣言し、〔神の子という〕彼自身において身をもって具現化したのである。「イエスは神の国についてメッセージを述べただけではない。彼自身がメッセージなのだ」。(4)

注

（1）J. Schniewind, *Das Evangelium nach Marukus*, *Das Nue Testament Deutsch 1*, Göttingen, 1963 の中のマルコ福音書2章5節の箇所。

（2）「砂に名を書くと風が消し去ってしまう」は、追放と破滅の危機にさらされていることを示している。

（3）「地面に文字を書く」ことのもう一つの解釈は、イエスが「判決文を読み上げる前にそれを下書きするローマの裁判官のように振る舞っていた」というものである。イエスの下す判決は「無罪」である。

（4）C. Maurer in *Judaica 4*, 1948 の一四七頁。

Ⅳ　結　語

たとえ話の本来の重要な意味を再現しようとするこれまでの試みを通して、何よりもまず明らかになったのは、イエスのすべてのたとえ話は、その聴衆に対し、イエス自身とその使命についての態度決定を迫るものだということである。なぜなら、これらのたとえ話はすべて、「神の国の奥義」（マルコ4章11節）――つまり、「今、救い主の時が始まりつつある」という確信に満ちているからである。成就の時が到来した、というのがすべてのたとえ話の基調となっている。

強い者は無力にされ、悪の力は敗北を強いられ、医者は病人を訪れ、重い皮膚病の患者は清められ、多額の債務は帳消しにされ、迷った羊は家に連れ戻され、父の家の扉は開かれ、貧しい人々と物乞いたちは宴会に招かれ、底ぬけに親切な主人は十分な報酬を支払い、大きな喜びがすべての人々の心を満たすのである。神の恵みの年が来た。あらゆる言葉とあらゆるたとえ話を通して、隠されていた壮麗な姿を輝かせる方、救い主が現われ出たのだ。

付　録

用語解説

（ベルント・シャラー博士による）〔一部を岩波『キリスト教辞典』から引用・補足した〕

エッセネ派 Essenes　ユダヤ人の禁欲主義者の共同体で、紀元前二世紀から紀元後一世紀にかけて活動し、（祭司、レビ人、一般信徒という）位階制を持っていた。その特徴と目的において、彼らはファリサイ派の人々と類似しており、旧約聖書の律法を厳格に守ることを通して、真の神の民としての姿を示すことを目指していた。閉鎖的な集団で生活し、拠点は死海のそばのクムランに置いた。一九四七年以降の同地での発見によって、多くのエッセネ派の文書に光があたり、この共同体の生活と教義について、より詳しく知ることができるようになった。

救済論 Soteriology　人間と世界の救済についての概念と教義。

共観福音書 Synoptists（Synoptic Gospels）　福音書著者とされているマルコ、マタイ、ルカの三つの福音書は、基にした資料と構成について大部分が対応しており、密接に関係させて調べられるように、

synopsis（ギリシャ語で「共通の、あるいは全体的な見方」の意味）の形で並行記事が掲載されている。

グノーシス Gnosis　ギリシャ語で、「知識」「認識」を意味する。「gnosticism グノーシス主義」はそこからきている。紀元後の初めの数世紀に起きた、広範で多岐にわたる宗教運動。重要な特徴は、贖罪の手段としての、神、世界、自分自身についての知識を得ることへの、強い願望である。（岩波『キリスト教辞典』「正統主義の側から『異端』のレッテルを貼られた宗教思想。個々の人間の内に宿る神的本質は肉体と物質の領域、さらには心魂の領域を超えて、超個人的・超宇宙的な神的本質と同質であり、この本質のもとへ回帰・合一することによってのみ個人は救済される……とする」）。

再臨 Parousia　ギリシャ語で、「存在」「到来」を意味する。キリスト教では、キリストの再来を指す。

サドカイ派 Sadducees　紀元後七〇年以前にユダヤ人の間に存在した、保守色の強い党派。メンバーは、主として祭司と世俗の上流階級に属し、神学的にファリサイ派と対立した。口頭伝承すべてを拒否し、書かれたトーラー（律法）のみが正しいという立場をとった。政治的にはローマ人に対して友好的であった。

サンヘドリン Council　紀元後七〇年以前に存在したユダヤ人の宗教上、法律上、行政上の問題に関する最高決定機関。七十人の議員（サンヘドリスト）は律法学者とともに、聖職者、世俗的な上流階級から選ばれた（マルコ11章27節、14章53節）。

ゼロータイ Zealots　熱心党古代ユダヤ教の内部で、政治的な手段によって救い主の王国到来を押し進めようとする宗教的、民族主義的な運動の信奉者。ローマ帝国に対する蜂起に火を点け、神の支配を打ち立てるためにローマ帝国による支配に挑戦した。

聖書外典 Apocrypha　旧約聖書、新約聖書で正典として認められなかった文書。新約聖書の外典の中では、諸福音書（ナザレ人による福音書やトマスによる福音書など）と、大抵は異教の世界で成立した使徒行伝や使徒の書簡が問題となる。これらは新約聖書の諸文書に追加や差し替えを行うことを意図していた。残された新約聖書外典の有用な収録集として M. R. James, *The Apocryphal New Testament*, Oxford, 1924=1953 がある。

タルムード Talmud　ユダヤ教学者の学問的知識の最も包括的な集成。エルサレム（あるいはパレスチナ）・タルムード（紀元五世紀初めに編纂が完了）と、バビロニア・タルムード（紀元六世紀に編纂が完了）がある。ミシュナー（ユダヤ教の重要な聖典の一つ。紀元二〇〇年頃に編集を終えた宗教的な規定の集成）についての、パレスチナとバビロニアそれぞれにおけるユダヤ教学派の論争が含まれている。

トーラー Torah　「指示」あるいは「律法」を意味するヘブライ語。古代ユダヤ教では、狭義では「旧約聖書のうちのモーセ五書、あるいは旧約聖書の初めの五つの書」（マタイ5章17節、ルカ2章23節参照）を、広義では「旧約聖書全体」を指す（ヨハネ10章35節）。

七十人訳聖書 Septuagint　旧約聖書のユダヤ・ギリシャ語版（キリスト教が生まれる以前）。（岩波『キリスト教辞典』「紀元前三世紀から一世紀にかけて、当時ギリシャ語圏だったアレクサンドリアのユダヤ人共同体で、ヘブライ語から翻訳されて成立した。書名は七十二人の訳者により、七十二日間で訳された、という伝説に基づく」）。

ファリサイ派 Pharisees　紀元前二世紀以降に存在した一般信徒の運動。メンバーは律法学者に指導された閉鎖的な共同体を形成した。彼らは共同体に受け入れられるために、十分の一税を納め、清めを受けるという約束事を厳格に守った（マタイ23章23節～26節、並行記事ルカ11章39節～42節）。そうすることで、清められた神の民であることを示し、一般の人々からは必然的に距離を置いた（ファリサイ派は「引き離された、分離された separated」を意味するようになった）。サドカイ派 Sadducees とは対照的に、彼らは律法と教義の口頭伝承を尊重し、奨励した。また、ローマ人に対して政治的な中立を保った。

編纂 Editing　イエスの生き様と説教に関連する、原始キリスト教の伝承の構成単位の、福音書の著者たちによる最終的な整理、修正。現在の形の福音書から私たちが恩恵を被っているのは、編纂者としての彼らの作業のおかげである。

ミドラッシ Midrash　旧約聖書に関するラビ（ユダヤ教の律法教師）たちによる注解書。

黙示思想 Apocalyptic　旧約聖書の預言者たちの後に、ユダヤ教で広まった思考方法と関係している。原始キリスト教においても継承され、一般に考えられていた「切迫した世の終わり」によって規定されていた。終末論者の考えは、数多くの黙示文書に記録されており、その中で最もよく知られているのがエノク書である。そこでは、宇宙の奥義を中心に展開する世界の歴史、特に最後の日々に起きるであろうことが語られている。

様式史 Form criticism　福音書は、現在私たちが認識しているように、伝承の複雑な発展を経た産物である（編纂 Editing も参照）。それは、よく定義された形式による口伝で受け継がれた「イエスの言葉と行い」の小片からなる独立した項目群（たとえ話、幸福に関する章句、奇跡物語、論争物語など）として始まった。これらの特徴は、偶然ではなく、明確な社会的要素――その資料が使われた原始教会の日常における具体的な状況を構成した――によって形成されてきたことにある（生活の座 Sits im Leben）。それゆえ、様式史は個々の項目について、後代の実際の状況への適用を見分けるだけでなく、元々の意図を推測し、伝承の中にそれらの項目の起源と歴史を描き出すことを可能にする。本書第二部で、様式史を考慮してイエスのたとえ話を分析している。

補　足〔岩波『キリスト教辞典』より〕　文書記録の根底にある形式＝神話、伝説、奇跡物語、預言、知恵の言葉などを分類し、それ以前の口伝段階に遡って、そこから使信を伝達するのに用いられる種々の技巧を検討し、現在の形式にたどり着くまでの過程を再構成する試みを言う。最初に聖書研究に用いたのはH・グンケルの旧約聖書・創世記注解だったが、有名になったのは一九二〇年前後にR・ブルトマンらがそれぞれ新約聖書に適用して研究成果を発表してから。「様式」は、文体だけでなく、イエスの死から最初の福音書成立までの約三十年間に起きた種々の外的変化も含む。

共観福音書のたとえ話一覧

トマス福音書	本書で論じている頁
9	26f, 94, 104, 175f
	177f
20	115, 171f
65	80f, 118, 122, 195
	134f
	57f, 194
	45f, 110
	231f
	190f
	234f
57	92f, 269f
96	115, 173f
109	31f, 238f
76	239f
	114, 272
107	42f, 153f
	28, 74, 111, 250f
	33f, 158f
	91, 142f, 151
64	59f, 69f, 78f, 209f
	72f, 224f
21b, 103	52f, 95f, 102f, 193
	62f, 122f, 195
	55f, 91, 114, 122, 203f
	15, 59f 107, 122, 194
	244f
	142f, 168f
	239f
	183f
63	15, 122, 192f
	118, 191, 197, 201f
	108
	232
	102f, 141, 152, 155f
	73, 105, 146f
	15, 47f, 118, 122f, 215f
	217f, 222f
	228f
	171f, 179f, 181f
	122f, 141f, 162f, 181

＊bは「当該節の後半」、fは「以下」の意。

	マルコ福音書	マタイ福音書	ルカ福音書
種をまく人	4:3 - 8	13:3 - 8	8:5 - 8
忍耐強い農夫	4:26 - 29		
からし種	4:30 - 32	13:31f	13:18f
邪悪な農夫たち	12:1 - 11	21:33 - 44	20:9 - 18
葉を伸ばすいちじくの木	13:28f	24:32f	21:29 - 31
門番	13:33 - 37		12:35 - 38
裁判官のもとへ行く人		5:25f	12:58f
二つの家		7:24 - 27	6:47 - 49
広場の子どもたち		11:16 - 19	7:31 - 35
汚れた霊が戻ってくる		12:43 - 45	11:24 - 26
麦の中の毒麦		13:24 - 30	
パン種		13:33	13:20f
宝		13:44	
真珠		13:45f	
引き網		13:47f	
迷い出た羊		18:12 - 14	15:4 - 7
仲間を赦さない家来		18:23 - 35	
ぶどう園の労働者		20:1 - 16	
二人の息子		21:28 - 32	
婚宴		22:1 - 10	14:16 - 24
礼服を着ていない客		22:11 - 14	
盗賊		24:43f	12:39f
管理を任された僕		24:45 - 51	12:42 - 46
十人のおとめ		25:1 - 13	
タラントン		25:14 - 30	19:12 - 27
すべての民族を裁く		25:31 - 46	
二人の債務者			7:41 - 43
善いサマリア人			10:25 - 37
真夜中に助けを求められた友達			11:5 - 8
愚かな金持ち			12:16 - 21
実のならないいちじくの木			13:6 - 9
閉められた戸			13:24 - 30
塔を建てる人と戦いに行く王			14:28 - 32
なくした銀貨			15:8 - 10
父の愛（放蕩息子）			15:11 - 32
不正な管理人			16:1 - 8
金持ちとラザロ			16:19 - 31
僕の報い			17:7 - 10
やもめと裁判官			18:1 - 8
ファリサイ派の人と徴税人			18:9 - 14

訳者あとがき

本書はヨアヒム・エレミアス著 *Rediscovering the Parables*（SCM Press, Fifth impression 1993）の全訳である。

著者による *Die Gleichnisse Jesu* の初版は一九四七年に出たが、その後改訂を重ね、一九六五年に第七版が出た。このドイツ語学術版の第七版から純粋に専門的な言語資料や注などを除いた普及版が同年に同名で出た。そのドイツ語普及版第二版（一九六六年）はすでに日本語に訳されている（『イエスの譬え』善野碩之助訳・新教出版社刊・現代神学叢書41・一九六九年第一版発行）。またドイツ語学術版は一九六三年に英語に訳された（*The Parables of Jesus*）。

今回翻訳出版することになった *Rediscovering the Parables* は、著者が英語版に寄せた「はじめに」で述べているように、「この本（英語学術版）を幅広い層の人々に読んでもらえるようにしたい」との著者自身の願いに基づいて企画され、一九六六年に英語普及版として出た。その後、ドイツ語普及版に改訂が加えられ、その一九七二年版の改訂がこの英語普及版にも反映されていることが、著者によって述べられている。

著者のヨアヒム・エレミアスは、一九〇〇年、ドイツのドレスデンに生まれたルター派プロテスタントの神学者、パレスチナ研究の専門家で、ゲッティンゲン大学などの教授として主に新約聖書学を講じた聖書学者であった。ドイツ・ハノーファー州教会が管轄するブルスフェルデ修道院の管理責任者も務めている。一九七九年に亡くなった。

岩波『キリスト教辞典』によれば、エレミアスは、新約聖書の解釈研究の分野で、共観福音書とトマスによる福音書に出てくるたとえ話を三十九の主題に分類した。そして、初代教会から中世に至るまで主流となっていたたとえ話のアレゴリー的解釈法を「原始教会の作である」として否定したドイツの聖書学者、A・ユーリッヒャーの後を受け、「原始教会からイエスに帰れ」と主張し、イエスがたとえを語った時の「生活の座」に戻って、原初の形を復元しようとした。

エレミアス本人も、本書の「はじめに」で、「たとえ話をイエスが語ったいちばん元の形に立ち返らせ、『イエス自身がたとえ話で何を伝えたかったのか』を明らかにしようとすること」を目的としたと記している。

訳者とエレミアスの著作との出会いは、二十数年前、訳者が所属しているカトリック小金井教会で現在は司教になっている教区司祭の聖書講義を受け、その際、参考文献として普及版『イエスの譬え』を紹介されたことに始まる。カトリック教会では一九六〇年代の第二バチカン公会議まで、聖書を自由に読むことが事実上禁じられており、聖書研究が十分に行われていなかった。訳者も含めて一般信徒の聖書理解も極めて遅れており、特に新約聖書は一字一句、神の言葉としてそのまま信じるような状態だったため、エレミアスの著作に大きな衝撃を受けるとともに、聖書理解を深めるきっかけになった。

ただ、当時から感じていたのは、元々のドイツ語原文が難解で、それを基にした日本語訳も一般信徒にとっては難しすぎることだった。そのようなわけで、「もう少し分かりやすくして、多くの人に読まれるようにできないか」との思いを持ち続けていたところ、英語新版の存在を知った。同書に目を通し、新版の狙いについてエレミアス本人が「はじめに」で語っている言葉が、まさに訳者の思いに合致する、これを翻訳すれば一般信徒にも理解しやすいものになるに違いない、と確信し、今回の翻訳に踏み切った次第である。

翻訳にあたっては、善野氏訳の『イエスの譬え』を参考にさせていただいたほか、岩波『キリスト教辞典』や、友人の司祭・聖書研究者などの助けを借りたが、内容が内容なだけに作業は決して容易ではなく、加えて、翻訳途上で予期しない大病に見舞われ、作業完了までに一年以上かかってしまった。この間、終始、激励をいただいた新教出版社の小林望社長に心からお礼申し上げたい。

二〇一八年四月　主の復活の主日に

南條俊二

トマス福音書

ヨハネ

ルカ

聖書個所索引

（外典等を含む）

旧約聖書ほか

創世記

レビ記

民数記

申命記

士師記

サムエル記下

列王記上

列王記下

歴代誌下

詩篇

伝道の書

雅歌

イザヤ書

著者　ヨアヒム・エレミアス（Joachim Jeremias）

1900年ドレスデンに生まれ、父の任地であるエルサレムで少年時代を過ごす。チュービンゲン大学とライプチヒ大学でルター神学と古代オリエント学を学び、1935年から68年までゲッティンゲン大学で新約聖書学を講じた。考古学から文献学、神学に及ぶ卓抜した知見に基づいた広範な業績を残した。邦訳された書物には『新約聖書の中心的使信』、『イエスの聖餐のことば』、『イエスの宣教』、『NTD新約聖書注解9』などがある。1979年没。

訳者　南條俊二（なんじょう・しゅんじ）

1946年神奈川県小田原市生まれ。1969年上智大学外国語学部英語学科を卒業し、読売新聞東京本社入社、経済部記者、国際部ロンドン特派員、経済部次長、論説委員（国際経済、産業政策担当）、論説副委員長を経て、国際協力機構（JICA）国際協力専門員、上智大学非常勤講師。現在は公益財団法人・中曽根康弘世界平和研究所研究顧問。著書に『なぜ「神」なのですか』（燦葉出版社）、『ストップ・ザ・日米経済摩擦』（共著、三田出版会）など。訳書に『教皇フランシスコの挑戦』（春秋社）、『証言・渡米一世の女性たち』（燦葉出版社）、『ザ・一世』（読売新聞社）。

イエスのたとえ話の再発見

2018年9月1日　第1版第1刷発行

著　者……ヨアヒム・エレミアス
訳　者……南條俊二

発行者……小林　望
発行所……株式会社新教出版社
〒162-0814 東京都新宿区新小川町 9-1
電話（代表）03 (3260) 6148
振替 00180-1-9991
印刷・製本……モリモト印刷株式会社

ISBN 978-4-400-12762-8　C1016

G・タイセン
大貫隆訳
原始キリスト教の心理学
初期キリスト教徒の体験と行動

パウロや初期キリスト教徒達が生きていた「心の世界」の構造を歴史的宗教心理学という斬新な方法論を駆使して犀利に分析した大著。
A5判　9500円

G・タイセン
廣石望訳
イエス運動
ある価値革命の社会史

イエスの運動を、ラディカルな愛と和解のヴィジョンを掲げたユダヤ教革新運動と位置づけ、原始キリスト教への発展を多角的に解明する。
A5判　5000円

J・クロッサン
太田修司訳
イエス
あるユダヤ人貧農の革命的生涯

人類学や社会学に及ぶ学際的知見を総動員して史的イエスに迫り、その革命的なライフスタイルに光を当てた「第三の潮流」の代表作。
四六判　3600円

山口里子
イエスの譬え話1
ガリラヤ民衆が聞いたメッセージを探る

あの不在地主や放蕩息子の父は果たして慈父の如き神の譬えなのか？　テキストの忠実な読みから浮かび上がる全く異なるメッセージ。
A5判　2000円

山口里子
イエスの譬え話2
いのちをかけて語りかけたメッセージは？

福音書の行間を読み解き、イエスの言葉の核心に迫るフェミニスト神学の成果。聴き慣れた譬えが共生を希求する現代的物語として浮上。
A5判　2200円